철학의 정원

CHO YOYAKU TETSUGAKUSHO 100SATSU KARA SEKAI GA MIERU!
Copyright © Haruhiko Shiratori 2023
Korean translation rights arranged with Mikasa-Shobo Publishers Co., Ltd.
through Japan UNI Agency, Inc., Tokyo

이 책의 한국어판 저작권은 JAPAN UNI AGENCY를 통한 株式会社三笠書房와의 독점 계약으로 ㈜북이십일에 있습니다.

저작권법에 의해 한국 내에서 보호를 받는 저작물이므로 무단 전재 및 복제를 금합니다.

철학의 정원

2000년 지성사가 한눈에 보이는 철학서 산책

시라토리 하루히코 지음 | 박재현 옮김

arte

일러두기

1. 외국 인명·독음 등은 외래어표기법을 따랐다.
2. 책에서 소개되는 도서 중 국내 여러 차례 소개되고 통용되는 작품명이 있는 것은 해당 제목을 따랐고, 그렇지 않은 것은 우리말로 옮긴 뒤 기출간된 국내 번역서의 제목을 병기했다.
3. 역주는 소괄호 안에 넣고 '―옮긴이'로 표기했다.

들어가는 글

철학을 만나면 세계가 넓어지고 가능성으로 가득해진다

100년 전이든 1000년 전이든, 먼 과거의 세계로 순식간에 날아갈 수 있는 타임머신이 있다. 바로 책이다.

당신이 지금 읽고 있는 이 책도 타임머신 중 하나다. 어느 책장을 펼치든 한 시대를 풍미한 위대한 사람들이 무엇을 어떻게 생각했는지 알 수 있기 때문이다.

이 책은 지금까지 세계에 엄청난 영향을 미친 철학서 100권을 이해하기 쉽게, 가능하면 철학 용어를 적게 사용하여 설명한다. 그러나 일반적이지 않은 용어나 고유한 의미를 품은 조어를 활용하지 않고는 도저히 설명하기 어려운 경우에는 그 의미를 간단히 해설했다.

한편, 세계적으로 핵심 사상으로서 영향을 미친 서적도 넓은 의미의 철학책으로 포함시켰다. 그러니까 다음과 같은 특징을 가진 책을 골랐다.

- 당시의 상식을 깨고 새로운 사상이나 사고방식을 불러왔다.
- 여러 가지 의미에서 사회에 충격과 변화를 안겼다.
- 새로운 세계관을 제시했다.

- 마음과 몸에 대해 그제껏 없던 관점을 가져왔다.
- 학문의 범위를 뛰어넘어 오래도록 널리 읽히며 사랑받았다.
- 문화나 과학의 분기점이 되었다.

이 책은 단순한 해설서가 아니라 철학이나 사상에 흥미를 지닌 사람을 위한 입문서다. 철학서에 담긴 대략적인 내용을 설명하면서 각 철학서의 특징에 초점을 맞췄다. 철학서에 담긴 철학이나 사상을 바탕으로 한 사고법이 지닌 매력을 조금이나마 끄집어내려 한 것이다.

철학서가 담은 철학을 매우 잘 보여주는 특징적인 문장 혹은 널리 알려진 유명한 문장이나 그 철학의 견해를 잘 나타낸 문장을 엄선하여 소개했다. 이 문장만 읽어도 그 철학이 지닌 개성적인 사고와 표현을 알 수 있다.

이 책에서 인용하거나 참조한 문헌은 1000여 권에 이르는데, 번역가들의 부단한 노력과 근면함에 깊은 감사의 마음을 전한다.

또한 철학서에 대한 설명을 읽고 그 철학서에 도전하고 싶은 사람을 위해 난이도를 표시했다. 난이도를 판단하는 데 기준이 된 책은, 이 책에서는 소개하지 않은 버트런드 러셀의 『수학 원리』다. 이 책은 최고 난도인 10으로, 뛰어난 수학적 재능과 지식이 없으면 전혀 이해할 수 없기 때문이다. 이 책에서 소개한 철학책의 난이도는 1~9로, 독자로서 주관적인 판단에 따라 매겼다.

제목이 널리 알려져서 친숙하게 느껴져도 의외로 내용이 난해해서 쉽게 읽히지 않는 책도 있다. 반면에 제목이 어려워도 손쉽게 읽히는 책도 있다. 난이도는 자신의 수준에 맞는 철학서를 선택하는 데 간단한 판단 기준이 될 것이다.

난이도 4~6의 책은 끈기와 이해력이 필요할 테고, 난이도 7~9는 예비 지식이나 해설서의 도움이 필요할 것이다. 그러나 난이도가 쉬운 책은 수준이 낮다거나, 어려운 책이 고상하고 중요하거나 의미 있다는 뜻은 아니다. 난이도가 높은 책은 표현이 복잡하고 논리적 전개가 어려운 데다 대개 두껍다. 그러니까 읽는 데 시간과 노력이 더 많이 든다는 뜻이다.

철학을 만나 영향을 받으면 어떤 식으로든 생활이 바뀐다. 사고방식과 관점이 어느새 넓어진다. 나아가 세계가 넓어지고 가능성으로 가득해진다. 그것이 인생을 바람직한 방향으로 이끌어갈 것이다.

시라토리 하루히코

차례

들어가는 글
철학을 만나면 세계가 넓어지고 가능성으로 가득해진다　　　　5

1장　인생에 관한 사고

001	『명상록』 마르쿠스 아우렐리우스	17
002	『인생의 짧음에 대하여』 세네카	22
003	『의무론』 키케로	25
004	『에피쿠로스 쾌락』 에피쿠로스	29
005	『행복론』 알랭	33
006	『행복의 정복』 버트런드 러셀	36
007	『니코마코스 윤리학』 아리스토텔레스	39
008	『도덕경』 노자	44
009	『우연이란 무엇인가』 구키 슈조	47
010	『공감의 본질과 형식』 막스 셸러	55
011	『우정론』 아벨 보나르	58
012	『영혼을 치유하는 의사』 빅터 프랭클	62
013	『이렇게 살아가도 괜찮은가』 피터 싱어	67

　　　이해를 위한 글 ①　　　　　　　　　　　　　　　　70

2장　인간을 통찰한다

014	『에세』몽테뉴	73
015	『잠언과 성찰』라로슈푸코	77
016	『인간지성론』존 로크	80
017	『우신예찬』에라스뮈스	84
018	『차라투스트라는 이렇게 말했다』니체	89
019	『팡세』파스칼	95
020	『인간의 교육』프뢰벨	99
021	『권위주의적 인격』아도르노	102
022	『전체성과 무한』에마누엘 레비나스	107
023	『인간 존엄성에 관한 연설』피코	114
024	『실존주의란 무엇인가』사르트르	118
025	『존재와 소유』가브리엘 마르셀	122
026	『자살론』에밀 뒤르켐	127
027	『구별짓기』피에르 부르디외	131

이해를 위한 글 ②　　　　　　　　　　　　　　136

3장　세계를 다른 눈으로 본다

028	『나와 너』마르틴 부버	139
029	『장자』장자	144
030	『에티카』스피노자	148
031	『인간 지식의 원리론』조지 버클리	154
032	『인간이란 무엇인가』데이비드 흄	158
033	『물질과 기억』앙리 베르그송	162

034	『도덕적 인식의 기원』 프란츠 브렌타노	168
035	『실용주의』 윌리엄 제임스	172
036	『지각의 현상학』 메를로퐁티	176
037	『왜 세계는 존재하지 않는가』 마르쿠스 가브리엘	182
038	『슬픈 열대』 레비스트로스	186
039	『오리엔탈리즘』 에드워드 사이드	190
040	『제2의 성』 보부아르	196
041	『여성의 권리 옹호』 메리 울스턴크래프트	200
042	『소비의 사회』 장 보드리야르	203

4장 정치와 사회에 관한 사고방식

043	『대중 국가와 독재』 지그문트 노이만	209
044	『맹신자들』 에릭 호퍼	214
045	『대중의 반역』 오르테가 이 가세트	218
046	『개소리에 대하여』 해리 G. 프랭크퍼트	221
047	『정의란 무엇인가』 마이클 샌델	225
048	『정의론』 존 롤스	230
049	『국가』 플라톤	234
050	『논어』 공자	238
051	『군주론』 마키아벨리	241
052	『리바이어던』 토마스 홉스	245
053	『꿀벌의 우화』 버나드 맨더빌	250
054	『사회계약론』 루소	254
055	『도덕과 입법의 원칙에 대한 서론』 제러미 벤담	257
056	『미국의 민주주의』 토크빌	262

057	『경제학-철학 수고』마르크스	267
058	『자유론』밀	270
059	『아나키에서 유토피아로』노직	274
060	『노예의 길』하이에크	278
061	『다중: 제국이 지배하는 시대의 전쟁과 민주주의』안토니오 네그리	282
	이해를 위한 글 ③	286

5장 언어에 관한 탐구

062	『논리-철학 논고』비트겐슈타인	289
063	『일반언어학 강의』소쉬르	294
064	『말과 행위』오스틴	299
065	『목소리와 현상』자크 데리다	303
066	『말과 사물』미셸 푸코	311

6장 과학과 방법에 대하여

067	『신기관』프랜시스 베이컨	317
068	『방법서설』데카르트	320
069	『엄밀한 학문으로서의 철학』후설	324
070	『민주주의와 교육』존 듀이	328
071	『정신분석입문』프로이트	334
072	『새로운 과학 정신』가스통 바슐라르	338

073	『정상적인 것과 병리적인 것』 조르주 캉길렘	342
074	『암묵적 영역』 마이클 폴라니	347
075	『생각에 관하여』 길버트 라일	351
076	『생각에 관한 생각』 대니얼 카너먼	355

7장 공상적 세계관의 사상

077	『유토피아』 토머스 모어	361
078	『모나드론』 라이프니츠	365
079	『순수이성비판』 칸트	368
080	『학문론의 제1서론』 피히테	372
081	『정신현상학』 헤겔	376
082	『의지와 표상으로서의 세계』 쇼펜하우어	380
083	『존재와 시간』 하이데거	385
084	『철학』 카를 야스퍼스	391
085	『차이와 반복』 질 들뢰즈	394

8장 종교를 둘러싼 사고법

086	『우파니샤드』	401
087	『신약성경』	404
088	『고백』 아우구스티누스	409
089	『쿠란』 무함마드	413
090	『엔네아데스』 플로티노스	418
091	『영혼의 경이로움에 관하여』 에크하르트	422
092	『신학대전』 토머스 아퀴나스	426

093	『그리스도인의 자유』 마르틴 루터	430
094	『기독교 강요』 장 칼뱅	434
095	『기독교의 본질』 루트비히 포이어바흐	439
096	『죽음에 이르는 병』 키르케고르	442
097	『프로테스탄트 윤리와 자본주의 정신』 막스 베버	446
098	『역주 정법안장강의』 도겐	451
099	『선의 연구』 니시다 기타로	455
100	『일본적 영성』 스즈키 다이세츠	459

철학과 세계의 역사 465

1장
인생에 관한 사고

『명상록』, 마르쿠스 아우렐리우스
『인생의 짧음에 대하여』, 세네카
『의무론』, 키케로
『에피쿠로스 쾌락』, 에피쿠로스
『인생론』, 알랭
『행복의 정복』, 버트런드 러셀
『니코마코스 윤리학』, 아리스토텔레스
『도덕경』, 노자
『우연이란 무엇인가』, 구키 슈조
『공감의 본질과 형식』, 막스 셸러
『우정론』, 아벨 보나르
『영혼을 치유하는 의사』, 빅터 프랭클
『이렇게 살아가도 괜찮은가』, 피터 싱어
　　이해를 위한 글 ①

001

『명상록』
마르쿠스 아우렐리우스

원제 Ta eis heauton, 170~180년

난이도
1

천년만년 살 것처럼 행동하지 마라

"변화를 두려워하는가? 그러나 변화 없이는 아무 일도 일어나지 않는다. 우주와 자연의 본성 가운데 변화만큼 친근한 것은 없다."

"자신의 내면을 들여다보라. 거기에 선(善)의 샘이 있을 것이다. 그 샘을 계속 파보라. 그러면 끊임없이 샘물이 흘러넘칠 것이다."

"인생의 목표가 항상 같지 않은 사람은 일생 동안 똑같은 사람일 수 없다."

마르쿠스 아우렐리우스 안토니누스
Marcus Aurelius Antoninus

121~180년(황제 재위 161~180) 로마제국 출신으로, 제16대 황제에 오른다. 58세에 사망.

PHILOSOPHER

로마의 현제가 '인간은 어떻게 살아야 하는가'를 스스로 묻는 책

『명상록』의 제목은 의역된 것으로, 라틴어 원제인 '타 에이스 헤아우톤Ta eis heauton'을 직역하면 '자기 자신에게 이르는 것들'이란 뜻이다. 그러니까 '자신을 위한 메모', '자신에 대한 경계'라고 확대해서 해석할 수 있다.

39세에 로마제국의 황제가 된 아우렐리우스가 자신을 위해 쓴 글로, 짧고 간결한 그리스어 문장으로 된 비망록이다. 무엇보다 이 책은 사적이라는 사실이 중요하다. 누군가에게 보이려는 글이 아니어서 허영이나 허세가 없기에 논점이 흐려지지 않는다. 오로지 마음 깊은 곳에서 진심으로 우러나온 사고다.

따라서 철학적인 사고가 담겨 있을 뿐 아니라, 의기소침한 자신을 질책하고 격려하는 속엣말로도 볼 수 있다.

"일하라. 그러나 비참하게 일하지도 말 것이며, 남에게서 연민을 이끌어내거나 감동을 안겨주기 위해서 일하지도 마라. 그저 한 가지 일에 뜻을 두고, 사회적 이성의 명령에 따르듯 행동하거나 혹은 행동하지 마라."

『명상록』이 쓰인 것은 마르코만니전쟁(로마제국의 북방 국경 지역에서 162년부터 게르만인들이 일으킨 수많은 전쟁을 통틀어 일컫는다) 후반으로, 아우렐리우스가 죽기 전 10년간이다. 이 전쟁에 참전해서 승리를 거둔 직후, 그는 병으로 세상을 떠났다.

『명상록』은 독자적인 철학 논리를 펼쳤다기보다는, 자신의 교양과 인생을 바탕으로 깨달은, 바람직한 인생을 살아가는 자세를 집대성한 것이다.

아우렐리우스의 유일한 저서이기도 한 『명상록』에서 읽을 수 있는 주요 사상은 다음과 같다.

- 사람은 육체와 영혼(호흡)과 뛰어난 지혜로 성립된다.
- 뛰어난 지혜는 본래의 자신이자, 신의 지성의 일부다.
- 세계는 변화한다. 이 변화 없이는 아무 일도 일어나지 않는다.
- 우리가 태어난 것은 선을 이루고 서로 협력하기 위해서다.
- 자신의 운명을 사랑하고 현실을 포용하라.

선택할 수 없는 것으로 고뇌하지 마라
아우렐리우스가 고난에 맞서는 법

아우렐리우스가 소년 시절부터 크게 영향을 받았던 것은 에픽테토스(55?~135?)의 사상이었다. 에픽테토스는 훗날 해방되긴 했지만 노예 출신이었다. 그는 스토아학파의 철학자로, 저서는 남기지 않았지만 제자가 그의 말과 행동을 기록으로 남겨 그 사상이 후세에 전해졌다.

스토아학파라는 명칭은 철학자 제논(기원전 340~265?)이 그리스 아테네의 아고라(광장) 옆에 철학 학당을 개설한 곳이 마침 채색된 주랑(스토아)이었던 데서 유래했다. 로마제국의 유명한 정치가 세네카(22쪽 참조)도 스토아학파의 철학자였다.

아우렐리우스는 아테네의 철학 학당에 장려금을 주었고, 플라톤학파, 아리스토텔레스의 페리파토스학파(소요학파), 에피쿠로스학파, 스토아학파를 창설했다. 독서와 명상을 즐겼던 아우렐리우스도 스토아학파의 철학자로 분류된다.

스토아학파 철학의 중심에는 '윤리학'이 있다. 이들은 이상적인 현자를 목표로 한다. 여기서 말하는 현자란 '세상의 모든 것에서 완전히 자유로운 사람'을 말한다. 이상적인 상태에서는 불안정한 정동情動에서 벗어나 이성logos(로고스)만이 작용하는 마음의 평온이나 부동심apatheia(아파테이아)에 이를 수 있다. 현대에 '금욕적'이라는 의미로 사용되는 '스토익stoic'이라는 말은 스토아학파가 꿈꾸는 이상에서 비롯한 것이다.

그렇다면 인생에서 어떻게든 일어나는 재난이나 사고에 어떻게 대처해야 할까?

먼저 자신의 자유의지로 어찌지 못하는 일과 자신이 자유롭게 선택할 수 있는 일을 분명하게 구분한다. 자신이 선택할 수 없는 것(이를테면 출생이나 혈통, 자연현상, 생물의 양상)을 두고 선하다거나 악하다는 식으로 판단하면 남을 탓하거나 증오할 텐데, 이는 옳지 않다. 따라서 자신이 자유롭게 선택한 것에 대해서만 선악을 판단한다면 사람은 부정을 저지르지 않는다.

그 외에 자신이 어쩔 수 없는 일은 원하지도 피하지도 말라고 말한다. 예를 들어 죽음이나 병, 명예 혹은 불명예 같은 것은 어쩔 수 없는 일이다. 이렇게 생각하면 평안함을 얻을 수 있다.

정치가와 사상가가 인생 책으로 꼽는 고전

19세기의 정치학자 존 스튜어트 밀(274쪽 참조)은 "고대 정신이 낳은 최고의 윤리적 산물"이라고 『명상록』을 평가한다. 또한 18세기의 독일 시인 괴테도 자주 이 책을 읽었다.

30세에 로마제국의 황제에 오른 율리아누스(331?~363, 그리스도교 우대 정책을 폐지한 탓에 '배교자'로 불렸다)는 아우렐리우스를 존경해 롤 모델로 삼았다. 그도 학문이나 예술, 철학을 좋아했지만, 32세에 전사했다.

『명상록』은 시대를 불문하고 많은 사람을 매료했다. 쉽게 읽히는 단문집이고, 많은 사람에게 통하는 인생론이라 공감할 수 있으며, 세계관에 종교색이 묻어 있지 않고, 진솔한 마음에서 우러나오는 문장으로 상대의 심금을 울리며, 읽는 사람에게 안심과 고요함을 안겨주기 때문이다.

철학자의 한마디

인생의 행복은 당신의 생각에 달려 있다.

002

『인생의 짧음에 대하여』
세네카

원제 DE BREVITATE VITAE, 49년

난이도 1

지혜가 안겨주는 인생의 풍요로움

"시간은 형태가 없어 눈에는 보이지 않아서 사람들이 무시하곤 한다. 그래서 가장 값싸게 평가한다."

"인생에서 가장 큰 장애는 내일을 기대한다는 것이다. 내일에 의존하면 오늘을 잃어버리기 때문이다. 운명의 손아귀에 있는 불확실한 것들을 하나하나 꼽아보며 지금 자신이 손에 쥔 것을 포기한다. 당신은 무엇을 보는가? 어디를 향해 가려 하는가?"

PHILOSOPHER

루키우스 안나이우스 세네카
Lucius Annaeus Seneca

기원전 1?~65년. 스페인 코르도바에서 부유한 로마 시민의 집안에서 태어나, 로마에서 변론술, 수사학, 철학을 공부했다. 비극 작가이자 정치가로 칼리굴라 황제와 네로 황제의 스승이었으며, 네로 황제의 명령으로 65세에 자살한다.

고대 로마의 철학자가 들려주는 '시간술'
늘 바쁘고 시간이 없는 사람에게 권하는 책

다사다난한 시대에 공인으로서 옴짝달싹하지 못했던 세네카가 쓴 글 중에서 49년에 쓴 것이 『인생의 짧음에 대하여』다. 로마의 식량청 장관에게 보낸 편지인데, 일이 바쁘다고 인생을 망쳐서는 안 되며 자신을 살리기 위해 "덕을 사랑하라"라고 권한다.

덕을 사랑하는 것은 평온한 마음으로 흔들림 없이(아파테이아) 살아가는 일이다. 선이란 그런 것이다. 내면에 아파테이아를 갖지 못하면 인생이 경쟁과 분주함, 욕망으로 가득해져 순식간에 흘러가버리므로, 결국 자신의 삶이 없어진다.

> "시간의 가치를 깨닫기도 전에 삶은 쏜살같이 지나쳐 찰나를 살 수밖에 없다."

과거의 위인과 대화하듯 책을 읽어라

"평범한 사람의 인생은 현기증이 날 만큼 빠르게 흐르고, 위대한 사람의 인생은 여유가 있다"라고 세네카는 말한다.

위대한 사람이란 능력이나 수완이 뛰어난 사람이 아니라, 지혜를 탐구하고 습득하는 데 온 힘을 다하는 사람이다. 자신이 맡은 일을 해내면서도 지혜의 탐구와 습득에 전념하는 사람은 시간을 충분히 누리면서 진정한 인생을 살아간다.

그렇다면 어떻게 그럴 수 있을까? 과거에 가장 위대했던 사람의 가족이자 친구가 되는 것이다. 그들의 시대로 들어가 그들과 살고 대화를 나누면, 매일 인생의 조언을 구할 수 있고 어떤 질문이든 적절한 답을 찾을 수 있다. 더 나아가 자신에 대해 제대로 평가받고, 자신을 자유롭게 표현할 수 있다. 즉, 세네카는 현인이 남긴 고전을 탐독하면서 그들과 마주 앉아 이야기를 나누고 있다고 느낄 만큼 몰입해야 한다고 말한다.

"그들은 당신에게 영원에 이르는 길을 가르쳐준다. 누구도 끌어내릴 수 없는 높은 곳으로 당신을 이끌어준다. 그것은 죽음으로 마침표를 찍고야 마는 삶을 연장하고 불멸로 바꾸는 유일한 방법이다."

그러하기에 세상 사람들처럼 흘러가듯 살아서는 안 된다.

"자신을 소란스러운 대중에서 멀찍이 떼어놓아야 한다. 나이에 어울리지 않게 이곳저곳 기웃거리던 것을 멈추고 마침내 고요한 항구로 돌아오라. 사적인 여가와 명상의 삶으로 돌아가야 한다."

> **철학자의 한마디**
>
> 인생은 짧지 않다. 우리가 그것을 짧게 만들 뿐이다.

003

『의무론』
키케로

원제 De officiis, 기원전 44년

난이도 2

인간의 네 가지 덕이란?

"의무에 관한 문제는 두 가지가 있다. 하나는 최고선의 문제이고, 다른 하나는 일상의 각 부분에 적용될 수 있는 준칙의 문제다. 즉, 최고선에 관련된 의무와 일상적·실천적 의무가 있고, (중략) 내가 이 책에서 설명하는 것은 후자의 의무에 대한 것이다."

마르쿠스 툴리우스 키케로
Marcus Tullius Cicero

기원전 106~43년. 아르피눔(지금의 이탈리아 아르피노)의 기사 가문에서 태어났다. 변호사이자 스토아학파 철학자로 43세에 로마제국의 집정관까지 올랐다. 민주적인 공화제 로마의 부활을 꿈꿨지만, 정적에 의해 63세에 살해당했다.

평민에서 출세한 '최강 논객'의 가르침
'신사'의 개념을 처음 만들다

『의무론』은 키케로가 아들에게 보낸 편지로, 고귀한 인생을 살아가기 위한 가르침과 인간의 의무를 설명한다. 단지 사회나 정치 체제에서 강제한 의무가 아니라 인생의 덕에 대한 것이다.

인간의 네 가지 덕은 지혜(지성, 통찰, 이해), 정의(자신의 임무를 다하고 신의를 지키는 것), 용기(고결함, 굽히지 않는 정신), 절도(말과 행동에 질서와 한도를 분별하는 것)로, 행동으로 표현하는 실천 도덕이다. 따라서 키케로는 "의무만이 절조 있는 훌륭한 삶의 방식을 가르치는 원천"이라고 말한다.

그러나 네 가지 덕은 타인에게 훌륭하다고 인정받기 위한 것이 아니다. "우리가 추구해야 하는 덕은, 존경받지 않더라도 그 자체로 숭고하며, 아무도 칭찬하지 않더라도 칭찬받아 마땅하다고 스스로 당당히 말할 수 있는" 덕이다.

이 같은 덕은 자신의 이익에 반하기도 한다. 키케로는 이렇게 말한다.

> "부끄러운 행동은 결코 유익할 수 없다. 설령 타인이 인정해서 얻는 이익이 많다고 해도 그것은 본디 부끄러운 일로 결코 정당화될 수 없다."

즉, 유익해 보이는 행동을 하더라도 옳음을 희생해서는 안 된다는 의미다.

따라서 금욕적(스토익)인 태도로 살아가기를 권한다. 키케로의 사상도 이와 같은 계보에 있다. 게다가 키케로는 스토아학파 중기의 철학자 파나이티오스(기원전 185?~109?, 디오게네스의 제자로 로마 귀족에게 그리스의 스토아학파 사상을 가르쳤다. 저서는 남아 있지 않다)의 도덕적 가르침에 영향을 받았다.

시대를 초월해 읽히는 라틴어 학습 교과서

키케로의 가장 큰 공적으로 꼽을 수 있는 것은 그리스의 철학 용어를 라틴어로 번역하여 로마의 언어와 정신에 깊이 뿌리내렸다는 점이다.

키케로의 『의무론』은 지역과 시대를 초월해 지대한 영향을 주었다. 그리스도교 신학자 아우구스티누스(421쪽 참조)도 키케로의 책을 읽었고, 그 결과 그리스도교 윤리에 영향을 미쳤다. 그 후 중세시대 내내 키케로와 그의 책은 잊혀졌다가, 14세기 중반 이탈리아의 르네상스시대에 시인 프란체스코 페트라르카(1304~1374)의 고문서에서 키케로의 편지가 발견됐다. 키케로는 라틴어로 된 문학과 그리스 문학을 대표하는 인물로 되살아났다.

라틴어는 19세기까지 세계 공통의 학술 용어였는데, 그중에서도 키케로의 책이 가장 많이 읽혔고 그의 문장은 라틴어 학습의 교과서로 사용되었다. 키케로의 영향을 받은 유명한 철학자로는 임마누엘 칸트, 존 스튜어트 밀, 호세 오르테가 이 가세트, 한나 아렌트 등이 있다.

또한 키케로가 인문주의(휴머니즘)라는 개념을 만들었고, 『의무론』에서 유럽의 '신사'라는 개념이 처음 만들어졌다.

> **철학자의 한마디**
>
> 목숨이 붙어 있는 한 희망은 있다.

004

『에피쿠로스 쾌락』
에피쿠로스

원제 Epistolae, Fragmenta

난이도 2

산다는 것은 쾌락이다

"가지지 않은 것을 갈망하다가 가진 것까지 망쳐서는 안 된다. 현재 누리는 것은 전에 우리가 바랐던 것임을 떠올려야 한다."

"자유로운 삶을 영위하는 사람은 이미 자신에게 필요한 모든 것을 충분히 소유하고 있다."

"정신적 평온을 얻어 마음이 고요한 사람은 자신에게도, 남에게도 불필요한 근심을 안겨주지 않는다."

PHILOSOPHER

에피쿠로스
Epikouros

기원전 341?~270?년. 사모스섬에서 태어난 그리스의 철학자. 병역을 마치고 아테네에 공동생활을 하는 학교('정원'이라고 불렀다)를 열어 가르쳤다. 72세 무렵에 사망.

죽음을 두려워하고 불안해하는 것은 무의미하다
마음의 평정, 정신적 유쾌함을 구하는 철학

에피큐리언epicurean이라는 말은 '미식가'라는 의미인데, 때로는 '쾌락주의자'라는 의미로 사용되기도 한다. 원래는 에피쿠로스 철학을 신봉하는 사람들을 그렇게 일컬었다.

에피쿠로스 사상을 잘 정리해놓은 책은 없고, 약간의 서간과 단편적인 글만이 남아 있다. 그것을 한 권의 책으로 모아 정리한 것이 『에피쿠로스 쾌락』이다.

에피쿠로스 철학은 일반적으로 쾌락주의 철학으로 불리지만, 쾌락이라기보다는 '자족自足에서 오는 즐거움을 추구하는' 철학이라고 할 수 있다. 이를 통해 "내적 평정(아타락시아)을 얻으라"라고 가르치는 것이다.

에피쿠로스는 완성도 높은 원자론을 제시하지는 못했지만, 독창적인 윤리학을 발전시켜 철학사에 큰 영향을 끼쳤다. 그 윤리학의 특징은 사물을 구분하는 독특한 방식에 있다. 예를 들어, 죽음에 대해서는 다음과 같이 인식한다. 죽음이 두려운 것은 언제인가? 바로 죽음을 의식할 때다. 죽음을 의식하지 않으면 죽음은 존재하지 않는 것과 같다. 재앙이 두려운 것도 그 재앙을 의식하기 때문이다.

그리고 에피쿠로스는 죽음은 실제로 아무것도 아니라고 말한다.

"죽음은 아무것도 아니라는 믿음에 익숙해져야 한다. 왜냐하면 모든 좋음과 나쁨은 감각에 속하지만, 죽으면 감각을 잃기 때문이다."

죽음은 존재하지 않으므로, 삶에서 두려워할 것은 아무것도 없다.

'소유물'이 아니라 '즐기는 상태'가 인생을 풍요롭게 한다

에피쿠로스 윤리학의 핵심은 생각하는 방식과 행동을 선택하고, 그 선택에 따라 가치가 달라진다는 것이다. 예컨대 다음과 같이 생각한다고 해보자.

"식사할 때 많은 양의 음식보다는 입에 맛있는 음식을 선택하듯, 지혜로운 사람은 오래 지속되기만 하는 시간보다 만족감을 느끼는 순간을 우선한다."

이런 관점에서 인생을 바라보기 때문에, 아름답게 산다거나 현명하게 산다는 식의 방향성 자체는 별 의미가 없다. 그저 살아 있다는 것만으로도 좋다. 그러므로 삶은 그 자체로 일종의 쾌락이다.

산다는 것은 기본적으로 즐거운 일이다. 그러나 단순히 기분 좋거나 기분 좋을 것 같다고 해서 현실적으로 기쁨을 가져다주지는 않는다. 어떤 쾌락은 불쾌하기도 하고, 당장은 고통스럽지만 훗날 훨씬 큰 쾌락이 기다리기도 한다. 따라서 쾌락이라고 해서 무턱대고 선택하기보다는 냉정히 고려해야 한다.

에피쿠로스가 큰 선으로 여기는 것은 '자기 충족'이다. 자기 충족의 상태에서만 진정으로 자유롭기 때문이다. 그제야 비로소 마음이 평온하고 고요하다. 자기 충족이라는 선은 주변에 있는 것이 아니라 이미 내 안에 있으며, 곧 자신이 즐거운 상태다.

번거로움을 피해 숨어서 살라

에피쿠로스는 "숨어서 살라"라는 유명한 말도 남겼다. 당시의 정의롭지 않은 사회 정세를 피하라는 의미였다. 남의 사리사욕에 휘말리면 인생은 결코 즐거울 수 없다.

에피쿠로스의 가르침은 그리스와 이탈리아에 널리 퍼졌다. 후세에 이르러서는 공화정 로마 시인인 필로데무스(기원전 110~35), 철학자이자 시인인 루크레티우스(기원전 99~55)에게 영향을 주어 시로도 표현되었다.

그 이후에도 현대에 이르기까지 『에피쿠로스 쾌락』은 널리 읽히고 있다. 에피쿠로스 철학은 억지스럽지 않다. 누구나 겪는 인생 경험에서 탄생한 살아 있는 윤리학이기 때문이다.

철학자의 한마디

작은 일에 만족하지 못하는 자는 어떤 것에도
만족하지 못한다.

005

『행복론』
알랭

원제 Propos

난이도 2

그 생각을 말로 해주마

"지금 눈앞에 있는 곤란한 것에 모든 주의를 기울이는 사람은 온전한 행복을 경험한다. 과거에만 머물러 있거나 미래를 걱정하는 사람은 온전한 행복을 누릴 수 없다."

"예의란 굳이 의식하지 않고도 내면을 표현하는 행동이다."

PHILOSOPHER

알랭
Alain

에밀오귀스트 샤르티에Émile-Auguste Chartier(1868~1951). 프랑스 노르망디 몽타뉴오페르슈에서 태어났다. 앙리 4세 고등학교 교사였다. 46세에 제1차 세계대전에 지원해서 참전했다. 83세에 사망.

편지지 두 장 분량의 신문 칼럼
『행복론』으로 세계적 인기를 얻다

원제 '프로포Propos'는 '말'이라는 의미다. 당시 알랭이 신문이나 잡지에 칼럼으로 쓴 글은 5000편에 이른다. 그중에서 발췌하여 한 권의 책으로 묶은 것이 일반적으로 널리 알려진 알랭의 『행복론』이다.

이 책은 행복뿐 아니라 일상에서 일어나는 여러 가지 일을 다룬다. 한 번 읽어서는 쉽게 이해하기 어려운 철학적 개념이나 특정 사상을 일방적으로 전달하는 것이 아니라, 현실적인 상황에 빗대어 누구나 공감하고 수용할 수 있는 방식으로 자신의 생각을 들려준다. 그래서 어느 시대의 독자에게든 그의 글은 늘 새롭고 신선하게 다가온다. 그런 의미에서 언제든, 누구든 읽을 수 있는 철학 에세이라고 할 수 있다.

데카르트를 공부한 알랭은 무신론자였지만, 그렇다고 종교를 무턱대고 부정하지는 않았다. 오히려 그는 종교인이 삶에 필요한 존재임을 인정했다. 진실한 종교 감정이란 존재하는 모든 것을 사랑하라는 믿음의 교리에서 비롯된 마음이다. 그런 점에서 인간은 누구나 어떤 종류의 종교든 종교 없이 살아갈 수 없다.

종교적이지 않은 주제에서도, 그는 현실을 살아가는 이들이 느끼는 미묘한 위화감과 말로 설명하기 어려운 감정을 정확히 짚어냈다.

생각의 틀을 깨는, 유연한 철학의 문장들

엄밀히 말하면 알랭은 철학자라기보다 '모럴리스트moralist'로 분류되지만, 이는 도덕적 가치를 일방적으로 옹호하는 전통적인 도덕주의자라기보다는 때로는 비도덕적인 견해를 드러내거나 기존의 가치와 문화를 의심하며 사물과 인간을 상대적인 관점에서 성찰하는 태도를 지닌 사상가라는 의미에 가깝다.

'모럴moral'의 어원인 라틴어 '모스mos'는 '습관, 관습, 습성'이라는 광범위한 의미를 지니고 있다. 모럴리스트란 인간의 관습과 습성을 관찰하고, 사회적 풍속이나 시대를 살아가는 사람들의 삶의 방식과 사고방식에 대해 통찰력 있는 에세이를 써 내려가는 사람이라 할 수 있다. 대표적인 모럴리스트로는 세네카, 몽테뉴, 파스칼, 볼테르, 라로슈푸코, 괴테, 쇼펜하우어, 니체, 앙드레 지드, 오스카 와일드, 알베르 카뮈 등이 있다.

모럴리스트는 전문적인 철학자처럼 학술 논문 쓰듯 글을 전개하기보다는 누구나 쉽게 읽고 공감할 수 있는 문장을 통해 많은 독자에게 사랑받는다. 그리고 철학을 교양으로 접한 사람들의 사고방식에 더욱 직접적이고 현실적인 영향을 끼친다.

철학자의 한마디

행복해지기를 바라면 절대 행복해질 수 없다.

006

『행복의 정복』

버트런드 러셀

원제 The Conquest of Happiness, 1930년

난이도 2

사람은 죽지 않는다

"행복한 사람은 객관적으로 사는 사람이다. 그는 자유로운 정서와 폭넓은 관심사를 가지고 있으며, 이를 통해 자신의 행복을 확보한다."

"행복한 사람이 다른 사람과 구별되는 가장 일반적인 특징을 꼽는다면 (중략) 다시 말해, 열의zest, 곧 즐거움을 주는 활동에 대한 열정을 지니고 몰입하는 사람이다."

"행복한 사람은 (중략) 인격의 분열이 일어나지 않고, 세상과도 대립하지도 않는 사람이다. 자신과 세상과의 일체감에서 행복감을 느낀다."

PHILOSOPHER

버트런드 아서 윌리엄 러셀
Bertrand Arthur William Russell

1872~1970년. 그레이트브리튼 및 북아일랜드 연합왕국 웨일스의 유서 깊은 귀족 가문에서 태어났다. 케임브리지대학 트리니티 칼리지에서 수학과 철학을, 베를린대학에서 정치와 경제를 공부했고 24세부터 논문을 출판했다. 제3대 러셀 백작이자 수학자, 철학자, 케임브리지대학 교수, 평화운동 활동가. 1950년, 노벨문학상을 수상했다. 97세에 사망.

천재 철학자의 현실 행복 공식

 수학자이자 논리학자인 러셀의 저서는 전문가가 아닌 일반인이 이해하기에는 몹시 어렵다. 그런데 일반인을 대상으로 집필한 『행복의 정복』은 이해하기 쉬워서 러셀의 인생론으로 전 세계적으로 널리 읽힌다. 러셀의 『자전적 회상Portraits from Memory』에 의하면, 그의 인생을 지배한 것은 '애정에 대한 욕구', '지식 추구', '인류의 고뇌에 대한 견딜 수 없는 연민'이었는데, 그 모든 것을 진지하게 다루고 있다.

 실제로 러셀은 평화운동, 여성해방운동에 참여하다가 투옥되기도 했다. 말년에는 이론물리학자 아인슈타인(1879~1955)과 함께 핵무기에 반대하는 '러셀-아인슈타인 선언'(1955)을 발표했다. 또한 많은 여성과 연애했고 결혼도 네 번이나 했다.

 러셀이 『행복의 정복』에서 제시한 행복해지는 삶의 요령은 다음과 같다.

- 권력이나 허영심을 가지지 말라. (자신에게 지나치게 집중하지 말라. 끊임없는 경쟁은 불행을 낳을 뿐이다.)
- 세상의 평가에 휘둘리지 말라.
- 가까운 사람에게 인정받아라.
- 행복은 능동적인 관심과 활동에서 비롯되기에 수동적인 즐거움에만 의존하면 쉽게 권태와 불행에 빠진다.
- 행복을 방해하는 가장 큰 요소 중 하나는, 손에 넣기 어려운

것을 지나치게 갈망하는 일이다.
- 행복은 외부 세계에 대한 열의에서 비롯되며, 자신에 대한 과도한 몰두는 불행의 주요 원인이다.

행복해지려면 '바깥세상'으로 시선을 돌려라

『행복의 정복』이 끝날 때쯤, 러셀은 인생에서 가장 큰 기쁨을 찾아낸 사람은 인격의 분열이 일어나지 않고 세상과 대립하지 않는다고 말한다. 그런 사람은 아이들을 자신과 이어진 존재로 여겨서, 죽음이 끝이라고 여기지 않는다. 생명의 흐름과 깊이 연관되어 있음을 실감하고 환희를 느낀다. 러셀은 무신론자였지만, 생명과 하나 되어 느끼는 환희라는 깊은 통찰은 우파니샤드, 붓다, 도겐, 예수, 요하네스 에크하르트 등 삶의 본질을 깨달은 종교가들과 일맥상통한다.

그것은 러셀의 다음과 같은 애정론과도 연관성이 있다.

"최고의 사랑은 서로 생명을 주는 사랑이다. 서로 기쁨으로 사랑을 받아들이고, 대가 없이 사랑을 준다. 그리고 서로에게 행복감을 느낌으로써 이 세계를 한층 흥미롭게 느낀다."

철학자의 한마디

행복해지는 가장 간단한 방법은
타인의 행복을 응원하는 것이다.

007

『니코마코스 윤리학』

아리스토텔레스

원제 Ethica Nicomachea

난이도 3

최고의 선은 중용이다

"무생물을 사랑해도 사랑(필리아)이 아니다. (중략) 사랑은 서로 주고받는 마음이어야 비로소 성립된다."

"유용하다고 하여 사랑하는 사람은 자신에게 좋은 것을 위해 사랑하고, 쾌락을 위해 사랑하는 사람은 자신에게 즐거운 것을 위해 사랑한다. (중략) 그런 까닭에 유용하거나 즐겁지 않다면 곧 사라져버린다."

"연애는 대개 정념적(정서적)이며, 쾌락을 동기로 한다."

"사랑은 사랑받을 때보다 오히려 사랑할 때 존재한다."

아리스토텔레스
Aristoteles

기원전 384~322년. 마케도니아왕국의 귀족 가문에서 태어났다. 17세부터 스승인 플라톤이 세운 아카데미아에서 20년간 철학을 공부하고 강사가 되어 가르쳤다. 아테네에서 리케이온Lykeion('전하는 자의 지팡이'라는 의미)을 열어 가르쳤다. 61세에 사망.

2000년 넘게 읽힌 고전 중의 고전
모든 학문의 아버지가 들려주는 '행복한 인생'

아리스토텔레스는 논리학, 물리학, 형이상학, 동물학, 심리학, 천문학, 기상학, 정치학, 윤리학, 시학, 수사학, 정치학, 변론학에 이르기까지 광범위한 분야의 학문을 다뤘다.

그는 학문의 모든 영역을 철학이라 불렀다. 그리고 학문을 분류하고 체계화하는 데 공헌해서, "모든 학문의 아버지" 혹은 "학문의 아버지"로 불린다. 하지만 강의 원고가 모두 전해지는 것은 아니며, 상당 부분이 흩어져 사라졌다.

아리스토텔레스의 윤리학은 매우 폭넓은 주제를 다루지만, 이 글에서는 '사랑'에 관한 몇 가지 문장을 인용했다. 아리스토텔레스의 사랑에 대한 사유는 쉽게 이해할 수 있으며, 현대인의 사고방식과도 크게 다르지 않다. 인간이라면 누구나 겪는 경험과 인식을 바탕으로 한 사랑의 철학이기 때문이다.

그러나 아리스토텔레스가 주장하는 윤리가 현대에 모두 통용되는 것은 아니다. 그는 노예제를 정당화했고, 여성을 열등한 존재로 여기기도 했다.

아리스토텔레스가 생각한 행복이란

그는 행복을 최고의 선으로 여겼다. 그리고 그 선에 다다르기 위해서 영혼은 그 능력을 충분히 발휘하는 상태여야 한다. 다시 말해, 이성적이어야 한다. 이는 어떤 일에 이유를 붙여 생이는 인류 최초의 형식논리 체계로, 아리스토텔레스는 동물을 파충류, 포유류 등으로 체계적으로 분류하면서 우연히 이 방법을 발견했다.

철학자의 한마디

철학은 놀라움에서 시작된다.

008

『도덕경』
노자

시기 불분명

난이도 2

흘러가는 대로 살라

"진흙을 반죽하여 그릇을 빚는데, 그 비어 있음에 그릇의 쓰임이 있다.
문이나 창을 달아 방을 만드는데, 그 비어 있음에 방의 쓰임새가 있다.
따라서 유(有)가 이로운 것은 무(無)의 작용이 있기 때문이다."

노자
老子

기원전 6세기경. 초나라의 고현(현재 중국의 허난성 부근)에 살던 인물로 전해진다.

『성경』에 이어 세계에서 가장 많이 번역된 '최고의 인생론'

『도덕경』은 5250자로 된 짧은 글을 총 81장으로 나눠 편찬한 책으로, '노자'라고 불리기도 한다. '도덕'이라고 하면 현대인은 흔히 윤리나 규범적 도덕을 떠올리지만, 여기서 말하는 도덕은 세상의 모든 현상과 인간의 행위를 포괄한다.

『도덕경』에 의하면, 모든 원리의 근원은 '도道'이고 그 도를 따르는 삶의 태도가 '무위無爲'라고 말한다. 물론 여기서 말하는 '도'는 은유(71쪽 참조)적 표현이다.

노자가 말한 '도'는 '사물이 자연의 이치에 따라 이루어지는 것'으로 해석할 수 있다. 이 자연의 흐름에 거스르면, 인간이 살아가며 이룬 무엇이든 결국 파탄이나 실패를 맞이한다.

그렇다면 어떻게 해야 할까? 노자는 자신에게 이로운 목적을 위해 작위적으로 사물을 유도하려 하지 말고 '무위'가 되라고 말한다.

무위란 아무것도 하지 않는 것이 아니라, 강제, 유도, 책략, 속임수, 투쟁이라는 작위적인 행동에서 벗어나 일이 자연스럽게 흘러가는 대로 내버려두는 것이다. 아무것도 하지 않아도 모든 일은 자연스레 수습된다는 의미다. 이 같은 행동 이념을 '무위자연無爲自然'이라고 한다.

도의 작용에 대해 노자는 이렇게 말한다.

"도는 늘 아무것도 하지 않지만, 모든 것을 한다."

"도는 (만물에 힘을) 빌려주고 성립시킨다."

신비로운 사상가, 노자

'노자'는 인명이 아니라 연장자에 대한 존칭이다. 사마천(기원전 145?~86?, 중국 전한시대의 역사학자)의 『사기』 「열전」 중 '노자한비열전 제3권'에 따르면, 노자는 기원전 6세기경 초楚나라 출신으로, 현재의 허난성 일대에서 태어났다고 전해진다. 그는 주나라 왕실 도서관에서 사서로 일했는데, 주나라가 쇠퇴할 것을 예견하고 세속을 떠나 물소를 타고 서쪽으로 향했다고 기록되어 있다.

그러나 후세에 이뤄진 연구에 따르면, 공자, 맹자, 장자는 실존 인물이지만 노자는 허구의 인물이다. 고대 중국의 사상을 한데 뭉뚱그려 도가道家라는 학파가 성립할 무렵 그 시조를 '노자'로 설정하고, 그가 남긴 글을 4세기경 책으로 엮어낸 것이다.

도가는 발전하여 2~5세기 무렵에 중국의 민속 종교인 노교가 되었다. 그러나 도교의 내용은 시간이 지나며 잡다하게 변질되어, 더 이상 노자의 가르침을 중심으로 한 종교라고 말하기 어렵다.

『도덕경』은 7세기에 산스크리트어(인도에서 남아시아에 이르는 광범위한 지역에서 사용된 고대어)로 번역된 것을 시작으로 전 세계적으로 가장 많이 번역된 책이다.

009

『우연이란 무엇인가』
구키 슈조

원제 偶然性の問題, 1935년

난이도 6

우연이 인생을 만든다

"우연성이란 필연성의 부정이다."

"우연성은 가능성의 영역을 벗어나 불가능성으로 이어지는 핵심적 순간이다."

구키 슈조
九鬼周造

1888~1941년. 일본 도쿄의 문부성 관료이자 귀족원 의원 남작인 구키 류이치의 4남으로 태어났다. 도쿄제국대학 철학과에서 쾨브너 박사의 가르침을 받고 대학원에서 연구했다. 유럽에서 8년간 유학했다. 베르그송, 사르트르, 후설, 하이데거와 교류했다. 『시간론』을 파리에서 출간했다. 교토제국대학에서 철학을 가르쳤다. 1932년 「우연성」으로 문학박사 학위를 받았다. 다른 저서로는 『이키의 구조』가 있다. 니시다 기타로(일본 근대 철학자)가 동료다. 니시다 기타로, 와츠지 데츠로, 미키 기요시와 더불어 '교토 사철四哲'로 불린다. 53세에 사망.

일본 철학계의 이단아
우연과 필연의 연구

 요즘 방법론에 빠진 사람이 많아졌다. 성공하기 위해선 이렇게 하면 된다거나, 목적 달성을 위해서는 이런 방법이 최고라며, 목표를 이루는 방법이나 조건을 손에 넣으려고 안달복달한다.

 고등교육기관의 교육조차도 흥미를 채우거나 교양을 쌓기보다는 급여나 대우가 좋은 일자리라는 미래의 목적을 획득하기 위한 필수 항목이 되었다. 게다가 일상적인 일을 할 때도 공리적인 목적이 붙는 경향이 있다. 음식도 건강하게 오래 살기 위해 무엇을 얼마만큼 먹을지, 언제, 어디서 먹을지 방법을 찾고 조건을 따진다.

 이처럼 행동이나 생활이 '목적-수단 관계'로 짜여 있다. 목적한 바에 효율적으로 도달하기 위한 최적의 수단을 찾고 선택하는 태도는 사물의 인과관계를 뒤바꾼다. 기대하는 결과를 목적으로 설정하고 그 결과를 만들어내기 위한 원인을 수단으로 삼기 때문이다.

 획득하고 싶은 목적을 위한 수단을 찾는 사람들은 이 세상의 '항상성'(정해져 있어 무작위의 변화가 없는 것)과 '제일성齊一性'(예외 없이 일정한 것)을 믿고 의심하지 않는다. 그 원인에는 반드시 그 결과가 나온다는 강력한 신앙과 같은 의지가 깃들어 있기 때문이다. 동일한 조건이 있으면 그것에 걸맞은 결과가 마땅히 나올 것이라 고집스럽게 생각하는 것이다. 따라서 어떤 스펙에는 어느 정도 대우와 급여를 받지 않으면 안 된다고 생각한다. 어떤 의미에서는 너무도 우직하여 기계적인 일방적 사고가 만연한 셈이다.

그러나 그런 태도는 인생을 삶답지 않게 만들어버릴 가능성이 상당히 높다. 오히려 인생에 놓인 수많은 사정을 과제(부여받은 업무)로 여기고 삶을 살벌하게 만들어버린다. 이것은 경제적인 풍요로움이 인생을 풍족하게 만들지만은 않는 것과 같다.

젊은 시절부터 '우연성'에 대해 깊이 고찰하고 연구해온 구키는, 인생에서 일어나는 계산되지 않은 우연을 운명으로 받아들이고, 그 운명을 사랑하며 자신과 일체화하여 살아감으로써 비로소 충실한 삶을 살 수 있다고 보았다.

우연이 운명으로 바뀔 때

우연은 논리적으로 볼 때 '이접적離接的'으로 발생하는 것이므로, 구키는 이를 '이접적 우연'이라 불렀다. 여기서 '이접'이란 논리학과 수학에서 사용하는 개념으로, 여러 요소가 얽혀있는 명제 가운데 어느 하나라도 참이면 전체 명제 역시 참이된다는 의미다.

현실에서는 A에 대해 일어날 수 있는 수많은 가능성(복수의 명제) B, C, D, E, …… Z 가운데서 한 가지가 실제로 나타나는 것(참인 것)이 우연이라고 말한다. 따라서 우연은 어떤 것이라도 '이접적'이다. (도박에서 당첨되거나 꽝이 나오는 것도 이접적 우연이다.)

어째서 우연의 성질을 굳이 이처럼 어렵게 설명하는 것일까? 그것은 우연성이 필연성과는 분명히 다르다는 사실을 명확히 하기 위해서다. 필연적으로 일어나는 일에는 그 결과로 이끄는 원인이나 근거가 있고, 그것을 나중에 확인할 수도 있다. 그러나 우연한 것은 원인이나 근거가 희박하거나, 원인이나 근거와는 굉장히 거리가 멀거나, 원인이나 근거를 알 수 없거나, 원인이나 근거가 한없이 무에 가깝다.

그래도 어딘가에 (우연을 성립시킨) 원인이나 근거가 조금은 있을 것이다. 그것을 구키는 (우연성의) '극미의 가능성'이라고 부른다. 그렇게 미미한 가능성이 한층 더 새롭고 미세한 가능성을 품은 채 점차 커진다. 나중에 멀찍이 떨어져서 보면 전체가 마치 필연이었던 것처럼 짜여 있다.

그것을 '우연한 만남'이나 '해후'라고 한다. 인생을 살다 보면 누구나 우연을 통해 만남을 체험하고, 그 만남이 발전하여 운명이 만들어진다는 것을 깨닫는다.

따라서 인생은 '항상성'이나 '제일성', 또는 목적을 향한 명확한 이치에 따라 전개되는 것이 아니라, 필연과 우연이 복잡하게 얽혀 이루어진다. 그 과정에서 종종 목적지로 향하는 길에서 벗어난 듯한 상황과 마주하며, 그 역시 기꺼이 받아들여야 한다. 도망치지 않고 자신의 운명으로 사랑할 수 있다면, 우연과 필연은 비로소 인생을 실제로 구성하는 요소가 된다.

운명은 자유롭게 바꿀 수 있다

구키는 우연성에 대한 고찰을 통해 운명에 대한 기존의 관념을 뒤바꿨다. 일반적으로 운명은 부여받는 것으로 여겨진다. 예를 들어, 이슬람교(421쪽 참조)에서는 각자의 운명이 하늘의 '보존된 서판'(이슬람 신학에서 운명과 계시가 기록되어 있는 천상의 책으로 성스러운 자만이 만지고 낭송할 수 있다 – 옮긴이)에 이미 상세히 기록되어 있다고 본다. 그리스도교의 칼뱅파(442쪽 참조) 또한 구원받을 자는 신이 미리 정해 두었고 변경될 수 없다고 주장한다.

스피노자 역시 모든 것이 신의 필연에 따라 이루어진다고 생각했다. 이처럼 극단적인 관점이 아니더라도, 운명은 태어날 때 이미 정해진 것이며, 자유롭게 바꿀 수 없는 속성이나 상태—예컨대 성별, 국적, 출생지, 혈통, 유전, 외모, 신체적 장애 등—로 여겨진다.

그러나 구키가 생각하는 운명은 부여받은 것이 아니라, 우연에 의해 그때마다 새롭게 태어나는 것이다(타고난 속성까지도 우연에 포함된다). 이러한 운명관에 따르면, 운명은 고정되어 있어 저항할 수조차 없는 것이 아니라 끊임없이 자유롭게 바꿀 수 있다는 의미에서 지금까지 없던 구원을 찾을 수 있다.

이에 대해 구키는 다음과 같이 표현한다.

> "불가능에 가까운 극미의 가능성이 우연히 현실이 된다. 이 우연성을 적극적으로 받아들일 때 새로운 가능성이 생겨나고, 나아가 가능성이 필연으로 발전하는 지점에 운명으로서의 부처의 본래 모습도, 인간의 구원도 존재한다."

우리도 누군가의 우연을 만든다

나아가 구키는 한 사람, 한 사람이 우연의 '이접지'이기도 하다고 지적한다. 자신의 시점에서 보면, 세상의 모든 것과 모든 사람은 이접적 우연을 불러오는 요소가 된다. 한편, 다른 사람의 시선에서 보면 자신 역시 그 요소, 즉 이접지가 된다. 따라서 우리는 누군가의 일상에 우연을 일으키는 존재이며, 그렇게 만들어진 우연은 또 다른 누군가의 운명을 만들어내기도 한다.

이것을 깨닫는다면 타인의 운명을 존중하고 타인을 위로하려는 마음이 생겨난다. 그리고 모든 만남이 얼마나 소중하고 중요한 것인지 깨닫는다. 운명은 결코 혼자 짊어지고 가는 것이 아니라 서로에게 끊임없이 만들어주는 것이며, 어떻게 살아가느냐에 따라 운명이 바뀔 수 있다. 또한 운명은 공리적 전략을 은밀히 숨기고 있는 목적-수단의 관계에 의해 지배되지도 않는다.

일본적 감성에서 탄생한 철학

구키의 생애를 관통하는 연구 주제는 '외로움'과 '우연성'이었다. 부모의 이혼, 초대 미국 공사였던 아버지 대신 그의 부하 직원 오카쿠라 덴신(1863~1913, 일본미술원 창립자이자 『차의 책』의 저자)을 아버지로 여기며 성장했던 소년 시절, 어머니의 비극적인 죽음, 대학원 시절의 실연, '프린츠Prinz'(독일어로 프린스)라 불리던 유학 시절의 관능적 사랑과 이별, 그리고 고독, 맥없이 무너질 것 같던 정체성, 둘째 형수와의 결혼과 이혼까지, 구키의 인생은 수많은 우연과 만남으로 점철되어 있었다. 그는 이러한 경험을 바탕으로 우연성의 문제를 철학적으로 탐구했으며, 그 작업은 학문적 시도를 넘어 인생을 이해하고 근거 없는 외로움으로부터 자신을 구원하는 여정이기도 했다.

그가 쓴 시 「인생의 춤」에서도 알 수 있듯, 우연성이라는 주제는 단지 철학적 개념이 아니라, 절실한 개인의 삶의 문제였던 것이다.

> 운명이여, 나는 너와 춤을 춘다.
> 서로를 꼭 안은 채로.
> 부끄럽다고?
> 그런 건 아무래도 좋지.
> 운명이여, 운명이여, 나는 너와 춤을 춘다.
> 내 마음은 기쁨으로 벅차오른다.
> 오, 아름다운 음악이여—
> 별이 뜬 밤하늘 저편,
> 하늘 끝에서 울려오는
> 천체의 선율이여.

또한 그는 『인간과 실존人間と実存』(1939)에 실린 「놀라움의 정서와 우연성」이라는 논문의 마지막에서 다음과 같이 썼다.

> "위대한 사상은 심장에서 온다"라는 말이 있다. 나는 현실 세계의 우연성에 놀라고, 그 놀람으로 심장이 요동치는 순간이야말로 철학 사상의 진정한 원동력이 되어야 한다고 생각한다.

광범위한 지식과 교양을 바탕으로 한 구키의 철학은, 인간의 현실적인 참모습을 묻는 실존철학이라 할 수 있다. 특히 우연성보다 동일성이나 필연성을 중시하는 유럽 철학과 달리, 일본인의 감성에서 비롯된 전혀 다른 결의 실존철학이다.

구키는 교토제국대학에서 철학을 가르쳤지만, 단순히 교토학파로만 분류할 수 없는 독자성과 현대성을 지닌 사상가다. 그러나 우연성을 더욱 깊이 파고든 그의 연구는 이후 이어지지 못했다. 『우연성의 문제』는 마음에 깊이 호소하는 매력을 지닌 고도의 철학적 성과라고 할 수 있다. 특히 그는 우연과 필연의 차이를 탐구하는 과정에서, 자크 데리다나 질 들뢰즈 같은 사상가들이 이후에 다룬 '차이'의 문제를 선구적으로 제기했다고 평가할 수 있다.

철학자의 한마디

예술은 의도되거나 계산되지 않은 우연 속에서
아름다움을 발견한다.

010

『공감의 본질과 형식』
막스 셸러

원제 Wesen und Formen der Sympathie, 1923년

난이도
5

사랑이라는 이름의 지성

"조건 없는 사랑의 무차별성이야말로 사랑의 본질적 특징이다."

"참된 사랑은 사랑하는 대상의 더 높은 가치를 보는 정신의 눈을 열어준다."

"가치를 발견하고 은폐하는 것이 곧 '사랑'과 '미움'이다. 다시 말해, 가치는 사랑에 의해 드러나고, 미움에 의해 은폐된다."

막스 셸러
Max Scheler

1874~1928년. 독일제국 바이에른왕국의 뮌헨에서 태어났다. 유대계이지만 14세에 기독교 신자가 됐다. 뮌헨대학에서 의학을, 베를린대학에서 철학과 사회학을 전공했다. 예나대학에서 가르치고 뮌헨대학으로 옮겼지만, 여성과의 스캔들로 교수직을 잃었다. 53세에 사망.

사랑이라는 정서적 작용에 주목한 철학자
선과 악을 철학적으로 탐구하다

'공감Mitfühlen'에는 동정과 사랑도 포함된다. 그렇다면 셸러가 생각하는 공감, 동정, 사랑은 어떠한 것일까?

- 단순한 동정은 상대에 대한 상상에서 나오는 감정적 반응이다.
- 그러나 동정이 공감으로 변질하면, 타자가 체험하는 것을 자신이 체험하는 것처럼 파악하고 이해한다.
- 공감이 일어날 때, 인간으로서 상대의 체험을 자신의 체험인 듯 느낀다. (속성의 차이는 전혀 없다.)
- 사랑은 상대를 차별하지 않고, 상대의 속성이나 단점을 고려하지 않은 채 있는 그대로 받아들이며, 상대의 인간성을 사랑한다.
- 사랑할 때 정신의 눈이 열린다. (정신의 눈이란, 온갖 욕망과 주관적 분별에 얽매여 흔들리는 자아의 시선이 아니라, 존재로서의 인간 자체에 근거한 인식의 원천이다.)
- 사랑할 때 가치의 영역이 확대된다. 그래서 상대의 대부분을 받아들일 수 있다. 미워한다면 그 영역은 좁아지므로 상대를 받아들이기 어렵다.
- 사랑하면 상대의 내면에서 속성이 아닌 가치를, 인간으로서의 가치를 자발적으로 발견한다.
- 사랑의 자발성은 동정이나 공감에는 없는 큰 특징이다.

세상 사람들이 일반적으로 생각하는 사랑은 셸러가 말하는 사랑과는 큰 차이가 있다. 일반적으로 생각하는 사랑이란 아름다움, 성적 매력, 출중한 능력과 같은 속성이나 가치에 대한 선별적이고 기호적인 찬미다. 찬미의 정도는 점차 강해지는 경향이 있어서 사랑은 '맹목적'이다.

그러나 셸러가 말하는 사랑은 그와 정반대다. 진정한 사랑은 정신의 눈을 가지고 있어서 맹목적이지 않다. 정신의 눈은 높은 지성을 지니고 있기에, 세상의 통상적인 속성이나 가치 판단을 넘어선 존재의 진정한 가치를 인식하고 그것을 사랑할 수 있다. 이러한 사랑은 차별하지 않는 보편적 사랑이다.

요컨대, 세상의 일반적인 사랑은 대개 가치 그 자체를 향하기에, 그 가치가 사라지면 사랑도 함께 식어버린다. 그러나 진정한 사랑은 가치가 아니라 인간 존재 그 자체를 사랑하기에, 쉽게 변하지 않고 지속된다.

철학자의 한마디

사랑은 빈곤한 지식에서 충만한 지식으로
나아가는 가교架橋다.

011

『우정론』
아벨 보나르

원제 L'Amitié, 1928년

난이도
1

진정한 벗을 발견하라

"참된 우정은 이해타산을 초월한다."

"연애할 때는 신뢰를 얻어야 하고, 우정을 나눌 때는 상대의 내면을 꿰뚫어 보는 통찰력이 필요하다."

"사람은 연애를 꿈꾸지, 우정을 꿈꾸지 않는다. 꿈꾸는 것은 육체이기 때문이다."

아벨 보나르
Abel Bonnard

1883~1968. 프랑스 비엔의 푸아티에에서 태어났다. 파리 문학부에서 문학을 전공하고, 시집 『친한 사람들』로 아카데미 프랑세즈 상을 수상했다. 나치 독일의 지배 아래에 있던 비시 정권(1940~1944) 때 교육부 장관으로 일했다는 이유로 훗날 추궁당하고 스페인으로 망명했다. 사형이 선고되지만, 마드리드에서 84세에 사망.

참된 우정이란 무엇인가
프랑스 시인이자 도덕주의자로, 모든 세대가 사랑한 명언

고대 플라톤은 『뤼시스』에서 우정에 대한 의견을 펼쳤다. 우정에 관한 개념과 그 의미를 점차 확대했지만, 결국 정리는 하지 않은 채 세상을 떠났다.

한편, 보나르의 작품 중 가장 뛰어난 『우정론』에서는 참된 우정이란 어떠한지 시인 특유의 통찰력으로 정확하게 짚어낸다.

대개 사람들이 우정이라 여기는 것은, 사실 평소의 습관에 불과한 경우가 많다. 어떤 계기를 통해 가까워진 상대를 자신의 일상적 습관에 따라 당연한 듯 이용하는 것일 뿐이다. 또한 이해득실에 따라 맺어진 관계마저 우정이라 착각하는 경우도 많다. 그러나 그런 관계는 우정이라기보다는 동맹 혹은 계약에 가깝다. 그럼에도 불구하고 고독하거나 고립되지 않았다는 안도감과 주변 사람들 덕분에 생겨나는 자존감, 그 관계에서 얻는 작지만 실질적인 이익 등으로 인해 사람들은 그 관계를 '교우'라 착각한다.

세상을 살아가는 데 필요한 편의와 이해득실을 빌미로 맺은 관계를 어째서 우정이라고 믿을까? 인간성을 보는 눈이 없기 때문이다. 따라서 모두 비슷비슷한 인간으로 보이고 상대의 직함이나 지위 같은 속성으로 우열을 매겨 친구로서 교제할지 말지를 판단하는 것이다.

태생, 속성, 이해득실에서 벗어나야 진정한 친구를 만난다

그렇다면 진정한 우정을 나눌 친구를 어떻게 찾을까? 보나르는 단언한다.

> "수많은 사람 중 한 사람을 친구로 찾는다는 것은 수많은 관계를 넘어, 자신의 삶과 존재를 성찰하게 해주는 훌륭한 단 한 사람, 곧 진정한 인간을 발견하는 일이다."

훌륭한 단 한 사람이 참된 우정을 나눌 수 있는 사람이라는 말인데, 여기서 '훌륭함'이나 '최고의 사람'이라는 가치 기준은 능력이나 지위, 세상의 평판에 달린 것이 아니다. 진정으로 가치 있는 사람은 자신에게 일어나는 일을 넘어선 차원을 내면에 지니고 있으며, 바로 그 지점에서 상대와 깊이 교류한다.

따라서 보나르는 이 책의 2부 첫 문장에서 "사람에게서 떨어져 홀로 지낼 때 비로소 친구를 발견할 수 있다"라고 지적한다. 여기서 '사람에게서 떨어진다'는 것은 물리적으로 고립된 상태라기보다는 세상의 일반적인 가치관과 거리를 두는 것을 의미한다. 좀 더 구체적으로는, 자신의 정신적 필요나 이해관계만을 좇는 시선을 거두는 것이다. 참된 우정은 서로의 속성과 조건을 넘어선 차원, 곧 진정한 인간 존재로서의 차원에서 이루어지는 교류이기에 가능한 것이다.

친구로 여겼던 사람이 세상을 떠나면, 그를 일상의 습관처럼 여겼던 사람은 깊은 슬픔에 빠진다. 익숙하고 친숙한 일상의 일부를 잃었기 때문이다. 그러나 진정한 친구를 가졌던 사람은 그를 일상의 일부로만 여기지 않았기에 상실감에 휩싸이지 않는다. 그 친구는 영혼 깊은 곳에서 변함없이 진정한 친구로 남아 있기 때문이다. 참된 우정이란 특정한 인생의 경험을 가진 사람들만이 이해할 수 있으며 그 이해를 통해 자신은 친구의 내면에, 친구는 자신의 내면에 늘 함께 존재한다.

도덕주의자의 우정론

보나르는 몽테뉴, 파스칼, 라로슈푸코에 이르는 프랑스의 도덕주의자(인간이 살아가는 방식을 탐구하는 저술가)들 중 한 사람이다. 비즈니스 세계에서 말하는 '친구'는 우정처럼 보이는 동맹이나 조약을 기반으로 한 경제적·전략적인 이해관계다. 그런 관계는 비즈니스와 관련되었을 뿐, 인간성과는 관련이 없다.

보나르가 말하는 진정한 우정은 사람을 빛나게 한다. 그런 점에서 그의 사상은 마르틴 부버(143쪽 참조)의 철학에 가까우며, 도겐(464쪽 참조)이나 니시다 기타로(468쪽 참조)의 사상과도 일맥상통하는 면이 있다. 다만, 이러한 수준의 우정은 결코 범접할 수 없을 만큼 고상한 이상이 아니다. 오히려 그것은 고통이나 비참함 같은 계기를 통해 삶의 방식을 바꾸고 진지하게 세계를 바라보기 시작할 때 불현듯 나타난다.

> **철학자의 한마디**
>
> 연애는 사람을 강하게 만드는 동시에
> 약하게 만들기도 한다.
> 우정은 사람을 오로지 강하게만 만든다.

012

『영혼을 치유하는 의사』
빅터 프랭클

원제 Ärztliche Seelsorge: Grundlagen und Anwendungen der Logotherapie 1952년

난이도
3

> **안녕, 진짜 나여.**

"인간은 고뇌하며 성숙하고, 고뇌로 성장한다."

"고뇌는 운명이나 죽음처럼, 삶의 본질에 속한다."

"인간을 괴롭히는 운명은 (중략) 견딤으로써 의미를 가진다."

"활동하지 않는 것에서 벗어나 생명의 의미를 제대로 받아들이도록, 지루함이 그곳에 있는 것이다."

PHILOSOPHER

빅터 프랭클
Viktor Emil Frankl

1905~1997년. 오스트리아헝가리제국에서 태어났다. 정신과 의사, 심리학자. 유대인으로 부부가 나치의 강제수용소에 수감됐으며, 그 체험을 저술한 『죽음의 수용소에서』가 유명하다. 고통과 아픔 속에서 삶의 의미를 깨닫는 심리요법인 로고테라피를 창시했다. 92세에 사망.

세계적 베스트셀러 『죽음의 수용소에서』에 견줄 만한 주요 저서
운명을 응시하는 태도에서 비롯된 삶의 깊이

이 책의 독일어 원제를 직역하면 '의료적인 영혼의 치료'다. 프랭클이 창시한 로고테라피는 언어로 '삶의 의미'를 찾아내거나 깨닫고, 신경증, 우울증 등 마음의 병을 치유하게 하는 것이다. 이는 의학적인 기법일 뿐 아니라 철학의 영역에도 걸쳐 있어서, 이 책을 읽는 것만으로도 치유되고 큰 깨달음을 얻는다.

창조 가치, 체험 가치, 태도 가치란

그러나 프랭클이 말하는 '삶의 의미'가 무엇인지 설명하기는 어렵다. 애초에 일반적인 삶의 의미가 있는 게 아니라, 그 사람만의 특별한 삶의 의미만이 있기 때문이다. 개인적인 것이기에 그 사람의 구체적인 현실, 즉 실존(매 순간 어떻게 생각하고, 어떻게 행동하는가)이 끊임없이 문제가 된다.

따라서 로고테라피는 각 개인의 실존 분석으로, 공통적인 세 가지 가치, 즉 창조 가치, 체험 가치, 태도 가치의 측면에서 접근한다. 이런 가치는 객관적인 기준이 없다. 결국 명확히 정해진 가치가 있는 게 아니라, 가치가 있다고 인정하는 개인에게만 가치가 주어진다. 세 가지 가치란 어떤 것일까?

- 창조 가치: 일이나 창조적 행위 등에 의해 실현되는 것이다.
- 체험 가치: 예술을 감상하거나 자연 풍경에 감동하는 등 수동

적으로 체험하면서 내면에 실현되는 것이다.

- 태도 가치: 운명적인 것, 자신의 힘으로 바꿀 수 없는 것을 받아들일 때 실현된다.

창조 가치는 어떤 일을 이루는 가치로, 타인이 아닌 그저 본인만이 성패를 정할 수 있다. 대부분 창조 가치는 일이나 일상적인 용무나 의무에 의해 달성된다. 따라서 내세울 만한 일이 없으면 고통스럽다. 자신이 무의미해지기 때문이다. 본디 사람은 '의미로의 의지(쾌락이나 권력보다 '삶의 의미'를 찾고자 하는 내면의 동기를 갖는다는 의미 – 옮긴이)'를 가진다.

체험 가치는 넓은 의미에서 감동하는 것으로, 이 또한 개인적인 것이라서 타인이 객관적으로 판단할 수 없다.

마지막으로 태도 가치란 인생을 살아가며 일어나는 상황에 직면하여 취하는 태도에 의해 생기는 것이다. 프랭클은 "고뇌 속의 용기, 몰락이나 실패에도 나타나는 품위 같은 것"이라고 말한다. 태도 가치도 타인이 판단하는 것이 아니다. 실패나 좌절처럼 보이는 것도 받아들이는 태도에 의해 내적으로 채워지고 인생의 의미가 생긴다.

프랭클은 레프 톨스토이(1828~1910)의 단편소설 『이반 일리치의 죽음』이 이를 단적으로 보여준다고 말한다. 이 소설은 공소원 판사였던 이반 일리치가 병상에서 죽음을 맞이하는 과정을 그린 것이다. 이반은 수입과 공무를 절차에 따라 밟아가는 것을 가장 큰 목적으로 삼은 자신의 인생을 차근차근 돌아보고 모든 것이 잘못되었다고 생각한다. 그러나 아직 죽음이 찾아오지 않았다. 이반은 죽음이 어디에도 존재하지 않는 것이 아닐까 생각한다. 그때 빛이 보이더니 "끝났다"라는 목소리가 들리고, 이반은 죽음을 맞이한다.

이렇듯, 타인이 실패한 인생이라고 불러도 되는 삶은 없다. 그래도 현실 사회에서는 생산성이나 성공의 정도를 기준으로 사람에게 순위를 매기고 꼬리표를 붙인다.

**삶의 가치는 '무엇을 하느냐'보다
'어떻게 하느냐'에 의해 결정된다**

이 책에서 현대인의 고통에 대해 심금을 울리는 서술은 노동의 의미에 대한 부분이다. 프랭클은 "일정한 직업만이 인간의 가치를 충족해줄 수 있는 것은 아니"라고 말한다. 문제는 어떤 직업에 종사하는지가 아니라 어떻게 노동하는가이며, 그것만이 가치와 의미를 부여하기 때문이다. 따라서 어떤 직업이라도 "가치 충족의 기회를 제공하는" 장이 될 수 있다.

그러나 이런 사실을 깨닫지 못하고 일정한 직업에 종사하는 것만으로 의미 있다거나, 그 직업으로 많은 수익을 올릴수록 일의 목표가 채워진다는 식의 자본주의적인 사고방식에 물들면, 일이 없는 휴일에 공허함을 느끼거나 초조해지기 쉽다.

그러면 실존의 허무함, 무목적성, 의미의 빈곤에 빠지기에, 그런 감정에 지지 않으려 자신을 잊을 만큼 무언가에 몰입한다. 스포츠 관람이나 취미로 즐기는 문화 활동, 온갖 장르의 오락이나 예능, 도박, 자극적인 섹스에 빠지는 것이다.

그런 날들이 이어지면 죽음이라는 생명의 종착점은 커다란

타격이 되고, 지금까지의 삶에 진정한 가치를 부여할 수 없기에 죽음을 온전히 마주할 수 없다. 즉, 진정한 자기 자신으로 인생을 살지 못했기에 삶에 대한 자신감 또한 결여된다.

고뇌야말로 인간 존재의 본질이다

프랭클의 사상에서 눈에 띄는 점은 고뇌를 피해야 한다거나 어떻게 해서든 지워야 하는 불필요한 것으로 치부하지 않는다는 사실이다. 그는 고뇌를 인간의 본질이라 여겼다. 고뇌하지 않는 인간이 없다는 뜻이 아니라, 고뇌만이 인간을 무감동이나 지루함에서 구원하기 때문이다.

인간은 실존의 의미를 찾기 위해 고통스럽게 고뇌한다. 이는 고통이 인생을 살아가며 피할 수 없으며, 반드시 마주하는 조건이기 때문이다. 그리고 고뇌란, 고통스러운 삶을 있는 그대로 받아들이려는 내면의 노력이기도 하다.

정신의학과 철학을 잇는 프랭클의 사상은, 자신의 삶에 비추어 이해한다면 인생을 송두리째 바꿀 수 있는 현실적인 힘을 지닌다. 그의 로고테라피는 기존의 이론이나 사상을 훌쩍 넘어서는 차원에 있으며, 개인의 삶을 내면에서 조용히 변화시키고, 그 변화는 결국 사회적 삶에도 크고 강력한 영향을 미친다.

철학자의 한마디

축복하라, 그 운명을. 믿어라, 그 의미를.

013

『이렇게 살아가도 괜찮은가』
피터 싱어

원제 How are we to live?, 1993년

난이도 2

정치보다 윤리다

"윤리란 본래 실천적인 것이다. 그렇지 않다면, 그것은 진정한 윤리가 아니다. 실천에 도움이 되지 않는 이론도 진정한 이론이 아니다."

"물질적 이익만을 규범으로 여기는 사회에서 윤리적 입장을 취하는 일은, 사람들이 생각하는 것보다도 깊고 근본적인 변화를 일으킨다."

피터 싱어
Peter Singer

1946~. 오스트레일리아 멜버른에서 유대계 커피 수입업자와 의사 집안에서 태어났다. 멜버른대학에서 법학, 사학, 철학을 공부하고, 옥스퍼드대학에서 유학했다. 프린스턴대학 생명윤리학 교수로, 2005년 《타임》지에서 '세계에서 가장 영향력 있는 100인'에 선정됐다. 『우리 시대의 동물 해방』이 널리 알려졌고, 빌 게이츠에게도 영향을 주었다.

가장 영향력 있는 현대 철학자
폭넓은 윤리학을 펼치다

『이렇게 살아가도 괜찮은가』는 윤리의 관념에 대해 사고하는 것이 아니라, 현대에 실천해야 하는 윤리적인 행동에 대해 누구든 이해하기 쉽게 설명한다.

- 윤리 관념이 아무리 많아도 의미가 없다. 윤리는 실천하는 것이어야 한다.
- 윤리적으로 생각하려면 "자신의 행동에 영향받는 모든 사람의 입장에 서서 자신을 상상"해야 한다.
- 윤리적인 방식으로 살려면 넓고 장기적으로 사물을 봐야 한다.
- 구체적인 과제에 힘쓰고, 기죽지 마라. 오류를 범할 가능성은 늘 있다.
- 광신주의, 권위주의를 부정한다.
- 정치보다 윤리를 제일로 생각한다.
- 주관이 아닌 이성에 따르면 객관적으로 사고할 수 있다. 또한 이성적으로 생각해야 사리사욕에서 벗어나 공평함에 이른다.
- 이익은 평등하게 고려해야 하며, 어느 한쪽에만 편중되어서는 안 된다. 인간에게든 동물에게든, 모두를 공정하게 배려해야 한다.
- 고통을 줄이는 윤리적 행동이 가장 직접적이고 긴급한, 누구나 인정하는 가치다.

- 윤리적 행동은 사회를 확실히 변화시킨다. 그것이 확산되면 사회는 철저히 바뀐다.

모든 생명을 위한 윤리

피터 싱어는 『우리 시대의 동물 해방』(1975)에서, 동물 실험과 공장식 축산을 비판하고 공장식 축산으로 생산한 고기, 계란, 우유의 소비를 중단해야 한다고 주장한다. 싱어의 주장에서 핵심이 되는 '이익의 평등한 배려'는 척추동물에게까지 확장되어 적용된다. 윤리는 실천해야만 비로소 윤리라는 신념 아래, 싱어는 채식주의자이자 환경보호가로 적극적으로 활동한다.

또한 싱어는 『삶과 죽음』(1994)에서 안락, 특히 장애를 가진 신생아의 안락사까지도 인정한다. 이처럼 민감한 주제에도 자신의 입장을 분명히 밝히고 실천에 옮기며, 그는 현대에서 가장 영향력 있는 윤리학자 중 한 사람으로 평가받고 국제생명윤리학회의 초대 회장을 지냈다. 『삶과 죽음』과 『우리 시대의 동물 해방』은 전 세계적으로 널리 읽히며, 윤리적 감수성을 남보다 앞장서서 실천하려는 이들이 반드시 읽어야 할 필독서로 자리 잡았다.

철학자의 한마디

평등의 원리를 인간에게만 한정할 이유는 없다.
그 범위는 동물에게까지 확장되어야 한다.

> 이해를 위한 글 ①

철학책은 이미 있는 언어로만은 표현할 수 없다. 그래서 새로운 사고 방법을 표현하기 위해 비유, 직유, 제유, 환유, 은유, 암유, 풍유, 우의 등을 사용하곤 한다.

비유: 일반적으로 '~와 같다'라고 표현된다. 직유도 비슷해서 다른 것에 빗대어 설명하는 표현이다. 예) 눈처럼 희다.
제유: 개념이나 종류를 표현하는 말로, 의미의 일부를 나타낸다. 평소 많이 쓰는 방법이다. 예) 다리(교통수단), 꽃(벚꽃), 머리(가장자리, 시초, 통솔자 등)
환유: 일부의 말로 의미 전체를 표현한다. 예) 왕관을 쓰다(왕에 즉위하다), 식탁(식사, 식량 사정)
은유: 은유, 암유, 풍유는 비슷한데, '~처럼'을 사용하지 않고 직접 연결한다. 예) 얼음의 마음, 그는 갈매기다, 펜의 힘, 명연주를 맛본다
우의: 의미 내용을 표현하기 위해 다른 이야기로 대체하여 표현한다. 『이솝 우화』나 전 세계의 신화가 그 전형이다.

고트프리트 라이프니츠의 '모나드monade'는 환유다. 토마스 홉스의 '리바이어던Leviathan'도 환유다. "인간은 자유라는 형벌에 처해졌다"라는 사르트르의 유명한 말에도 환유가 사용되었다. "신은 죽었다"라는 니체의 표현은 은유이고, 『차라투스트라는 이렇게 말했다』는 글 전체가 우의다. 헤겔이 사용한 '세계정신'도, 쇼펜하우어가 사용한 '의지'도 은유다.
엄밀한 철학 이미지를 보여주는 칸트 철학의 키워드인 '이성'도 인식과 사고를 표현하기 위한 환유라 할 수 있다. 이성의 개념은 정해져 있지 않고, 원래 이성이라는 사물이 실제로 존재하는 것도 아니기 때문이다.
『성경』은 전체가 우의다. 창세기에 등장하는 뱀이나 나무 열매, 아담과 이브도 우의적인 표현이다. 신이라는 표현조차 우의다. 나사렛 예수는 대중에게 비유적인 이야기를 자주 들려주었는데, 그 역시 우의다. 『신약성경』의 맨 끝에 나오는 「묵시록」은 모든 문장이 제유, 환유, 은유, 우의다. 문장의 의미만 그대로 받아들이면, 오싹하고 장대한 오컬트 판타지가 되어버린다.

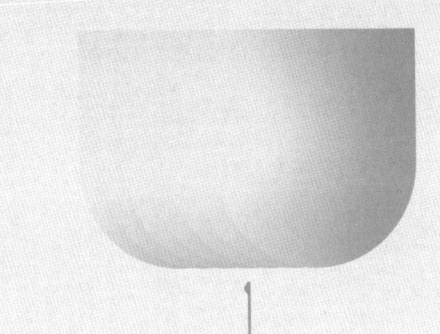

2장
인간을 통찰한다

『에세』, 몽테뉴
『잠언과 성찰』, 라로슈푸코
『인간지성론』, 존 로크
『우신예찬』, 에라스뮈스
『차라투스트라는 이렇게 말했다』, 니체
『팡세』, 파스칼
『인간의 교육』, 프뢰벨
『권위주의적 인격』, 아도르노
『전체성과 무한』, 에마누엘 레비나스
『인간 존엄성에 관한 연설』, 피코
『실존주의란 무엇인가』, 사르트르
『존재와 소유』, 가브리엘 마르셀
『자살론』, 에밀 뒤르켐
『구별짓기』, 피에르 부르디외
    이해를 위한 글 ②

014

『에세』
몽테뉴

원제 Les Essais, 1580/1588년

난이도 2

우리는 바람과 같은 존재다

"나는 이 세상에서 나 자신 이상으로 확실한 괴물도, 기적도 본 적이 없다."

"나는 인생의 온갖 쾌락을 이토록 열심히, 특별한 열정으로 끌어안았음을 자랑스럽게 여기지만, 자세히 들여다보면 결국 그 안에서 허무한 바람만을 발견할 뿐이다. 그러나 놀랄 일은 아니다. 우리 자신도 결국 이르는 곳마다 스쳐 지나가는 바람에 지나지 않기 때문이다."

미셸 에켐 드 몽테뉴
Michel Eyquem de Montaigne

1533~1592. 프랑스 페리고르 지방의 귀족 영지인 몽테뉴성에서 태어났다. 프랑스어에 앞서 라틴어를 습득하고, 13세에 보르도대학에 들어가 철학 및 고전을 수료했으며, 16세에 툴루즈대학에 들어가 법학을 연구했다. 보르도 고등법원 참의, 보르도 시장을 역임하고, 종교전쟁의 조정자로 나서기도 했으며, 글쓰기를 즐겼다. 몽테뉴성 성주로, 59세에 사망.

'에세이'의 원류
훌륭한 명언으로 가득한 프랑스 르네상스시대의 명저

1000쪽에 달하는 『에세』의 서문에서 몽테뉴는 "독자여, 나 자신이 내 책의 재료다"라고 썼다. 사적인 일만 적은 게 아니라, 자신이라는 인간을 물끄러미 관찰함으로써 인간이라는 존재의 신비함을 깊이 관찰한다. 게다가 학술어나 어려운 표현 없이 쓰여 있어서 많은 사람에게 꾸준히 읽히고 있다.

몽테뉴가 살았던 16세기에 세상은 변화의 소용돌이 가운데에 있었다. 지금까지 확실하다고 믿었던 것이 모두 무너져 내린 시대였다. 16세기 전반에는 천문학자 코페르니쿠스에 의해 지금까지 진리로 여겨졌던 천동설이 부정되며 지동설이 등장했고, 아메리카대륙이 발견되면서 지구가 둥글다는 사실이 밝혀졌다. 유럽인과 전혀 다른 관습을 가진 세계가 존재한다는 사실이 밝혀지며 이제까지의 세계관이 모두 무너졌다.

또한 프랑스에서는 칼뱅(447쪽 참조)의 그리스도교 해석에 의해 탄생한 프로테스탄트교회와 기존의 가톨릭교회 사이에 위그노전쟁(프랑스에서 '위그노'란 비렁뱅이를 의미하는데, 가톨릭파가 프로테스탄트파를 부르는 말이었다. 프로테스탄트파는 가톨릭파를 '파피스트papist'라는 멸칭으로 불렀다)이 1562년에 일어났고, 귀족과 서민이 양분되어 서로 죽고 죽였다. 과거의 가치관·윤리관이 크게 흔들리고 무엇이 옳고 그른지 판단할 수 없는 시대에 몽테뉴는 37세에 보르도 고등법관을 사임하고 출세길에서 벗어나 자신의 성탑에 틀어박혀 『에세』를 쓰기 시작했다.

자신을 통해 인간을 탐구하다

몽테뉴는 독자에게 무언가를 가르치려 하거나, 자신의 사상을 강요하려는 의도가 없다. 그는 그저 하루하루 인생을 즐긴 경험, 세네카의 철학서를 읽으며 나름대로 품은 발견과 의문을 겸허하고도 잔잔한 문장으로 기록해나갔다. 그러나 그 글은 어느새 독자의 마음속으로 조용히 스며든다.

길고 짧은 107개 에세이를 3권으로 묶었다. 뒤로 갈수록 몽테뉴의 통찰력이 자연주의적 경향으로 깊이를 더해가는 것을 알 수 있다. 끝부분의 '인생에 대해서'에는 다음과 같은 통찰이 기록되어 있다.

> "평온하게 살아가기 위해 학문은 거의 필요하지 않다. 삶의 본질은 배움이 아니라 살아냄에 있다."
>
> "나는 본래의 나를 찾고자 할 때, 내 혀는 더욱 풍성해졌지만 마음은 그만큼 깊어지지 않았다는 것을 깨달았다. 내 마음은 자연이 내게 준 모습 그대로다."
>
> "우리는 자연을 저버렸으면서도, 여전히 자연에게 삶의 길을 묻는다. 그러나 자연은 언제나 우리를 가장 확실하고도 가장 단순한 방식으로 이끌어주고 있었던 것이다."

역사상 오래도록, 널리 읽힌 에세이

몽테뉴의 『에세』는 역사상 가장 널리, 오래도록 읽히고 있는 에세이다. 본래 에세이는 가볍게 읽을 수 있는 비교적 짧은 글, 개인의 감상을 자유롭게 서술한 글이다. 현대에는 일상의 신변잡기에 대한 글을 에세이라고 칭하지만, 원래의 에세이는 아니다.

원래 에세이란 몽테뉴의 『에세』다. 이 표현을 처음 사용한 것은 몽테뉴로, 에세이는 프랑스어로 '시도' 혹은 '시행', '시론', '실험'을 의미한다. 몽테뉴는 "자신의 판단력의 시도"라고 설명했다.

몽테뉴가 세상을 떠나고 80년 이상이 지난 1676년, 가톨릭 교황청은 『에세』를 금서 목록에 포함했다. (금지가 풀린 것은 1939년이었다.) 그래도 많은 사람에게 사랑받아 데카르트, 파스칼, 루소, 지드, 플로베르에 영향을 미쳤다.

철학자의 한마디

다음 날에 할 수 있는 일이라면, 오늘 해도 된다.

015

『잠언과 성찰』
라로슈푸코

원제 Reflexions ou Sentences morales, 1665~1693년

난이도
1

시간을 초월한 영원의 인간론

"현자의 냉정함은 동요를 마음속에 가두는 기술에 지나지 않는다."

"인간의 행불행은 운에 따른 것이기도 하지만, 그 사람의 기질에 의한 것이기도 하다."

"타인에 대한 신뢰의 마음도, 그 대부분은 자신에 대한 신뢰가 있기에 생긴다."

프랑수아 드 라로슈푸코
François de La Rochefoucauld

1613~1680년. 프랑스 절대왕정 시절에 파리에서 태어났다. 명문 귀족으로 군사 의무를 맡고 전쟁에 참여했다. 궁정 내 정쟁에서 패한 뒤 문예에 눈을 뜨고 파리의 살롱에서 잠언을 발표했다. 66세에 사망.

인간의 현실을 신랄하게 공격한 최고의 잠언집

650개의 잠언과 단문으로 된 이 잠언집은 현실적인 인간의 모습을 담고 있다. 17세기 프랑스만이 아니라, 시대와 장소를 불문한다. 그런 보편성 때문에 현대에도 반드시 읽어야 하는 잠언집 중 하나로 꼽힌다.

라로슈푸코의 잠언이 역설적이고 짓궂기만 하다고 느끼는 사람은, 사실 자신의 내면에서 일어나는 반응을 그 문장 탓으로 돌리는 것이다. 그러나 라로슈푸코는 독자의 이러한 반응마저도 글로 썼다. 독자를 도발하려는 것이 아니라, 그가 인간의 본성을 날카롭게 묘사하고 예리한 통찰력을 지녔기 때문이다.

그런 면모는 "연애 문제에 가장 부족한 것은 사랑이다"라는 402번째 절의 첫 문장에 그대로 드러난다. 작가는 사랑이 없는 욕망뿐인 관계가 넘쳐난다고 지적한다. 그러나 타인의 연애를 무책임하게 미화하는 것보다는 성실한 태도다.

한편, 프랑스어로 낭독하면 잠언이 리듬감 있게 읽힌다. 잠언은 당시 살롱(궁정이나 귀족의 저택에서 열린 사교 모임)에서 유행한 문예 스타일 중 하나였다. 그중에서도 라로슈푸코의 것이 단연 뛰어났다. 그의 신랄한 잠언은 파리의 사교계를 석권했던 프레시오지테Préciosit(언어나 작업에서 귀족적인 세련미나 우아함을 추구하는 풍조)를 거스르는 것이었다.

전 세계 독자와 장세니슴의 인간관

프랑스에서 정식으로 간행되기 전, 네덜란드에서 해적판이 출간될 만큼 큰 명성을 얻었던 이 잠언집은 프랑스 밖에서도 높은 평가를 받았다. 조너선 스위프트, 쇼펜하우어, 니체, 톨스토이 등 세계적인 문인들이 이를 사랑했고, 일본에서는 아쿠타가와 류노스케와 호츠타 요시에 등에게도 깊은 영향을 주었다.

초판에는 세네카에 대한 반감을 상징하는 천사의 입 그림이 장식되어 있다. 이는 세네카(22쪽 참조)의 엄숙한 스토아 철학, 즉 인간의 이성을 중시하고 욕망을 억제하며 이성적이고 도덕적으로 살아가려는 태도에 저항하고 있음을 드러낸다.

반이성적인 입장은 라로슈푸코만의 것이 아니었다. 당시 유행하던 종교 사상인 '장세니슴Jansénisme'의 인간관 역시 큰 영향을 미쳤다. 이는 네덜란드 신학자 코르넬리우스 얀센(1588~1638)이 발전시킨 그리스도교 사상으로, 가톨릭에서는 이단으로 간주되었지만 프랑스 귀족 사회에서는 널리 퍼져 있었다. 장세니슴은 인간이 본질적으로 죄에 물들어 있어 이성적 의지는 무력하며, 선을 행하는 것조차 신의 은총 없이는 불가능하다고 보았다. 또한 영성체(그리스도의 몸과 피를 상징하는 빵과 포도주를 받는 성례전)를 받기 전에는 오랜 기도와 철저한 준비가 필요하다고 강조했다.

인간에 대한 엄격한 라로슈푸코의 시선에는 장세니슴의 반이성주의적인 인간관이 깔려 있다.

016

『인간지성론』
존 로크

원제 An Essay concering Human Understanding, 1689년

난이도 3

인간은 백지와 같다

"언제 인간이 관념을 가지는지 묻는다면…… 감각기관이 관념을 전하지 않는 한, 마음에 관념은 없는 듯 보이기 때문이다. 지성에 있는 관념은 감각과 함께 일어난다고 생각할 수 있다."

"지각은 지식으로 나아가는 첫걸음이자 첫 단계로, 지식의 모든 재료가 들어오는 입구다."

PHILOSOPHER

존 로크
John Locke

1632~1704년. 잉글랜드 서머싯 링턴의 변호사 집안에서 태어났다. 옥스퍼드대학 시절에 데카르트를 읽고 철학에 관심을 가졌다. 섀프츠베리 백작의 인맥으로 정치에 참여했다. 철학자, 임상의, 정치철학자. 72세에 사망.

사람은 '백지'로 태어나는가, 지식을 가지고 태어나는가?
'영국 경험론의 아버지'의 저서

천식을 앓던 존 로크는 정치에 관심이 있었는데, 평판이 높은 데카르트(327쪽 참조)의 『방법서설』을 읽고 나서 철학에도 흥미를 느꼈다.

의사였던 로크를 철학으로 나아가게끔 자극한 것은 무엇일까? 그는 데카르트의 "나는 생각한다, 고로 존재한다"에 이르는 일련의 사고가 과연 절대적으로 확실한 것인지 의문을 품었다. 또한 인간에게 과연 '생득관념'이 실제로 존재하는지도 궁금해했다.

생득관념(본유관념)이란, 사람이 태어날 때부터 일정한 형태의 지식을 이미 가지고 있다는 개념이다. 기원전 4~5세기의 플라톤(238쪽 참조) 이래로, 인간에게는 생득관념이 존재한다는 것이 일반적인 생각이었다(예를 들면, 삼각형이라는 개념). 데카르트는 신에 대한 관념이 생득적이라고 강조하며, 감각 지각이나 경험은 불확실하고 신뢰할 수 없다고 보았다.

데카르트와는 달리, 로크는 인간의 마음을 문자가 전혀 쓰여 있지 않은 백지 Tabula rasa와 같다고 주장했다. 여기서 "문자가 쓰여 있지 않다"는 표현은, 인간에게 생득관념이 없다는 의미다.

그렇다면 사람은 지식, 즉 관념을 어떻게 획득할까? 로크에 따르면, (지각을 포함한) '경험'을 통해서다. 경험이 백지 같은 마음에 내용을 써 넣는다는 말이다. 다만, 로크는 그 경험이 어떻게 마음에 쓰이는지에 대해서는 구체적으로 설명하지 않았다. 인간은 지각의 경험을 통해 관념을 갖지만, 지각이 곧바로 관념이 되는 것은 아니다. 실제로는 판단이나 반성을 거치면서 관념이 형성된다. 단지 그 과정을 자각하지 못할 뿐이다.

지각과 판단이 곧장 연결되지는 않는다는 것은 로크가 지인인 변호사이자 광학 연구자인 윌리엄 몰리뉴(1656~1698)와 주고받은 편지에서 알 수 있다. "태생적으로 시각 장애가 있는 사람이 손의 감각으로 입방체와 구체를 구별한다면, 나중에 시력을 찾고 테이블 위에 놓여 있는 입방체와 구체를 시각으로 구별할 수 있을까?"라는 의문에 대한 답은 '아니오'였다. 촉각에 의한 구별은 경험했지만 시각에 의한 구별은 경험하지 않아서, 입방체와 구체의 시각 관념을 아직 획득하지 못했기 때문이다. 따라서 지각의 방식이 한 사람의 관념을 형성한다는 것을 알 수 있다.

미국독립선언에 영향을 미친 로크의 사상

로크가 생득관념을 부정하는 데 애썼던 것은 무엇인가 가지고 태어난다는 생각이 권위주의(예컨대, 태어났을 때부터 특별한 지위를 가진다는 사고방식)에 힘을 실어줄 우려가 있기 때문이다.

또한 철학 사고가 치밀하지 않은 것은 로크가 임상의로서 실천적인 태도를 지녔음을 보여준다.

"이 세상에서 우리가 할 임무는, 무엇이든 탐구하는 게 아니라 우리의 행위와 관계 있는 것을 아는 일이다."

인간이 생득관념에 지배받는다면 자유가 없는 셈이다. 로크는 자신의 정치철학을 담은 『통치론』(1689)에서 인간의 자연스러운 자유와 평등에 대해 이렇게 설명했다.

> "모든 사람이 자연의 모습으로 (중략) 그것은 각자가 타인에게 허가를 구하거나 타인의 의지에 기대지 않고 자연법칙의 범위 내에서 자신의 행동을 통제하고 자신이 적당하다고 생각한 대로 자신의 소유물과 신체를 처리하는 완전히 자유로운 상태다.
> 그것은 또한 평등한 상태이기도 해서, 권력이나 지배권은 모두 호혜적이라 타인보다 많이 가지는 자는 한 사람도 없다."

이런 생각에 근거하여 민주적인 사회를 바라는 이상론은 사람들에게 환영받아 왕권을 제한하려는 영국의 정치 개혁을 강화시켰을 뿐 아니라, 미국독립선언(1776), 프랑스인권선언(1789)에도 지대한 영향을 미쳤다.

철학자의 한마디

인간의 지식은 그 사람의 경험을 뛰어넘지 않는다.

017

『우신예찬』
에라스뮈스

원제 Encomium Moriae, 1511년

난이도
2

바보가 되어 즐겨라

"생명 그 자체보다 즐겁고 귀중한 것이 있을까?"

"그리스도의 가르침은 온화, 인내, 인생 멸시(세속적 가치에서 벗어나 더 높은 진리와 덕을 추구하라는 태도 – 옮긴이) 외에는 없다."

"만일 쾌락이라는 것이 없다면 인생은 대체 어떻게 될까? 살 만한 가치가 있을까?"

PHILOSOPHER

데시데리위스 에라스뮈스
Desiderius Erasmus

1466?~1536년. 브르고뉴령 네덜란드의 노트르담 사제의 사생아로 태어났다. 파리대학에서 공부했다. 토머스 모어와 친교를 맺었다. '인문학자의 왕'으로 불린다. 가톨릭 사제, 신학자. 69세 무렵에 사망.

16세기 최고의 베스트셀러
인간의 어리석음을 찬미하는 르네상스 정신

'우신'은 에라스뮈스가 창조한 여신으로, 인간을 있는 그대로 사랑하는 존재로 설정되어 있다. 『우신예찬』은 '우신(어리석음의 여신)'의 독백 형식으로 전개된다. 그렇다면 에라스뮈스는 왜 이런 기묘한 책을 썼을까? 인간의 경멸, 어리석음, 멍청함, 자만, 독단, 쾌락 같은 요소야말로 인간을 살아 있게 만드는 활력의 원천이라 여겼기 때문이다. 결국 에라스뮈스는 세상이 말하는 도덕, 그리고 지나치게 진지한 교회의 윤리와 교훈이 오히려 인간적이지 않다며 우회적으로 비판하는 것이다.

우신은 고지식하고 융통성 없는 사람을 싫어한다. 진지하고 강직한 현인의 말은 분위기를 싸늘하게 만들고 인생을 묘지처럼 만들기 때문이다. 신학자, 성직자, 철학자가 그렇다. 그들은 식사를 맛없게 만들고, 온화함을 물거품으로 만들고, 인생을 궁색하고 고통으로 가득한 것으로 만들어버린다. 세상 사람들에게는 고리타분한 것은 분별없고 거만한 행동으로 보인다.

> "현인은 고대의 책으로 도망쳐 거기서 배우는 것은 그저 억지뿐이다. 어리석은 자는 현실이나 위험을 접하여 (중략) 진정한 분별이라는 것을 익힌다."

우신은 그리스도교의 성직자를 비웃고, 특히 그리스도교도는 경건해야 한다는 가르침을 깨뜨렸다. "경건한 사람들이 기대하는 최고의 보상은 일종의 광기"이기 때문이다.

또한 경건한 가르침이 인생을 풍요롭게 만들어주지는 않는다. 풍요로운 인생을 누리려면 사람이 본래 지니고 있는 정동, 욕망을 억누르지 말고 발산하며 울고 웃는 나날을 보내야 한다.

그런 나날을 살아가면서도 거만하거나 남보다 똑똑하니 더 높은 지위에 올라야 한다고 생각하지 않는 평범한 사람이 『성경』에서 그린 진짜 인간의 모습이라고 말한다.

> "『성경』은 현인이 스스로 모든 인간보다 뛰어나다고 생각하는 데 반해, 어리석은 자는 겸양의 미덕을 가진다고 인정한다."

우신이 바라보는 인생은 상당히 깊다.

> "표면적으로는 죽음이 있어도 안을 들여다보라. 거기에는 삶이 들어 있거나, 혹은 그렇지 않다. 아름다움이 비루함을 덮고, 부유는 가난을, 수치는 영광을, 지식은 무지를 덮는다. (중략) 기쁨은 고통을 숨기고, 번영은 불행을, 우정은 증오를, 약은 독을 감춘다."

이것이 인생이다. 이런 인생을 생동감에 넘쳐 살아가는 것을 우신은 응원하며 기뻐한다. 위태롭게 걷는 노파가 짙은 화장을 한 채 춤을 추고, 사랑하고, 동침하는 것에 갈채를 보낸다.

르네상스 정신의 체현자 에라스뮈스 vs. 종교개혁자 루터

교양이 높은 에라스뮈스는 가톨릭 사제는 아니지만, 부재성직의 봉록으로 살아가는 사람이었다. 관할 지역의 교회에서 일하지 않더라도 어느 정도 의무를 다하면 급여를 받을 수 있었다.

에라스뮈스는 이 자유로움을 이용하여 여행을 떠났고, 토머스 모어(371쪽 참조), 존 스켈턴(1460~1529, 잉글랜드왕국의 계관시인), 존 콜렛(1467~1519, 잉글랜드왕국의 신학자) 같은 각지의 문인과 친분을 쌓거나, 책을 썼다.

그중 한 권이 에라스뮈스가 개인적인 흥미로 단 일주일 만에 완성한 『우신예찬』이다. 이 책은 출간되자마자 베스트셀러가 되어, 16세기 유럽 각국에서 무려 58회나 인쇄되었다. 내용에 대해서는 찬반이 엇갈렸지만, 에라스뮈스가 창조한 '우신'이 들려주는 메시지에 공감한 이들이 많았던 것이다.

결국 르네상스시대의 많은 서양인이 숨 막히는 그리스도교 신학이나 도덕의 억압에서 벗어나고 싶어 했다. 게다가 고위 성직자들은 영주들과 마찬가지로 사치와 타락에 빠져 있었고, 그들이 말하는 서민을 위한 규율은 종교 생활과는 무관했다.

에라스뮈스는 가톨릭 성직자였지만, 종교개혁의 토대를 만든 셈이다. 교회의 규율은 하찮으며, 비인간적이라고 지적했기 때문이다. 그 사상의 영향과 명성은 유럽 전역은 물론, 특히 스페인에서 인기를 얻었다. 당시 스페인의 지식인 사이에서는 가톨릭교회의 부패를 비판하며 개혁을 요구하는 목소리가 점차 커지고 있었다.

실제로 에라스뮈스는 『성경』에 입각하여 내면을 중시하는 루터(442쪽 참조)의 주장에 동조했을 뿐 아니라 기대감까지 나타냈다. 그러나 루터가 로마 가톨릭교회와 마침내 갈라서자, 절제와 중용을 중시하는 에라스뮈스는 루터를 비판하는 『자유의지론De libero arbitrio diatribe sive collatio』(1524)을 간행했다.

루터는 인간은 추락하여 신에게 구원받기 위한 의지도, 능력도 없다고 보았다. 그러자 에라스뮈스는 인간이 스스로를 구원하기 위해 아무것도 못 할 만큼 추락하지는 않았다고 반박했다. 이렇듯, 모든 사상의 근저에는 인간관이 있다.

철학자의 한마디

인생에 집착할 이유가 없는 사람일수록
인생에 집착한다.

018

『차라투스트라는 이렇게 말했다』
니체

원제 Also sprach Zarathustra, 1883~1885년

난이도
6

신체만이 당신의 근원이다

"인간은 동물과 초인 사이에 걸쳐진 밧줄이다."

"당신의 신체 안에는, 당신이 최선의 지혜 속에 있는 것보다 더 많은 이성이 있다."

"흘러간 것도 구제하고, 모든 '그러했다'를 '그러한 것을 나는 원했다!'로 근원부터 바꿔 만드는 것, 이것을 비로소 구제라는 이름으로 부르고 싶다!"

PHILOSOPHER

프리드리히 빌헬름 니체
Friedrich Wilhelm Nietzsche

1844~1900년. 프로이센의 작은 마을 뢰켄에서 태어났다. 병을 이유로 바젤대학 고전문헌학 교수를 사직한 후, 휴양지를 두루 여행한 재야의 철학자. 55세에 사망.

19세기 독일 철학자의 세계적 명저
자기 긍정감이 높아지는 책

1881년 8월, 니체가 스위스 휴양지에 있는 호숫가를 걷고 있을 때 하늘의 계시처럼 '영겁회귀' 사상(모든 것이 반복되어도 모든 것을 긍정할 수 있는 태도)이 찾아왔다. 그것이 『차라투스트라는 이렇게 말했다』의 핵심이다.

원제를 그대로 번역한 이 책은 철학소설 형태를 취하고 있다. 1년간 산에서 은둔하던 40대 주인공 차라투스트라가 산에서 내려와 사람들에게 '초인'과 '영겁회귀'의 삶을 살아가는 방법을 가르친다는 이야기다. 차라투스트라는 고대 페르시아의 조로아스터교를 창시한 조로아스터의 독일식 표기다.

신은 죽었다

차라투스트라가 "신은 죽었다"라고 한 말이 가장 유명한데, 이제까지의 모든 (권위적인) 가치는 무가 되었다는 의미다. 가치란 많은 사람이 믿어온 것으로, 플라톤 철학(과 신플라톤파인 플로티노스의 철학)을 토대로 한 대중적 버전의 그리스도교의 사고법이 그 토대가 된다.

단, 니체는 감정적으로 그리스교를 혐오했던 게 아니라, 그리스도교의 신학이 '저세상'이라는 공상적인 개념을 설정하고 이를 바탕으로 윤리·도덕을 만들어내는 것을 비판했다. 플라톤도 진·선·미가 존재하는 '이데아의 세계'(240쪽 참조)라는 진실의 세계가 저편에 있다는 공상을 전제로 하기에 구조는 같다.

그 가치관에서 벗어나기 위해 차라투스트라는 철학이나 종교보다 원시적인 것, 현실에 있는 것이 진정 가치 있는 것이라고 생각했다.

신체는 커다란 이성이다

그 원초적인 가치 중 하나가 신체다. 그리스도교를 비롯해 세상의 일반적인 가치관에서 신체는 정신이나 영혼보다 하위에 놓인다. 그러나 차라투스트라는 "신체는 커다란 이성"이라고 말한다. 정신이나 이성도 신체가 어떤 행동을 할 때 이용하는 도구이기 때문이다. 정신이나 이성을 가지고 제아무리 노력해도 현실에서는 아무 일도 할 수 없다. 정신도 이성도 신체를 가지지 않기 때문이다.

현실에서 실현하는 것은 다름 아닌 신체다. 따라서 이제까지 이성이라 불린 것은 작은 이성이고, 그것을 최종적으로 다루는 큰 이성이 바로 신체다.

신체를 이성이라고 보는 것은 신체를 중시하는 비유적 표현이다. 이런 태도는 의식을 절대화하고 신체를 무시한 근대의 관념적인 철학, 특히 이성이 전부인 것처럼 생각하고 도덕적 행위조차 이성의 명령에 따른다고 말했던 칸트 철학에 대한 반기다.

신체야말로 근원이라는 사상은 니체 철학을 지탱하는 든든한 축이기도 하다. 니체에게 정신이나 이성은 훗날에 쥐어 짜낸, 형태가 일정하지 않은 관념에 지나지 않는다. 반면 신체는 생생한 현실로서 존재한다. 차라투스트라는 이렇게 말한다.

> "수많은 사상이나 감정의 배후에 (중략) 강하고 거대한 명령자, 알려지지 않은 현자가 서 있다. 이자는 자신이라 불린다. 당신의 신체 안에 그가 살아 있다. 그는 당신의 신체다."

이 경우 신체와 '대지'는 동의어다. 온갖 것이 태어나 자라기 때문이다. 또한 관념이 아닌 현실이다. 따라서 신체와 대지를 잃으면 현실의 삶은 존재할 수 없다.

다만, 평범한 사람의 신체도 대지와 같다는 말은 아니다. 그들은 신이나 정신, 이성이나 영혼을 고귀하게 생각하고 신체를 얕잡아보기 때문이다. 차라투스트라가 한 말은 그런 의미다.

> "끝까지 대지에 충실하라. 그리고 당신들에게 초지상적인 희망을 이야기하는 자들의 말을 믿지 마라!"

'이 인생을 몇 번이고 반복해도 좋다'라고 생각할 수 있다면 초인이다

차라투스트라는 초인에 대해 이야기한다.

> "초인은 대지를 의미한다."

결국 초인이란, 신과 내세, 전통적 도덕과 같은 초월적 관념에 의존하지 않고, 현실의 삶을 있는 그대로 받아들이며, 그 안에서 스스로 새로운 가치를 창조해내는 존재를 말한다. 그는 반복되는 삶조차 기꺼이 긍정하며, 운명까지도 사랑할 수 있는 힘을 지닌 사람이다.

초인은 자신이 한 일을 결코 후회하지 않는다. "다르게 행동했다면 더 나은 결과를 얻었을 텐데"라고 생각하며 후회하는 것은, 현실이 아닌 초월적인 공상 속에 사는 것과 다름없기 때문이다. 초인은 모든 현실을 있는 그대로 긍정하는 사람이며, 설령 인생이 똑같이 되풀이되는 영원회귀가 찾아오더라도 기꺼이 감내할 수 있는 존재다. 오히려 모든 것을 자신이 원했던 것이라고 긍정할 수 있다. 그래서 초인은 구원받은 사람이기도 하다.

소설가에게도 영향을 미친 문장들

몇 가지 논리를 덧대며 진중하게 고찰을 거듭하고서야 결론에 이르는 것이 일반적인 철학의 방법이라면, 니체는 예리한 통찰로 얻은 발견을 시적인 표현으로 제시한다.

그 통찰은 현실의 자연에서 얻었다. 건강을 돌보기 위해 우편 마차에 몸을 싣고 휴양지로 여행을 떠나 몇 개월씩 머무는 생활을 이어가면서, 자연 속에서 체험한 것이나 떠오른 생각을 손에 잡히는 대로 적어두며 집필했다. 머릿속에서 요리조리 논리를 주물럭거리며 서재에서 끄적이는 종래의 관념 철학자와는 정반대였다. 니체가 쓴 글에 짧은 아포리즘(경구)이 많은 것은 여행지에서 남긴 짧은 메모를 토대로 작성했기 때문이다.

그는 자주 방문했던 체류지 중 스위스 실스마리아에서 산책

하다가 어느 바위 앞에서 신비한 체험을 했다. 불현듯 영겁회귀 사상을 떠올렸고, 철학적인 소설 『차라투스트라는 이렇게 말했다』를 집필했다.

니체의 철학은 많은 사람에게 영향을 미쳤다. 특히 철학자 카를 야스퍼스, 막스 셸러, 미셸 푸코를 비롯해, 소설가인 토마스 만, 프란츠 카프카, 앙드레 지드, 알베르 카뮈, 시인인 라이너 마리아 릴케 등 각 시대를 향유하고 지금은 고전으로 남은 사람들의 사상에 자극을 주었다.

철학자의 한마디

만물은 영원에 회귀한다.

019

『팡세』
파스칼

원제 Pensées, 1670년

난이도
6

사람은 모두 중간에서만 살 수 있다

"심정에는 이성이 이해하지 못하는, 그것만의 도리가 있다."

"도를 넘는 두 가지 행동이 있다. 이성을 배제하는 것, 이성밖에 용인하지 않는 것."

"피레네산맥의 이쪽에서는 참이지만, 저쪽에서는 거짓이다."

블레즈 파스칼
Blaise Pascal

1623~1662년. 프랑스 클레르몽의 징세원 집안에서 태어나 영재 교육을 받았다. 13세에 기계식 계산기를 제작했다. 수학자, 과학자. 파스칼의 원리와 파스칼의 정리로 이름이 알려졌다. 39세에 사망.

'파스칼의 내기'란?
천재 수학자의 주옥같은 말이 빛나는 사색의 책

39세에 세상을 떠난 파스칼이 생전에 남긴 짧은 글을 모아 정리한 것이 『팡세』(팡세는 '사상'이라는 뜻)다.

일정한 논리 없이 자신의 생각을 남겼고, 그리스도교를 옹호하는 주장이 많아 통상적인 철학서로 보기는 어렵다. 그러나 지금도 가치 있는 철학적 통찰로 가득하다. 파스칼이 인간과 세계를 어떤 식으로 바라보았는지 알려주는 문장을 인용했다.

> "세상에는 증명될 수 있는 것이 얼마나 적은가! (중략) 습관은 가장 유력하고 신뢰할 만한 증거다. (중략) 내일은 오고, 우리는 죽는다는 것을 누가 증명했는가? (중략) 따라서 그것들을 우리에게 믿게 만드는 것은 습관이다."

습관 외에 마음과 상상도 우리를 실제로 움직이게 한다. 파스칼의 인지는 놀랍도록 예리하다.

> "상상력은 모든 것을 좌우한다. 그것은 아름다움도, 행복도 만든다. 그것이 이 세상의 모든 것이다."
>
> "신을 직감하는 것은 심정이지 이성이 아니다. 이것이 곧 신앙이다. 이성이 아닌 심정이 직감되는 신이다."

파스칼은 신의 존재는 논리나 지성으로는 증명되지 않는다고 생각했다. 그래도 인간은 신이 있다는 가정을 부정하지 못하는 경향이 있다. 더 나아가, 신이 존재하지 않는다고 해도 신이 있다는 전제하에 살아가야 한다고 생각한다. 신이 없다는 것을 알더라도 잘 살아가는 것은 결국 자신에게 득이기 때문이다. 이 사고법이 유명한 '파스칼의 내기'다.

인간은 결코 알 수 없는 것이 있다

인간은 자신의 가능성을 무한대로 여기는 경향이 있는데, 실제로는 양극단의 중간에 머물 수밖에 없다고 파스칼은 말한다. 인간의 감각은 극단의 것은 지각하지 않고, 쾌락으로 느끼는 것도 너무 강하거나 오래도록 이어지면 불쾌해진다. 남의 이야기를 들을 때도 너무 짧거나 길면 전체를 이해하기 어렵다.

안다는 행위도 마찬가지다. 무슨 일이든 명확하게 그 전체를 아는 일은 불가능하다. 어느 정도밖에 알지 못하지만, 완전히 모르는 일도 없다. 신체라는 것이 무엇인지 모르지만, 움직일 수는 있다. 정신이 무엇인지 모르지만, 정신의 작용을 느낄 수 있다. 이렇듯, 인간의 생은 양극단의 중간에 있다.

한편, 자연적 원리가 어딘가에 감춰져 있을 것이라 생각한다. 그러나 우리가 발견하고 이용하는 원리란 생활에 든 습관일 뿐, 습관에서 완전히 벗어난 순수한 원리란 없다.

이처럼 우리가 알거나 이용할 수 있는 모든 것은 인간의 생활방식, 즉 양극단의 중간에 머무는 형태로만 존재한다.

사상에 지대한 영향을 미친 사색의 흔적

10세가 되기 전에 이미 삼각형 내각의 총합이 180도임을 증명한 파스칼은 과학자로서 세계에 크게 공헌했다. 19세에 최초의 기계식 계산기를 발명하고, '파스칼의 정리', '파스칼의 삼각형', '파스칼의 원리'(이 기압 원리는 현대에도 '헥토파스칼'이라는 단위로 남아 있다)라는 업적을 남겼다. 그리고 페르마와 주고받은 편지에서는 확률론의 기초를 고안했다.

사회적으로는 빈민 구제를 위한 자금을 만들기 위해 합승 마차를 창안하여 회사를 설립하고, 1662년 봄에는 파리에서 합승 마차를 개통했다.

천재였던 파스칼은 '인간', '시간', '자연', '존재', '신'이라는, 평소 자주 입에 오르내리는 주변의 것을 '무정의無定義'한 개념으로 여겼다. 결국 무엇인지 잘 모르지만, 이리저리 이용하며 살아간다. 오히려 그것 없이는 살아갈 수 없다. 이렇듯 인간은 애매하고, 이도 저도 아닌 존재다. 그러면서도 일상을 살아가는 방식에 따라 정의되지 않은 것에 나름의 개념을 부여한다.

이 같은 상태에서 인간은 불안을 느낄 수밖에 없다. 하지만 인생을 살아가며 지니는 태도는 많은 것을 결정한다. 이런 파스칼의 철학은 키르케고르, 니체, 마르셀, 야스퍼스, 사르트르 같은 실존철학의 선구자가 되었다.

철학자의 한마디

인간은 생각하는 갈대다.

020

『인간의 교육』
프뢰벨

원제 Die Menschenerziehung, 1826년

난이도 2

모든 것에 신이 있다

"인간은 어릴 때부터 인류의 필연적, 본질적인 일원으로서 인식되고 승인되고 키워져야 한다."

"우리는 '우리 자신'과 '모든 사물'이 지상에 나타나는 방식, 존재하는 양태를 보고 배우도록 이끄는 신의 전당이라는 사실을 깨달아야 한다."

프리드리히 빌헬름 아우구스트 프뢰벨
Friedrich Wilhelm August Fröbel

1782~1852년. 신성로마제국의 튀링겐 오버바이스바흐라는 마을의 목사 아들로 태어났다. 불우한 유소년 시절을 보냈고 14세부터 일을 했다. 짧게나마 예나대학에서 철학을 배우고, 괴팅겐과 베를린의 대학에서 공부했다. 스위스의 교육 실천가로 고아원 학장인 페스탈로치(1746~1827)에게 강한 영향을 받아 유아 교육에 힘을 쏟았다. 69세에 사망.

유치원 창시자의 유아기 교육 사상

『인간의 교육』은 프뢰벨의 교육 사상에 기초하여 유소년의 교육 방식을 설명한다. 모든 사물과 인간에 신이 깃들어 있다고 여기고, 모든 것이 동적이고 성장한다는 관점이 특징이다.

프뢰벨 사상의 바탕에 있는 것이 '만유 내재신론panentheism'이다. 만유 내재신론은 신은 모든 것을 초월하는 동시에 모든 것에 내재한다는 의미다. 그리고 신은 모든 만물보다도 크다. 이런 사고방식은 프로이센의 철학자 카를 크리스티앙 프리드리히 크라우제(1781~1832)가 프리메이슨(16세기 후반에 만들어진 비밀결사)의 사상을 보완하기 위해 시작되었다.

만유 내재신론과 유사한 것으로는 '범신론pantheism'이 있는데, 이는 '만물이 신'이라는 사상으로 만물과 신을 동일선상에 두었다. 따라서 범신론은 신에게 인격이 있다고 여기는 그리스도교 사고방식을 인정하지 않는다.

프뢰벨은 만유 내재신론자이므로, 만물 안에 신의 영원한 법칙이 있고 이를 표현하는 것이 사명이라고 생각했다. 그것을 돕는 게 교육이다. 따라서 학교는 "세상 만물과 자기 자신의 본질이나 내적인 생명을 학생에게 인식시키고, 의식시키기는 것을 목표로 노력하는 곳이다".

교육의 일반 원칙은 추종적, 보호적이다. 간섭도, 명령도 해서는 안 된다. 아이의 본질은 신적이기 때문이다. 따라서 식물을 키울 때처럼 학생이나 유아가 각성하길 기다려야 한다. 또한 가르치는 사람과 학생 사이에는 선과 정의가 있어야 한다.

세계에 퍼지는 유치원의 원형, 아이들의 정원

프뢰벨은 유아에게는 신적인 본질이 있기에 부단히 창조적이라는 관점에서 유치원(프뢰벨이 만든 용어 kindergarten, 직역하면 '아이들의 정원'이다)을 창안했다. 유치원에는 놀이나 작업을 중심으로 화단, 화원, 놀이 교재를 반드시 설치한다. 화단과 화원이 필요한 이유는, 자연이 곧 "보이지 않지만 볼 수 있는 신의 나라"이기 때문이다. 이러한 이상을 구체화한 것이 1837년 프로이센에 세워진 '일반 독일 유치원'이며, 이는 훗날 전 세계 유치원의 원형이 되었다.

한편, 놀이는 유아 생활의 원천이라고 여기고 유아의 발달과 이해와 창조를 독려하기 위해 20종류의 교재를 고안했다. 블록 쌓기나 종이 접기, 점토 빚기는 유아의 발달 단계에 맞춰 인식 형식(수량), 생활 형식, 미의 형식(표현이나 창조)을 키우도록 구성되었다.

철학자의 한마디

교육이란 상대에게 주입식으로 가르치는 것이 아니라 내면에 있는 것을 끄집어내는 것이다.

021

『권위주의적 성격』

아도르노

원제 The Authoritarian Personality, 1950년

난이도
5

위태로운 인간들의 연구

"기본적으로 계통적[1]이고 권위주의적이고 이기적인 부모-자녀의 의존 관계는 성性적 파트너나 신에 대한 권력을 지향한 이기적이고 의존적인 태도로 쉽게 전이된다. 결국 그 밑바닥에 있으리라고 보이는 것은, 경멸하고 강하게 거부하는 데 맹목적으로 달려드는 것 말고는 아무것도 할 여지가 없는 정치철학자이나 사회관을 축적하는 것이다."

1. 상하의 질서 관계에 위치하는 것.

테오도어 루트비히 비젠그룬트 아도르노
Theodor Ludwig Wiesengrund Adorno

1903~1969년. 프로이센 프랑크푸르트에서 유복한 유대계 와인상에서 태어났다. 프랑크푸르트대학에서 음악, 철학, 심리학, 사회학을 공부하고 작곡가가 되려고 했다. 1933년에 나치가 정권을 장악했기 때문에 영국 옥스퍼드로, 그 후 미국으로 건너갔다. 전후에 독일로 돌아와 프랑크푸르트대학 사회연구소 소장을 역임했다. 65세에 사망.

'강자는 맹목적으로 따르고
약자는 가차 없이 공격하는 사람'을 연구하다

『권위주의적 성격』은 캘리포니아대학의 여론 조사팀과 아도르노가 공동 연구한 성과다. 연구의 발단은 왜 이렇게까지 많은 사람이 사무를 처리하듯 아무렇지 않게 유대인을 학살할 수 있었는지 의문이 들었기 때문이었다. 그리고 미국 성인 2099명을 대상으로 사회심리학적 연구를 광범위하게 진행한 결과, '권위주의적 성격'이 두드러진다는 사실을 발견했다.

권위주의적 성격에 대해 사회연구소 소장 막스 호르크하이머(1895~1975)가 '들어가는 말'에서 간략하게 서술한다.

> "권위주의적 인간은 비합리적·반합리적인 자신의 신념을 현대의 고도로 산업화된 사회에서 어떤 수법이나 관념으로 연결한다. 또한 충분한 학력이 있어도 미신에 현혹된다. 다른 사람들과 자신이 일심동체화하지 않는 데 공포를 느낀다. 현실의 힘과 권위에 맹목적으로 종속되려 한다."

즉, 권위주의적 성격을 가진 사람은 거만하게 행동하는 사람이 아니다. 권위에 가치를 두고 의존하고 따르는 성향을 지닌 사람이다. 제2차 세계대전에 갑작스럽게 증가한 것이 아니라 훨씬 오래전부터, 그리고 현대에서도 많이 보이고 차별이나 전쟁, 악정惡政의 숨겨진 주요 당사자다.

권위주의적 인간은 부모와의 관계로 만들어진다?

인터뷰에 의한 연구로 밝혀진 것은 가족 관계에서 권위주의적 인간이 태어난다는 것이다. 유소년기에 부모에게 엄격하게 교육받고 억압받으면 권위에 대한 태도가 비합리적으로 형성된다. 그 결과 복종과 반항의 양극단에서 기쁨을 맛보는 것으로만 자신을 지킬 수 있는, 사도마조히즘적인 권위주의적 인간이 된다.

권위주의적 인간은 위로부터 지시나 명령을 받으면 일반적인 선악이나 옳고 그름을 판단하지 않고, 그 명령을 따르는 것을 최우선으로 여긴다. 그들은 권위 있는 자에게 복종하고, (자신이 판단할 때) 그 권위 아래에 있는 사람, 약해 보이는 사람에게는 공격적인 태도를 보인다.

그들의 부모는 인내심이 결여되거나 편견이 심하다. 무력한 아이는 부모의 노여움을 사는 게 무서워 인격 형성의 시기에 인격이 통합되지 못한다. 그리고 부모의 불합리한 태도로 인해 반복적으로 체험한 도덕적인 분노가 폭력의 형태를 띠고 다시금 자신보다 더 약한 사람이나 파트너에게 향한다.

요컨대, 권위주의적 인간의 사고법은 단순하고 유연성이 결여되어 있다. 그런데 정작 본인은 자신의 생각이나 의견, 관심이 사회의 상식이라고 굳게 믿는다. 그래서 쉽게 교조주의(특정 사상 및 종교의 교리를 맹신하는 경향 - 옮긴이), 파시즘, 인습주의, 반유대주의, 자민족 중심주의, 형식주의라는 성격이 만들어진다. 그렇다고 해서 권위주의적 인간이 반드시 우파적 사상을 가지지는 않아서, 정치적 입장과는 크게 관련이 없다.

그들은 사람들의 태도를 도덕적으로 비난하고, 이유를 들어 벌을 주려고 하고, 불신과 의문을 가지고, 희생이 필요하다고 여기고, 적자생존을 당연시하고, 자신이 아는 누군가를 영웅시하기 쉽고, 타인을 뜻대로 움직일 수 있다고 생각하며, 무슨 일이든 자신의 상황에 맞추려 드는 특징을 보인다.

권위주의적 성격과 대조를 이루는 것은 자유로운 성격의 소유자로, 그들의 공통점은 주저하거나 결정장애가 없고, 합리적으로 생각하는 능력과 공감력이 있으며, 의식적으로 반권위주의자라는 점이다. 그들의 내면 깊은 곳에는 그들을 키운 부모의 넓은 마음과 큰 애정이 자리 잡고 있다.

파시즘적 인격의 정도를 측정하는 'F스케일' 개발

다방면으로 재능이 있던 아도르노는 넓은 분야에 걸쳐 책을 저술했다. 『계몽의 변증법』, 『부정변증법』, 『권위주의적 인격』, 『미니마 모랄리아』, 『신新음악의 철학』, 『미학의 이론』 등 사회학, 철학, 미학, 음악 비평에 이르기까지 업적을 남겼고 다채롭게 영향을 미쳤다.

논란의 여지는 있지만, 아도르노는 'F스케일'을 개발한 것으로도 이름을 남겼다. 파시즘적인 인격의 정도를 측정하는 스케일로, 그 점수가 높을수록 권위주의적이다.

이 연구는 권위주의적 인격을 가진 사람인지 여부를 판단할 척도를 제시했다는 점에서 인정받았다. 전쟁이나 살육을 저지른 잔혹한 나치에 찬동하는 사람은 왜 적지 않은가, 왜 반유대적 편견이 이토록 만연하며 끊이지 않는가, 이런 의문에 답을 내놓았기 때문이다.

무엇보다 이런 종류의 연구에는 에리히 프롬(1900~1980)이라는 선구자가 있었다. 프롬은 이미 파시즘을 받아들인 중산 계급 및 하층 계급 사람들의 사회심리학적 분석을 실시했고, 그 연구에서 '사회적 성격'이라는 적절하고 편리한 용어를 제시했다.

철학자의 한마디

아우슈비츠 이후 시를 짓는 것은 야만이다.

022

『전체성과 무한』

에마누엘 레비나스

원제 Totalité et infini: essai sur l'extériorité, 1961년

난이도 8

그곳에 있는 파시즘

"'타자'—절대적으로 다른 것인 '타자'—가 현전하는 곳인 얼굴 (중략) 그것은 나의 자유를 상처 주는 것이 아니라 나의 자유를 책임으로 불러들이고 나의 자유를 창설한다."

에마누엘 레비나스
Emmanuel Lévinas

1906~1995년. 러시아제국의 북서 지방(현 리투아니아 카우나스, 유대교 성전인 『탈무드』 연구의 중심지)에서 문방구·서점을 운영하는 유대인 가정에서 태어났다. 프랑스 스트라스부르대학에 들어가고 독일에서 유학한 후 프랑스로 귀화했다. 제2차 세계대전에서 독일군의 포로가 된다. 『전체성과 무한』으로 박사학위를 받고 소르본대학에서 가르쳤다. 89세에 사망.

살아남은 사상가가 다다른 윤리학
레비나스가 설명하는 '얼굴'이란

 독특한 감성과 언어 표현 때문에 난해해서 쉽게 읽히지 않는다. 무려 480쪽이 넘는데, 『전체성과 무한』은 레비나스의 인생 체험에서 비롯했다. 그중에서도 3부 '얼굴과 외재성' 부분은 레비나스 철학의 특징을 잘 보여주고 있어서, 여기서는 그 중심 사상을 짧게 설명한다.

 그에 앞서, 동유럽에 살던 유대인 레비나스의 철학을 형성한 결정적인 체험은 두 번의 전쟁이었다. 제1차 세계대전이 시작되자마자 일가가 우크라이나 동부의 하르키우로 이주했다. 레비나스는 도스토옙스키의 작품을 읽고 타자에 대한 책임이라는 문제 의식을 가졌다. 독일어와 프랑스어를 습득하고, 프랑스 스트라스부르대학에 들어가 후설과 하이데거의 철학을 접하고 독일의 프라이부르크에 유학하여 그 두 사람의 수업을 들었다.

 프랑스 시민권을 얻은 레비나스는 제2차 세계대전이 시작되자 러시아어와 독일어의 통역병으로 징집되어 나치 독일의 포로수용소에서 5년간 지내다가 종전을 맞이했다. 그러나 고향 카우나스로 돌아온 아버지와 두 동생은 총살당했다. 이때 레비나스는 전쟁으로 무수한 죽음 이후에도 세상이 전과 다름없이 '존재'한다는 현실에 크게 충격을 받고, '존재'한다는 것의 신비와 마주한다. 이런 현실 감각이 레비나스에게 타자의 존재,

낯선 '얼굴'의 존재에 대해 생각하는 계기가 되었다.

얼굴에 의해 만들어지는 관계성의 본질, 윤리

레비나스는 타자를 바깥 풍경의 일부로 넘길 수 없었다. 그곳에 타자가 있다는 현실을 바탕으로 한 철학적 문제는 '얼굴'의 타자성과 동시에 파시즘의 폭력에서 비롯한 이탈이었다. 물론 이 경우의 '얼굴'은 환유(환유라는 수사에 대해서는 71쪽 참조)적인 표현이다.

레비나스가 '얼굴'이라는 표현을 사용할 때, 그것은 (자신에게 불쑥 들이대는) 타자성을 의미할 뿐 아니라 자신과의 관계 시작, 타자에 대한 책임, 신의 '얼굴'이라는 여러 가지 의미를 내포한다.

'얼굴'이라는 표현에 집착하는 것은 그가 『성경』을 열심히 연구하던 유대인이기 때문이다. 따라서 '얼굴'은 『성경』의 「출애굽기」('탈출기'라고도 한다)와 「민수기」('황야의 서'라고도 한다)에 나오는 "(신의) 얼굴과 얼굴을 맞대고"라는 인상적인 문구를 토대로 한다.

부족장 모세가 회막(유랑민이 이용하는 텐트)에 들어서자 평소처럼 구름 기둥이 내리고 막사 안에 신이 나타났다. ("사람이 자기의 친구와 이야기함같이 여호와께서는 모세와 대면하여 말씀하시며.") 한편, 「민수기」의 서술에서 신은 회막 입구에 서서 아론(모세의 형-옮긴이)과 미리암(모세의 누이-옮긴이)을 불러 다음과 같이 말한다.

"너희 중에 선지자가 있으면 나 여호와가 이상으로 나를 그에게 알리기도 하고 꿈으로 그와 말하기도 하거니와 내 종 모세와는 그렇지 아니하니 그는 나의 온 집에 충성됨이라. 그와는 내가 대면하여 명백히 말하고 은밀한 말로 아니하며 그는 또 여호와의 형상을 보겠거늘."(개역한글성경, 「민수기」 12:6~8)

유대교도에게 강한 인상을 남긴 이 서술을 배경으로 레비나스가 이 책에서 사용하는 '얼굴'이란 중층적인 의미를 가진 환유다. 본 적 없는 낯선 얼굴, 타자성만 가진 존재, 자신에게 두려운 것, 연유를 알 수 없는 것, 피할 수 없는 얼굴, 동화될 수 없지만, 그래도 관계해야만 하는 것. 이처럼 열거하면 '얼굴'은 부정해야 할 것으로만 보인다. 그러나 아무리 부정하려고 해도 현실에 존재하는 것이라 피할 수 없고, 본 순간부터 자신과 관계를 형성한다. 이미 소통이 시작되었기 때문이다. 그리고 눈앞의 '얼굴'이 울었을 때 그것에 책임을 져야 한다.

울고 있는 '얼굴'이 설령 적군이라 해도, 정치적으로 '적'에 속했다는 사실만으로 그 얼굴이 다른 무엇이 되지는 않는다. 현실에서 인간의 얼굴이 눈물에 젖어 있을 때, 그 사이에 관계가 생기고 사랑이 움튼다. 레비나스는 바로 그 지점에 진정한 윤리가 있다고 말한다. 칸트가 말한 이성의 명령에 따른 행위만이 인간의 윤리는 아니다.

무한, 폭력을 이끄는 전체성에 대항하는 개념

눈앞에 있는 각 '얼굴'과 개인적으로 관계를 맺을 때, '나'는 추상적인 '전체성'을 벗어나, 각각의 얼굴이 지닌 고유한 개성에서 비롯되는 관계의 '무한성'으로 나아갈 수 있다. 그러나 '나'가 타인을 그의 속성에 따라 판단하고, 그 차이에 따라 기계적으로 대응하는 태도—가령 사람을 사물처럼 다루며 일률적으로 처리하는 것을 당연하게 여기는 태도—를 취할 때, '나'는 '전체성'에 완전히 잠식되고 만다.

이 책의 제목인 '전체성'이란, 사고와 태도를 결정짓는 일종의 거푸집으로, 개별적인 차이를 하나의 정해진 결말 속에 난폭하게 밀어 넣으려는 경향을 뜻한다. 이것이 정치에서는 파시즘(전체주의)이 되고, 종교에서는 도그마가 된다. 도그마란 사람을 심리적으로 구속하는 교의나 교리를 뜻한다. 이를테면 그리스도교 신학이 '최후의 심판'이라는 이름 아래 세계를 완결된 전체로 단정하는 것 역시 그렇다. 언어나 신조, 사상, 혈통에 나타나는 경우에는 민족주의로 드러난다.

그러한 '전체성'을 벗어나 '무한'으로 향한다는 것은, 현실에 존재하는 사소한 차이에 대해서도 각기 다르게 응답하는 무한한 자유로 나아간다는 뜻이다.

레비나스가 말한 이러한 감성은 마르틴 부버의 사유와도 통하는 면이 있다.

일상 속 파시즘의 민낯

이처럼 보면 제목의 '전체성'이란 넓은 의미에서 파시즘의 또 다른 표현이다.

한편, '무한'이란 파시즘에서 멀어지는 것을 의미한다. 단, 레비나스가 말한 파시즘이란 정치적 파시즘만을 가리키지 않는다. 모든 것에 통하는 '통일 원리'를 구하려는 자세도 파시즘이다. 그러므로 플라톤에서 시작되어 지금까지 많은 서양 철학이 지향해온 통일 원리에 대한 탐구도 파시즘적 태도라고 레비나스는 지적한다. 물론 장대하게 체계화된 철학 이론(예컨대, 헤겔 철학)도 사고의 파시즘이다.

서양 철학이 규정하려 했던 '이성'조차, 일단 이성이란 이런 것이라고 단정하는 순간 그 자체가 억압이 되어, 타인의 다른 생각을 억누르고 배제하는 결과를 낳는다.

칸트는 윤리가 이성에서 비롯된다고 보았지만, 레비나스에게 윤리는 (그 내용이 미리 정해진) 이성에서 나오는 것이 아니다. 그것은 현실의 삶, 눈앞의 일상에서 마주하는 타자와의 관계에서 비롯된다. 윤리는 누구나 이해할 수 있도록 설명되고 정식화될 수 있는 체계가 아니라, 그러한 이론으로 불리기 이전에 각자의 삶에서 드러나는 고유한 윤리다.

결국 레비나스의 윤리는 정연한 문장으로 다듬어져 많은 사람에게 인정받고 공공의 원리로 자리 잡은 것이 아니다. 일상에서의 개인적 체험과 소박하고 인간적인 감정에서 비롯해야 진정한 윤리라고 보았고, 그것이 어떻게 태어나는지를 설명했다.

레비나스의 철학은 데리다를 비롯한 프랑스 철학계에 영향을 미쳤고, 윤리를 새롭게 사고했으며, 타자론에도 강한 영향을 미쳤다.

사르트르의 유명한 말 중에 "타인은 지옥이다"라는 말이 있는데, 이것은 사르트르가 레비나스의 책을 읽고 한 말로 추정된다. 다만, 레비나스의 『전체성과 무한』에서 타인은 '나'의 윤리를 이끌어내는 존재라는 점이 다르다.

> **철학자의 한마디**
> 얼굴에 대한 접근은 곧 윤리적이다.

023

『인간 존엄성에 관한 연설』
피코

원제 Oratio De Dignitate hominis, 1486년

난이도 4

자유의지의 발휘가 존엄이다

"우리는 아버지[2]의 온정이 가득 담긴 선물이다. 의지의 자유를 남용하지 마라."

"만일 우리가 도덕철학에 바르게 조언을 구한다면, 심정의 안정과 바라 마지않던 영구적인 평화에 다다를 것이다."

2. 창조신을 가리키는 그리스도교적 표현.

PHILOSOPHER

조반니 피코 델라 미란돌라
Giovanni Pico della Mirandola

1463~1494년. 북이탈리아 미란돌라의 영주였던 피코 집안에서 태어났다. 이탈리아 및 프랑스에 있는 네 곳의 대학과 파리대학 신학부에서 공부했다. 당시의 지식인, 철학자와 인맥을 만들고 메디치가의 비호를 받았다. 31세에 사망.

공개 토론용 연설 원고, 이단으로 몰리다
강론을 둘러싼 '휴머니즘'의 선구적 내용

번역서로 160쪽 정도인 『인간 존엄성에 관한 연설』은 피코가 기획한 로마에서 열린 철학과 신학 토론회에서 낭독하기 위해 작성한 원고로, 원래 제목이 없었다.

짧은 글에 담긴 내용은 세 가지로 요약할 수 있는데, ① 인간이 동물과 다른 점은 '자유의지'가 있다는 것, ② 종교를 초월하여 동서고금의 철학 사상은 인간에게 힘이 된다는 것, ③ 새로운 '마술'도 힘이 될 수 있다는 것이다. 여기서 피코가 말하는 새로운 '마술'이란 과학적 기술을 가리킨다. 르네상스시대에는 새로운 기술이나 과학적 지식이 발전하기 시작했다.

피코가 토론회에서 원고를 낭독했을 때, 그리스도교 관계자들을 가장 분노하게 만든 것은 "인간에게는 자유의지가 있다"라는 견해였다. 『성경』의 「창세기」에서는 인간이 신의 모습을 본떠 창조되었다고 했는데, 대개는 형태적으로 신과 인간이 닮았다는 뜻으로 이해한다. 그러나 피코는 달리 해석했다.

> "신은 인간을 어떠한 제도에도 구속하려 하지 않았다. 인간은 인간의 의지로 자유롭다. 인간은 자신의 이해에 따라 사물을 창조하고 형성할 수 있다. 인간은 자신의 본질도 창조할 수 있다. 인간은 추락하여 맹수가 될 수도 있다. 인간은 자신의 명예와 의지로 결정하고 신의 나라에서 다시 살아갈 수 있다."

인간이 자유로운 의지를 발휘하는 것만이 존엄이라고 피코는 주장했다. 이것은 '인문주의'(인간 존재에 대한 탐구)에 대한 철학적 주장이기도 했지만, 세계는 이미 신에 의해 결정되어 있다고 믿는 교회 관계자에게는 그리스도교가 금지하는 이단의 주장으로 여겨졌다. 결국 피코는 체포되었다.

자유로운 철학으로 가는 고통

피코는 볼로냐대학에서 법률을 공부하고, 파도바대학에서 교회법을 배운 후, 다시 프랑스에서 학업을 이어갔다. 그리스어, 히브리어, 아랍어까지도 가능했던 피코가 피렌체로 부임한 것은 인문주의자나 철학자가 많이 모여 있었기 때문이다. 피코와 동시대인 중에 가장 유명한 사람이 레오나르도 다빈치였다. 당시 이탈리아는 '르네상스'의 전성기였다.

르네상스란 프랑스어로 '재생'이나 '부활'이라는 의미로, 14~16세기에 이탈리아를 중심으로 유럽에 널리 퍼진, 고대 그리스와 로마의 문화를 부흥시키려는 문화운동을 말한다. 플라톤이나 아리스토텔레스 등 고대 그리스 철학으로 회귀하여 다시 한번 의미를 되새겨보자는 것이다. 이는 교회의 스콜라 철학에 대한 반항인 동시에, 철학이 엄숙하고 답답한 신학에서 벗어나려 시도했다는 뜻이다. 피코도 플라톤학파였다.

자신의 생각을 로마의 지식인들과의 공개 토론회에서 밝힌 24세의 피코는 이슬람교권이나 유대교 철학의 이점을 수용하면서 힘 있는 성직자와 로마 교황을 강하게 비판했다. 토론회는 강제로 중단되었다. 그는 프랑스로 도망쳤지만 끝내 체포되었다. 그리고 당시 피렌체의 실질적 통치자였던 로렌초 데 메디치(1449~1492)의 노력으로 석방되었다.

이 사건은 중세 그리스도교 신학에 근거한 교회가 자유로운 사고에 의한 철학을 얼마만큼 억압했는지 보여준다. 젊은 지식인 피코는 당시로는 혁신적인 용기를 가진 인물이었다.

철학자의 한마디

인간만이 짐승도, 신적인 존재도 될 수 있다.

024

『실존주의란 무엇인가』
사르트르

원제 L'Existentialisme est un humanisme, 1946년

난이도 2

자유는 지옥, 즉 고뇌다

"인간은 세계에 던져진 존재로서 존재한다. 자신이 어떤 존재가 되기를 의식적으로 선택하여 존재하는 것이 아니다."

"선택하지 않은 것도 선택이라는 것을 알아야 한다."

"인간적 세계, 인간적 주체성의 세계 이외에 세계는 없다."

PHILOSOPHER

장폴 샤를 에마르 사르트르
Jean-Paul Charles Aymard Sartre

1905~1980년. 프랑스 파리에서 태어났다. 소설가, 극작가, 철학가, 정치활동가. 소설 『구토』, 철학서 『존재와 무』 등 다수. 노벨문학상 수상을 거부했다. 74세에 사망.

젊은 사람들이 열광하던 시대의 총아,
사르트르의 실존주의 입문서

'실존철학'이라는 용어를 처음 사용한 사람은 독일 철학자 카를 야스퍼스로, 1931년에 발표한 저서 『현대의 지적 상황 Die geistige Situation der Zeit』에서 이 표현을 처음으로 사용했다. 1945년을 전후로 사르트르의 '실존주의'라는 말이 유럽 각국에서 유행하기 시작해, 1965년 무렵까지 그 흐름이 이어졌다. 이는 제2차 세계대전이 끝난 뒤의 해방감 속에서 자유를 추구하는 분위기가 확산되었고, 기존의 가치관이 무너진 가운데 많은 이들이 어떻게 살아갈지 삶의 지침을 잃었기 때문이었다.

나아가 다방면의 분야에서 활약하던 사르트르의 감각적인 표현이 젊은 사람들이 느끼는 미래에 대한 불안을 밝혀주는 듯했다. 물론 한때의 유행이 그렇듯 젊은 사람들이 사르트르의 말이나 사상을 충분히 이해했던 것은 아니다. 그러나 환유(71쪽 참조)를 효과적으로 사용한 사르트르의 언변은 실존주의를 잘 표현하기도 했다. 여기서는 그 가운데 몇 가지를 소개하고 대략 살펴보려 한다.

『실존주의란 무엇인가』는 1945년에 파리의 클럽에서 개최한 강연을 다음 해에 책으로 출간한 것이다.

"실존은 본질에 앞선다."

실존이란 인간의 현실 모습을, '본질'이란 어떤 것(예컨대, 종이 자르는 칼)을 제작할 때의 의도와 목적, 혹은 제작된 것의 주요한 '목적 기능'을 가리킨다. 이런 의미에서의 본질은 인간에게 없다. 사르트르가 말하는 실존이란 오히려 인간이 스스로 선택하는 주체성이다.

"인간은 스스로 만들어지는 것이다."

자신이 어떤 사람인지는 미리 정해져 있지 않기에 사람은 행동을 선택할 때마다 자기 자신을 결정짓는다. 그것이 자신을 창조하는 것이다. 그러나 그런 과정에는 불안이 끊임없이 따르고, 불안함 또한 행동에 포함된다. 그렇게 "인간은 자기 운명의 주인"이 된다.

"인간은 자유라는 형벌에 처해 있다."

인간은 행동에 의해 자신을 창조할 자유가 있다. 그러나 아무 행동도 하지 않는다고 해서 무가 되지는 않는다. 행동하지 않는 것 또한 행동하지 않는다는 선택으로, 그것 또한 책임지지 않으면 안 된다. 이러한 자유는 마치 형벌과 같지만, 어느 누구도 도망칠 수는 없다.

실존주의의 대유행
사르트르의 실존주의 붐은 파리6구의 생제르맹데프레 광장의 카페 모퉁이에서 노닥거리는 젊은이들을 만들어냈다. 그들은 사르트르의 몇 마디 말만 가지고 스스로 실존주의자라고 생각했다. 그의 말은 문화적이고 멋있어 보여서 유행했다. 사르트르가 쓴 두꺼운 『존재와 무』(1943)를 읽지도 않은 젊은 사람에게 사르트르가 사랑받은 것은 희곡 『파리』(1943)가 상연되거나 『구토』(1938)가 읽혔기 때문이다. 동시대를 살았던 카뮈(1913~1960, 실존주의자로 여겨졌지만 본인은 부인했다)의 소설 『이방인』(1942)이 널리 읽힌 영향도 컸다.

또한 보부아르 부인과 서로 구속하지 않는 자유 연애를 하거나, 호텔에서 지내며 카페 드 플로르에서 원고를 쓰고 젊은 사람들과 토론하는 사르트르의 모습은 새로운 문화 현상으로 비쳤다. 실제로 사르트르는 '생제르맹데프레의 교황'이라 불렸을 정도다.

젊은 사람들은 "인간은 미래를 선택할 수 있다"라는 사르트르의 말에서, 새로운 시대를 맞이해 자신들이 인정받았다는 설렘에 취했다. 화려한 문화인이던 사르트르는 동경의 대상이었다. 1980년, 사르트르의 장례식에는 5만 명이 몰려들었다. 사르트르의 실존주의는 이해하기 쉽고 발랄한 무신론 사상으로서 유행했던 것이다.

철학자의 한마디

불안은 우리의 행동을 가로막는 커튼이 아니라, 행동의 일부다.

025

『존재와 소유』
가브리엘 마르셀

원제 Être et avoir, 1935년

난이도
5

우리는 융합되어 있다

"내가 자기 자신으로서 의식을 가질 때는 이미 타인이 그곳에 있다."

"명상이 존재와의 접촉을 회복한다."

"소유한다는 것은 불가피하게 소유되는 것이다."

PHILOSOPHER

가브리엘 마르셀
Gabriel Marcel

1889~1973년. 프랑스 파리에서 태어났다. 교양 있는 유대계 가정에서 성장하고 제1차 세계대전에 프랑스 적십자 봉사 활동을 계기로 철학적인 사색을 시작했다. 39세에 가톨릭으로 개종. 희극 작가, 작곡가로 파리나 몽펠리에의 대학에서 교편을 잡았다. 1948년 아카데미 프랑세즈 상을 수상하고, 에라스뮈스상을 받았다. 83세에 사망.

'나'란 나의 신체다
인간이 지금 여기에 존재한다는 신비로 가득한 철학

마르셀의 『존재와 소유』는 1부 존재와 소유, 2부 신앙과 현실로 구성되어 있는데, 1부의 '형이상학 일기'에 마르셀의 사상이 응집되어 있다. 여기서는 이를 중심으로 설명한다.

'존재의 신비'라는 주제를 다루는데, 우리가 지금 여기에 살고 있는 것, 존재하는 것 자체가 일종의 신비라는 것이다. 그 사실을 또렷이 깨닫는 것은 소유에 대해 사고할 때다.

무엇인가 '소유하고 있다'고 할 때, 자신의 것이기에 어떻게 처리하든 상관없다고 생각한다. 그렇다면 신체는 자신의 소유물이니 마음대로 처리할 수 있을까? 자살이 그 일례일 것이다. 그러나 자살하면 신체를 소유한 자신이 사라져버린다.

신체가 정말로 자신의 소유물이라면, 자타의 관계이기에 자신과 신체는 다른 존재가 된다. 그런데 시각이 신체기관에서 만들어지듯, 감각기관이나 자신이라는 감각은 모두 신체가 존재하기에 성립한다. '나'란 '나의 신체'이기 때문이다. 정신적인 '나'라는 특별한 것이 다른 장소에 존재하지 않는다. 그런 의미에서 나와 관계가 있는 사람도 나의 신체이고, 자신이 사용하는 물건도 나의 신체다. 바꿔 말해, 나는 자신이라는 생명만으로 살고 있지 않다.

생의 근거는 자신에게는 없으며, 사람이나 사물과의 관계를 바탕으로 살아 있기에 지금의 내가 존재한다.

타인을 '사물'처럼 취급하고 있는가

타인과의 관계도 마찬가지다. 직원을 값싼 도구쯤으로 생각하는 경영자가 직원과의 사이에 장벽을 만들듯이, 인간관계가 늘 주객이나 소유, 거래의 관계에 있다면 계속 대립할 것이다. 이때 사랑이 있다면 자타의 냉정한 구별은 사라진다. 마르셀은 사랑의 힘이 존재의 신비로 우리를 이끈다고 말한다.

"사랑은 이러한 자기와 타자와의 대립을 초월하여 우리를 존재의 한복판에 세운다."

사랑도 없이 무엇이든 객관화하여 생각하거나, 사실을 분석하는 논리적 사고를 인간관계에 대입하면, 욕망이나 소유, 등급 매김과 같은 것에 의해서만 살아가는 사람이 된다. 마르셀은 현대인의 태도를 다음과 같이 비판한다.

"현존하고 있는 것은 일정한 거리를 두고 존중해야 할 무엇이다. 그것은 내가 마음대로 다룰 수도, 소유할 수도 없는 것이다. 그럼에도 그것을 대상물로 치환하거나, 자신의 일부로 삼아 다루려는 경향을 끊임없이 드러낸다."

명상에서 나온 철학

작곡과 극작을 했던 예술가이기도 한 마르셀은, 창조가 이루어지는 순간 자신은 사라진다고 말했다. 작업이 아닌 참된 창조의 순간에는, 아무리 거부하려 해도 온갖 사람과 사물이 눈앞에 밀려들고 자아를 지닌 '나'는 그 자리에서 사라져버린다.

그렇게 융합하기에 창조가 가능해진다. 창조는 예술 제작에 한정되지 않는다. 다른 사람과 나누는 진정한 대화도 창조에 해당한다. 그것은 동시대의 마르틴 부버(143쪽 참조)가 지적했던 것과 같다.

마르셀은 이러한 사색을 명상을 통해 얻었다고 말한다. 그래서 철학은 논리적 사고나 분석을 통해서만 이뤄져야 한다고 말하는 대다수 철학자는 마르셀을 종교적인 사상가로 치부해버린다.

명상을 해본 사람이라면 누구나 체험하듯, 명상 상태에 들어서면 자신은 곧 사라진다. 주위의 사물이 새로운 의미로 다가오면서 평소의 현실보다 더 사실적으로 느껴진다. 그런데 명상을 모르는 보통 사람들은 신비주의로 치부하며 비현실적이라고 말한다.

명상가인 마르셀(그에게 영향을 준 마르틴 부버도 마찬가지로 명상에 빠져 있었다)에게 신비란, 관계를 맺은 사람이나 사물과 자신과의 사이에서 생기는 것이다. 그렇기에 삶은 너무도 신비하다고 저서 전체를 통해 마르셀은 말하고 있다.

일상의 말로 철학을 즐기는 '신소크라테스주의'

마르셀은 실존주의 철학자로 분류되는데, 마르셀의 철학이 그리스도교적이라고 생각했기 때문인지 다른 철학자보다 눈에 덜 띈다.

'존재'의 문제를 다루고 있다는 점에서는 하이데거와 비슷해

보이지만, 마르셀이 그리는 것은 살아 있는 육체를 지닌 인간 존재의 방식이다. 한편, '현존재'라고 이름 붙인 하이데거가 그린 인간 존재는 몹시 관념적이라서, 살아 있는 육체를 지닌 인간과는 다르다고도 할 수 있다.

일기나 메모처럼 끄적끄적 써 내려간 마르셀의 글쓰기 방식은 학술적인 논문과는 매우 다르다. 또한 과거의 사상이나 논리에 전혀 의지하지 않고 사적인 생활과 감정을 바탕으로 사고하기에 매우 독자적이다. 마르셀의 사고의 궤적은 그 자체로 독립된 철학이 되었다.

마르셀은 그런 사실을 자각하고, 자신의 사고법을 '신소크라테스주의'라 불렀다. 마르셀의 독자적인 사색 방식이야말로 철학자 본연의 모습으로, 마르셀과 뜻을 같이하는 사람도 적지 않다.

026

『자살론』
에밀 뒤르켐

원제 Le suicide, 1897년

난이도
4

자살은 분노의 표현이다

"무엇이든 균형이 무너질 때, 설령 생활이 크게 풍요로워지거나 활동력이 높아진다 할지라도 자살은 오히려 촉진된다."

"삶의 경향은 다른 모든 경향들의 총합이므로, 만약 다른 모든 경향이 약화된다면 결국 '삶을 유지하려는' 경향 역시 필연적으로 약해질 수밖에 없다."

PHILOSOPHER

에밀 뒤르켐
Émile Durkheim

1858~1917. 제2제정기 프랑스 에피날의 프랑스계 유대인 가정에서 태어났다. 랍비 집안. 파리의 리세(국립 중고등학교—옮긴이)에서 배우고 고등사범학교에서 철학과 사학을 전공했다. 프랑스어 외에 히브리어, 그리스어, 라틴어, 독일어, 영어에 능통했다. 독일에서 유학한 후 보르도대학 정교수를 거쳐 파리대학 정교수로 일했다. 58세에 사망.

사람은 왜 자살하는가
자살을 사회학적으로 해명한 최초의 야심작

뒤르켐은 19세기 후반 유럽의 자살 사건을 통계를 바탕으로 분석하고 『자살론』을 펴냈다. 그는 자살을 다음과 같이 규정한다.

> "죽음이 자발적인 행위—직접적이든 간접적이든, 적극적이든 소극적이든—의 결과로 발생하며, 그 행위의 당사자가 자신의 행위가 죽음을 초래할 수 있음을 예견하고 있었다면, 이러한 모든 경우를 우리는 자살이라 부른다."

『자살론』은 자살의 유형을 크게 이기적 자살, 이타적 자살, 아노미적 자살로 나눈다.

'이기적 자살'은 농촌보다 도시에 사는 사람들에게 많이 일어나는 경향이 있다. 그들은 개인주의의 확산에 따라 고립 상태가 커지고 집단과의 유대관계가 약해지면서 고독감, 초조감, 허무감, 조용한 절망을 느껴 자살을 저지른다.

그와 반대로, 소속된 집단사회에 강하게 복종하고 일체감이나 소속 의식을 추구하면 개인주의의 경향은 약해진다. 그러나 지나치게 집단사회에 통합되는 바람에 개인이 말살되는 경우에도 자살은 증가하는데, 이것이 '이타적 자살'이다. 예컨대, 일반인보다 군인(특히 전투부대원)의 자살률이 높다. 게다가 그 죽음은 전염된다.

'아노미적 자살'은 뒤르켐이 만든 새로운 사회학 용어 개념이다. 아노미anomie란 그리스어 아노미아(법이 없는 상태, 신의 법을 무시하는 상태)에서 온 말로, '공통의 도덕적 규범을 잃은 혼란 상태'라는 의미로 쓰인다. 따라서 아노미적 자살이란, 사회적 또는 도덕적으로 규제되지 않거나 비대해진 욕망을 충족시키지 못해 채워지지 않을 때 일어나는 초조감이나 분노, 환멸이 동기가 된다. 그래서 시대가 호경기일수록 비대해진 욕망 때문에 경영자의 아노미적 자살이 증가한다. 또한 셰익스피어의 『로미오와 줄리엣』처럼, 사랑하는 남녀가 함께 자살하는 것도 아노미적 자살로 본다.

자살하지 않는 사람의 조건이란

모든 자살이 세 가지 중 하나로 구분되지만은 않는다. 유형이 복합되는 경우도 흔하다.

그렇다면 자살하지 않으려면 어때야 할까? 개인은 사회 공통의 대의와 연결되어 있고, 타인과의 사이에 감정을 담아 교류해야 하며, 자신은 고립되어 있지 않고 도구도 아니라고 느껴야 한다. 그와 동시에, 소속된 사회에 도덕적이거나 경제적인 혼란이 없고, 지나치게 엄격하지 않아야 하며, 어떤 방자함도 용서하지 않아야 하고, 일정한 정도의 도덕을 공유해야 한다.

그렇다고는 해도 도덕이라고 하면 모호해 보인다. 어떤 것이 악하기에 비난받는 듯 보이지만, 많은 사람이 비난하기에 악한 것으로 취급될 수도 있다고 뒤르켐은 지적한다.

비판이 공존하는 사회학의 중요 저서

뒤르켐은 사회학자로 유명했고, 사회실존론자였다. 사회실존론이란, 사회가 개인을 앞서가고 사회적 사실이 개인의 의식이나 생활, 자유나 주체성까지 좌우하거나 구속한다고 보는 입장이다.

그러나 모든 경우에 사회가 개인을 압박하고 형성하는 힘을 가지는 것은 아니다. 개인이 사회로부터 거리를 둔다면 당연히 그로부터 받는 영향도 줄어든다.

영국의 사회학자 앤서니 기든스(1938~)는 『자살론』은 사회학에서 주요한 저서이지만 자살 미수는 포함하고 있지 않다며 비판한다. (또한 가톨릭이나 유대교 등 종교적 이유에 의해서, 장례식에서 불명예스러운 상황을 피하기 위해 자살을 사고로 처리하기도 한다.)

조사된 자살자 수의 정밀도는 차치하더라도, 『자살론』은 현대인에게 힘이 된다. 특히, 자살 동기 중에 명확한 것이 혼란에 대한 '분노'라는 점과, 책 후반부에서 설명한 뒤르켐의 인간관이 그렇다. 그는 인간이 사회적으로나 심리적으로 균형 잡혀야 살 수 있다고 설명한다. 이는 파스칼의 생각과 매우 비슷하다.

027

『구별짓기』
피에르 부르디외

원제 La Distinction, 1979년

난이도
6

상류 계급에 근거 같은 건 없다

"가정과 학교는 떼려야 뗄 수 없는 관계 속에서, 그 시대에 필요하다고 여겨지는 능력이 이들의 삶 속에서 사용되는 과정에서 형성되는 장소이자, 또한 그 능력의 가치가 설정되고 사회적으로 승인되는 장으로 기능한다."

PHILOSOPHER

피에르 부르디외
Pierre Bourdieu

1930~2002년. 스페인 근처 남프랑스의 피레네자틀랑티크 당갱에서 태어났다. 국립고등학교 리세에서 철학을 공부하고 철학 교수 자격을 취득했다. 알제리대학 조수, 콜레주드 프랑스 교수. 반글로벌리즘, 신자유주의의 입장에서 집회에 참가하고 연설하는 등 정치 활동을 했다. 『세계의 비참』은 베스트셀러가 되어 연극으로 상연되기도 했다. 71세에 사망.

왜 계급과 격차가 생기고, 존속하는가
20세기에 가장 중요한 사회학 책

번역서로 1,500쪽 가까이 되는, 어려운 표현에 긴 문장으로 된 『구별짓기』의 원제는 'distinction'으로, '차별, 구별, 차이'라는 뜻 외에도 '탁월성'이나 '우월성'이라는 의미도 있다. 이 책에서는 계급 차이를 가리킨다. 사회계급의 '차이'는 구체적으로 각 계급에 속한 사람들의 행동양식이나 살아가는 태도, 취미나 감성의 분명히 구분되는 것을 가리킨다. 특히 현대 프랑스의 계급적인 격차 사회에서 어떻게 서로를 구별하거나 구별되는지, 조사를 토대로 서술하고 있다.

'취미'와 '계급'의 의외의 관계

사회에는 권력이나 정통성이 존재하고, 이에 따라 독특한 힘의 관계, 인간관계, 생활, 취미·기호 등이 있다는 사실은 누구나 인정한다. 이를 '문화'라고 부르기도 한다. 그런데 문화가 왠지 자신과는 직접적으로 관계가 없으며, 시대를 초월하여 옛날부터 한결같은 형태로 존재한다고 생각하는 경향이 있다. (이를테면, 일본인은 '일본 문화의 전통'이 과거에도 있었고, 지금도 있다고 생각한다. '무형문화재'라는 발상도 마찬가지다.)

그러나 부르디외는 문화와 가치는 사회가 형성하고, 문화는 인간의 계급을 만들며, 결국 각각의 사람을 구별화하고 차별화하는 작용을 한다고 말한다.

다른 계급에 속한 사람은 취미·기호에 차이가 난다. 차이는 각 개인이 좋아하는 것, 자유로운 의지에 의한 것이지만, 습관이나 배우자 선택 같은 취향을 조사해보면 계급마다 독특한 경향을 나타낸다.

음악에 관한 취미를 예로 들면, 상류 계급은 드뷔시의 관능적인 클래식을 좋아한다. 상류 계급을 위해 일하는 사람들, 중간 계급이라면 착실한 느낌의 바흐를 좋아한다. 하층 계급은 팝을 좋아하고, 클래식을 듣는다면 대중적으로 유명한 〈아름답고 푸른 도나우〉를 좋아한다. 상류 계급은 승마나 골프에 흥미를 느끼고, 회화를 수집하고, 샴페인을 마신다. 그러나 하층민은 일을 마치면 동료들과 맥주를 마시면서 TV나 축구를 관람하고, 낚싯대를 준비한다. 상류 계급은 골동품점에서 가구를 사지만, 중간 계급 이하로는 가구 전문점에서 살 것이다.

이런 취미·기호나 생활의 문화 관습을 부르디외는 하비투스 habitus라고 했다. 하비투스란, 자신이 속한 계급이나 집단의 고유한 성향, 취미, 판단, 행동 도식을 가리킨다. 그러므로 하비투스에 의해 다른 계급과 저절로 구별화(혹은 차별화)되는 것이다. 취미·기호는 다르다는 것을 긍정하는 동시에 다른 계급에 대한 '탁월화'를 의미한다. 결국 자신들이 훨씬 낫다는 뜻이다. 따라서 좋고 싫음의 판단이란, 기호의 차이에 그치지 않고 자신이 속한 하비투스를 타인에게 강요하는 셈이기도 하다.

'상속되는' 것은 경제적인 재산만이 아니다

하비투스는 가정과 학교 교육에서 습득한다. 그러나 학교 교육이 사람을 평균화하고 계급 차이를 완전히 뒤섞지는 못한다. 학교에서 문화나 교양을 흡수하려 해도, 어릴 적부터 귀족으로서 자라온 환경에서 깃든 문화적 감성에는 견줄 수 없다. 학습하여 배우는 것과 성장 과정에서 자연스레 배우는 것은 근본부터가 다르다. 바꿔 말하면, 상속 자본이 획득 자본보다 낫다. 그래서 상류 계급은 영원히 상류에 머무를 수 있다.

상류 사람들은 신체화된 (무형의) '문화 자본'을 이미 가지고 있다. 그것은 후천적으로 배우는 문화 자본을 훨씬 뛰어넘는 양이다. 그리고 문화 자본에 의해 경제적으로 유리한 위치를 차지하고, 사회적으로 상류에 선다. 이것은 눈에 보이지 않는 지배 권력을 손에 넣는다는 뜻이다.

상류 계급이 상류인 것은 정통성을 가지기 때문인데, 정통성을 가르는 어떤 근거도, 기준도 없다. 고상한 행동이 왜 고상한지는 아무도 모른다.

결국 상류층 사람들은 정통성이라며 고집할 뿐이다. 무엇 때문일까? 상류가 아닌 사람들과 차이를 벌리고 자신들의 탁월함을 보여주기 위해서다. 그래서 사회의 계층이 만들어진다. 결국 정통성의 유무, 상류와 하류를 가르는 차이 등의 히에라르키Hierarchie(피라미드식 계급 제도 - 옮긴이)는 사회적 기호에 지나지 않다고 부르디외는 비판한다.

이유 없는 차별에 'No'라고 말하기

부르디외의 작업은 일반적으로는 사회학처럼 보이지만, 인간 사회에 있는 구조를 분명히 하고 하비투스가 사회의 관계성에 의해 의미를 가진다고 보았다는 점에서 레비스트로스와 같다. 따라서 철학적 구조주의라고 할 수 있다.

사회적 계급의 근거 없는 구조나 문화가 사회적으로 구축된 것에 지나지 않는다는 사실은 당시 프랑스에서만 드러난 현상이 아니다. 그런 의미에서 『구별짓기』는 중요한 연구서로, 차별로 가득한 이 사회를 날카롭게 경고한다.

철학자의 한마디

남성 상위는 집단적 무의식에 깊이 뿌리내려 있기에
이제는 눈에 보이지 않는다.

이해를 위한 글 ②

유럽이 중세에서 근대로 넘어간 것은 위정자나 왕의 생각이나 행동이 14세기 이후 급격히 바뀌어서가 아니다. 이제까지 서양에 없던 것이 등장해서 사람들의 생활, 가치관, 생각하는 방식을 크게 바꾸었기 때문이다.

그것이 화약, 활자 인쇄술, 나침반의 발명과 이용이었다. 좀 더 이른 시기에 중국에서 발명되긴 했지만, 그것이 개량되어 실용화된 건 유럽이었다. 14세기 전반에 화약을 사용한 대포가 만들어지며 군사 혁명이 일어났고, 전쟁 방법과 전투 요원의 질이 크게 향상됐다. 결국 곤봉이나 칼로 상대와 싸우던 기사는 더 이상 필요하지 않았다.

기사가 되기 위해서는 체계적으로 무술이나 승마 등을 훈련하는 데 오랜 시간이 필요했다. 그런데 대포를 사용하면 최소한의 훈련을 받은 사람도 싸울 수 있었다. 그래서 봉건영주가 아무리 많은 기사를 고용해도 전쟁에서 쉽게 이길 수 없었고, 결국 봉건영주는 힘을 잃었다.

15세기 중반의 인쇄술은 성직자가 아닌 사람도 『성경』을 읽을 수 있도록 했다. 그로써 지금까지 교회가 가르쳐온 대부분의 지식이 『성경』에는 기록되어 있지 않다는 사실이 알려졌다. 그 결과, 반가톨릭교회의 사고법이 힘을 얻고 교회의 권력이 약해졌다. 그만큼 왕권은 강해졌다.

15세기부터 나침반과 쾌속 범선이 실용화되면서 아주 먼 곳까지 항해할 수 있었고, 아시아 각지의 금과 은, 특산물을 가지고 돌아와 부를 늘렸다. 이것은 왕가의 재정을 더욱 풍요롭게 했다.

이러한 발명과 실용화는 왕을 부유하게 만들어 결과적으로 왕권을 강화했다. 그렇게 전제군주가 등장할 수 있었다. 이는 결국 관습과 종교, 토지와 신분제로 굳어진 중세에서 벗어나 근대 초기라 불리는 시대를 열었다.

역사학에서는 시대 구분을 고대, 중세, 근세, 근대, 현대로 구분하는데, 근대와 현대를 나누는 기준으로 제2차 세계대전을 꼽는다. 또한 일반적으로 유럽에서 '근대화'는 18세기 중반부터 자본주의가 대두된 19세기 초까지의 움직임을 일컫는다. 한편, 정치·경제에서의 '근대화'는 국민국가의 탄생과 산업화를 가리킨다. '국민국가의 탄생'이란 왕권이나 귀족 계급의 폐지를 의미하고, '산업화'란 규모가 작은 수공업에서 공업 생산으로 옮겨 가는 것을 뜻한다.

3장
세계를 다른 눈으로 본다

『나와 너』, 마르틴 부버
『장자』, 장자
『에티카』, 스피노자
『인간 지식의 원리론』, 조지 버클리
『인간이란 무엇인가』, 데이비드 흄
『물질과 기억』, 앙리 베르그송
『도덕적 인식의 기원』, 프란츠 브렌타노
『실용주의』, 윌리엄 제임스
『지각의 현상학』, 메를로퐁티
『왜 세계는 존재하지 않는가』, 마르쿠스 가브리엘
『슬픈 열대』, 레비스트로스
『오리엔탈리즘』, 에드워드 사이드
『제2의 성』, 보부아르
『여성의 권리 옹호』, 메리 울스턴크래프트
『소비의 사회』, 장 보드리야르

028

『나와 너』
마르틴 부버

원제 Ich und Du, 1889년

난이도 3

인간은 두 가지 세계에 살고 있다

"사람에게 세계는 두 겹이다. 세계를 맞이하는 사람의 몸가짐이 두 겹이기 때문이다."

"동물의 눈은 하나의 위대한 언어를 말하는 능력을 갖추고 있다."

"경험을 하고 있을 때 인간은 세계에 관여하지 않는다. 경험이란 '인간의 내부에서' 일어나는 것으로, 인간과 세계의 사이에 놓여 있지 않기 때문이다."

"우리는 우리의 사고 습관에서 벗어나야 한다."

마르틴 부버
Martin Buber

1878~1965년. 오스트리아헝가리제국의 빈에서 독실한 유대교 집안에서 태어났다. 빈, 취리히, 베를린에 있는 대학에서 철학, 미술사를 배웠다. 프랑크푸르트대학의 교수였다. 말년에 나치로부터 도망쳐 예루살렘으로 이주하여 헤브라이대학 교수가 된다. 77세에 사망.

20세기를 대표하는 철학자가
타자와 세계를 마주하는 법

이 책의 원제 'Ich und Du'의 'Ich'는 독일어로 '나', 'und'는 '와', 'Du'는 '너' 혹은 '당신'이라는 의미다. 그러나 부버가 사용한 'Du'를 단순히 '너' 혹은 '당신'으로 번역할 수는 없다.

'Du'는 친밀한 관계에서 사용하는 호칭으로, 나이를 따지지 않는다. 지위나 신분과도 무관하다. 개나 고양이에게도 'Du'이고, 신에게 기도할 때도 'Du'라고 부른다. 일본어에는 상응하는 말이 없어서, 옛말인 '汝(な, 너, 그대)'라는 표현을 사용한다. 영어 번역서의 경우에도 'I and You'가 아니라 'I and Thou'다. 'You'에는 개인적인 친분이 포함되지 않아서 그것을 표현하는 옛말인 'Thou'가 사용되었다.

이렇듯 『나와 너』는 개인적인 친밀감이라는 감각을 이야기한다. 자신과 세계가 얼마만큼 친밀한지에 따라 인생에 대한 감각이 180도 달라지기 때문이다.

시적 표현이 많은 이 책의 서두는 "사람에게 세계는 두 겹이다. 세계를 맞이하는 사람의 몸가짐이 두 겹이기 때문이다"라는 매우 유명한 말로 시작한다. 이 의미를 체감할 수 있다면 책을 모두 이해한 것과 같다. 인간의 몸가짐이란 평소 태도를 말한다. 예를 들어, 어떤 사람은 가능한 한 마음을 열고 믿음을 가지고 대하지만, 다른 누군가는 편리한 도구인 것처럼 명령하거나 이동하거나 처리한다. 이런 식으로 다른 태도를 의식하지 못한 채 행동한다. 부버는 전자를 '나-너'의 관계, 후자를 '나-그것'의 관계라고 설명한다.

상대를 '사람'으로 보는가, '그것'으로 보는가에 따라 세계가 달라진다

자신이 '나-그것'의 관계에 서 있을 때는 상대가 인간이라도 이용, 명령, 분석, 처리 등을 하는 대상으로만 대한다. 자본주의 세계에서 비즈니스를 전제로 한 인간관계에서는 이것이 통상적인 관계다. 그렇지 않으면 비즈니스의 목적을 달성할 수 없기 때문이다. 그것이 당연하고 정상적인 관계라고 생각한다면, 자신도 '그것'밖에 되지 않는다. 속성만 이용하기 때문에 도구나 수단이 되어버리고, '나'가 아니라 특정 용무에 도움이 되는(다른 사람이나 기계라도 가능한) '그것'으로밖에 보이지 않는다. 물론 사적 교류나 결혼에서도 서로를 이용하는 '그것'이 되면, 허무와 살벌함만 따를 뿐이다. 부버는 이렇게 표현한다.

> "그것의 세계는 공간적·시간적인 연관 속에 있다. 너의 세계는 공간적·시간적 연관 속에 있지 않다."

한편, '나-너'의 관계라면 이용하는 관계가 아니라, 상대의 모습을 있는 그대로 받아들이고 자신의 모습도 있는 그대로 보여준다. 그때 자신과 '너'인 상대는 서로 융합되어 경계가 사라진다. '나-너'의 관계는 인간을 대할 때뿐 아니라 자연에 대해서도 성립된다. 누구든 (자각이 없더라도) 경험하는 일이다. 함께 살고 있는 개나 고양이와는 쉽게 '나-너'의 관계가 된다. 동물이 안겨주는 '치유'(일종의 구제)는 그때의 감각이다.

나아가 부버는 '나-너'의 관계가 무한으로 연장되면 영원의 너와 만난다고 말한다. 영원의 너란 신을 말한다. (다만, 부버는 객관적인 실존으로서의 신이 존재한다고 생각하지 않았다.)

"정신적 실존과 교류하는 삶 속에서 관계는 말없이 이루어지지만 그 침묵 속에서 언어가 태어난다. (중략) 그리고 우리 중 누구든 아무 말도 하지 않을 때에만 비로소 신과 진정한 대화를 나눌 수 있다."

유대교도 가정에서 태어난 부버가 신에 대해 이야기한다는 이유로, 『나와 너』를 종교적이라거나 신비주의적이라고 비판하는 사람도 있다. 그러나 이런 표면적인 비판이야말로 『나와 너』에서 말하는 것을 '그것'으로밖에 보지 않는 태도다.

이스라엘 건국에 전력을 다하다
점점 중요해지는 부버의 사상

『나와 너』는 간행되면서 전 세계에 영향을 미쳤다. 유대교의 '하시디즘Hasidism 운동'(초정통파의 경험주의 운동)에 새로운 물결이 일어난 것은 물론이고, 젊은 사람의 마음을 사로잡았다. 다른 철학자나 사상가에게도 (오독을 포함하여) 읽혔다.

동시대에 활약하며 사상적으로 결이 비슷했던 스위스 시인 헤르만 헤세(1877~1962)는 부버를 몇 안 되는 세계적인 현인 중

한 사람으로 꼽았을 정도다. 그 후 부버는 1948년 이스라엘의 건국에 온 힘을 다했지만, 체제에 손을 들어주는 일은 없었다.

『나와 너』의 사상은 앞으로 더욱 중요해질 것이다. 국가의 힘과 컴퓨터 능력이 결부되면서, 부버가 염려하는 '나-그것'의 관계가 한층 늘어나고 있는 데다 출생이나 피부색, 학력 등의 속성으로밖에 상대를 판단하지 않는 경향이 강해지고 있기 때문이다. '나-너'의 관계에서 벗어나면 진정한 우호도, 이해도 사라진다.

철학자의 한마디

무언가를 시작하려는 마음을 잊지 않는 한,
사람은 언제까지고 젊다.

029

『장자』
장자

기원전 3세기경

난이도 2

모든 것은 꿈일지 모른다

"그것이라는 개념은 자신의 몸을 이것이라고 하는 데서 생긴 것이고, 이것이라는 개념은 그것이라는 대립자를 토대로 생긴 것이다."

"무차별의 도주道樞[3]의 입장에서 보면, 천지는 한 손가락일 수도 있고, 만물은 한 마리의 말일 수도 있다."

3. 노자가 말한 도의 진수.

장자
莊周

기원전 370?~290?년. 주나라의 몽골에서 태어났다. 도기 보관 창고를 관리하는 하급 관리였다가, 관직을 그만두고 시골에서 은둔했다. 생애에 대해서는 알려진 바가 없고, 사마천의 『사기』「열전」의 「노자한비열전 제3권」에 처음으로 기록되었다.

PHILOSOPHER

2000년 전 쓰여진 삶의 조언, 있는 그대로의 모습을 받아들이고 삶을 즐기는 법

『노자』(44쪽 참조)가 말한 도를 더욱 자세히 전하는 『장자』는 전 33편으로 구성된다. 이는 다시 '내편', '외편', '잡편'으로 나뉜다. 그중 장자가 쓴 것은 '내편'이고, 나머지는 후대에 추가된 것으로 추정된다.

'내편' 중에서도 제2편의 제물론이 장자의 사상 '만물제동萬物齊同'을 설명한다. 만물제동이란 '모든 것이 완전히 같다'는 의미로, 세상 만물에 다름은 없고 모두 같으며 그 모든 것은 그대로도 좋다는 것이다.

우리는 말을 하거나 사물을 바라볼 때 순서를 정하거나 비교하면서 사물에 우열을 매기고, 현실의 사물도 그럴 거라고 생각한다. 장자는 그런 상태에서 벗어나라고 호소한다.

이처럼 장자는 이미 기원전 4세기(서양에서는 아리스토텔레스가 살았던 시대)에 언어의 '분절화 작용'을 지적한다. 분절화 작용이란, 언어를 사용하면 원래 나뉘지 않은 것을 나눌 수 있다는 것이다. (문법에 의해 논리적으로 사물을 늘어놓는 성질을 가지는) 언어를 사용하면서 본래의 사물이 보이지 않는다.

'나비의 꿈'

장자는 사물이 어떠한지 바르게 판단하는 기준, 이른바 주관적 혹은 객관적 시점의 기준은 애당초 어디에도 존재하지 않는다는 것을 비유를 사용하여 설명한다. 제물론의 맨 마지막에 소개된 '나비의 꿈'이다.

> "나(장자)는 꿈속에서 호랑나비가 되어 있었다. 호랑나비인 나는 호랑나비라는 사실이 더할 나위 없이 기뻐 이리저리 날아다녔다. 내가 장주라는 인간이라는 건 조금도 신경 쓰이지 않았다. 불현듯 잠에서 깬 장주. 그렇다면 장주가 나비가 되는 꿈을 꿨던 것일까? 아니면, 나비가 장주라는 인간의 꿈을 지금껏 꾸고 있는 것일까? 내게는 전혀 그 구별이 되지 않는다."

장자는 인식에는 지표가 없다는 것을 일상의 경험담을 활용하여 설명한다. 이와 똑같은 이야기를 그로부터 2000년 뒤인 17세기에 데카르트(327쪽 참조)가 말했다. 그는 『성찰』에서 "꿈과 현실을 명확히 판단하는 지표는 어디에도 없다"라고 썼다.

선, 수필, 하이쿠, 물리학에 크게 영향을 미치다

고대 중국의 전국시대(기원전 5~3세기) 중기에 등장한 장자 사상은 중국의 선불교에도 영향을 미쳤다. 선에서는 '불립문자不立文字'를 강조한다. 문자로는 성립되지 않으며, 문자로는 설명도, 이해도 할 수 없다는 것이다. 가장 중요한 것은 설명할 수 없고 이해도 되지 않으므로, 수행하여 자신의 몸과 마음으로 경험해야 한다. 이에 대해서는 『장자』, 「천도편」에 누구든 이해할 수 있게 논리적으로 쓰여 있다.

『장자』가 일본에 알려진 것은 다이와 조정 시대로, 『장자』의 연구나 주석은 에도시대부터 늘었다. 그중에서도 하이쿠 시인 마츠오 바쇼(1644~1694)가 장자를 좋아해서 자신의 호를 '호랑나비의 꿈'에 나오는 '허허제栩栩斉'(기뻐하는 자)로 삼았다. 그리고 하이쿠 작품에도 『장자』의 말이 많이 사용되었다.

그 밖에 종교인이나 문인으로는 헤이안 시대부터 가마쿠라 시대의 가인으로 유명한 사이교 법사, 선승인 센가 기보, 『방장기』로 유명한 가모노 조메이, 모리오 가이, 나츠메 소세키가 『장자』와 깊은 관계가 있다. 과학자로는 1949년 노벨물리학상을 수상한 유카와 히데키(1907~1981)가 『장자』를 즐겨 읽었다. 또한 『장자』의 「응제왕편」에 있는 혼돈에 대한 문장이 중간자 가설(미지의 입자가 원자핵의 중성자와 양자를 결합시킨다는 가설)의 실마리가 되었다.

철학자의 한마디

자연에는 차별이 없고 생명은 귀하다.

030

『에티카』
스피노자

원제 Ethica, ordine geometrico demonstrata, 1677년

난이도
7

모든 것의 원인은 신이다

"신은 세상 만물의 내재적 원인이지, 초월적 원인은 아니다."

"이처럼 나는 (중략) 기쁨을 정신이 더 큰 완전성으로 이행하는 수동적 상태로 이해하며, 반대로 슬픔은 정신이 좀 더 작은 완전성으로 이행하는 수동으로 해석한다."

"이 사랑은 신에 관한 것이든 인간에 관한 것이든 상관없이 바로 마음의 만족이라 불린다."

바뤼흐 스피노자
Baruch Spinoza, 라틴어 이름 Benedictus De Sinoza

1632~1677년. 네덜란드연방공화국 암스테르담의 유대인 무역상의 집에서 태어났다. 유대야 신학, 라틴어 등을 배웠는데, 23세에 이단으로 몰려 유대 공동체로부터 파문당했다. 하이델베르크대학에 초대받았지만 거절했고 독자적으로 연구에 몰두했다. 44세에 사망.

생전에 출판되지 못한 '모독의 서'

『에티카』(윤리학)의 내용을 한마디로 말하면 "모든 것은 신이다" 혹은 "세계는 신 안에 있고, 신은 세계다"라고 할 수 있다.

그러나 '신'이라고 해도 유대교나 그리스도교의 신 또는 다른 종교의 신이 아니다. 스피노자는 '실체'를 '신 혹은 자연'이라 부른다. 실체란, "자신 안에 있고 그것에 의해 생각이 성립하는 것이다. 바꿔 말해, 그 개념을 형성하는 데 어떤 개념도 필요로 하지 않는 것"이다. 결국 전혀 다른 대상에 의해 작용하는 게 아니라, 그 자신만으로 확실히 존재하는 것이 실체라고 스피노자는 말한다.

'일원론'으로 세계를 파악하다

그런데 스피노자보다 수십 년 전에 데카르트는 『방법서설』(327쪽 참조)에서 정신과 육체는 실체인데, 다른 사물은 그 존재조차 의심하지 않는다고 단언했다.

여기서 먼저 알아둘 개념이 있는데, 두 가지로 된 원리나 요소로 세계를 설명하는 '이원론'이다. 예를 들어, 이 세상은 선과 악으로 만들어져 있다거나 모든 것은 음과 양으로 존재한다는 식으로, 상반된 두 가지로 설명하려는 사고방식이다.

그러나 스피노자는 일원론의 입장에서 『에티카』를 썼다. 일원론이기에 오직 한 가지 요소로만 세계를 파악한다. 스피노자는 세계가 신 혹은 자연이라는 실체로 되었다고 주장한다.

종교를 믿는 사람은 신은 자신의 외부에 존재한다고 생각한다. 하늘에서 자신을 굽어보며 영혼으로 모든 장소에 존재한다는 식으로 상상하고 기도한다. 신은 어딘가에 존재하고, 또 인간의 지성을 초월한, 물리법칙에 사로잡히지 않는 존재이기에 기적을 일으키기도 한다.

스피노자는 신은 초자연적인 것, 초월적인 것이 아니라 현실의 모든 것에 내재해 모든 것의 원인이 된다고 주장한다. (단, 신은 모든 것에 내재해 있지만, 모든 것에 신이 직접적으로 깃들어 있다거나, 인간 또한 신이라는 의미는 아니다.)

스피노자가 생각하는 신의 내재 방식은 다음과 같은 비유로 이해할 수 있다. 신 혹은 자연을 비단실이라고 할 때, 실을 짜서 비단을 만들고 비단을 잘라 꿰매어 블라우스를 만들면 누가 봐도 옷임을 알 것이다. 그러나 그 섬유가 나비목 누에나방과 곤충에서 뽑아낸 실로 지은 비단인지는 알 수 없을지도 모른다. 이때 비단은 신의 속성이며, 블라우스라는 형태는 신이 지닌 속성의 양태다. 속성의 양태도 무한하고, 그 조합도 무한하다. 이렇게 신은 세계의 여러 사물에 내재하고 원인이 된다.

인간이 알 수 있는 '연장'과 '사고'

신에게는 많고도 무한한 속성이 있지만, 인간은 그중 두 가지밖에 감지할 수 없다고 스피노자는 말한다. 바로 '연장'과 '사고'다.

연장이란 물체성을 말하고, 사고란 정신성을 말한다. 인간은 두 가지밖에 파악할 수 없기에 육체와 정신으로 바꿔서 생각하는 경향이 있다.

한편, 속성은 얼마든지 바뀌어 나타난다. 앞선 비유로 말하자면, 비단이 속성이기 때문에 양태를 바꾸면 페티코트가 되기도 하고 손수건이 되기도 한다. 물의 화학식은 H_2O이지만 양태를 바꿔서 기체가 되기도 고체가 되기도 한다. 그런 식으로 양태가 바뀌어도 H_2O인 채로 존재한다. 양태가 다른 것이 되어도 속성까지 바뀌지는 않는다.

사람이든 동물이든 움직이거나 변화하는 경우, 다른 것에서 더해진 원인이나 작용이 있다고 생각한다. 그런데 정말로 특정 원인이나 작용이 있는 것일까? 스피노자는 신은 세상 만물과 사건의 '내재'한 원인이라고 말한다. 따라서 무한한 속성의 무한한 변화 양태가 이 세상에 있을 뿐이다. 따라서 어떤 것도 그 진짜 원인은 신 혹은 자연이다.

인간은 '던져진 돌'과 같은 존재일까

따라서 우리가 인간의 의지라고 부르는 것은 사실은 신의 의지다. 그러면 선악의 의미도 달라진다. 예를 들어, 어떤 행위를 선이라고 판단하기에 그것을 향해 노력한다고 생각하지만, 사실은 반대다. 무언가를 향해 노력하고 그것을 얻고자 하기에 그 대상을 선으로 보는 것이다. 인간의 욕망이나 충동은 '자기 유지'를 향하고, 자기 유지야말로 인간의 본질이기 때문이다. 본질이란 자기 긍정이고, 자기 긍정은 본래 신의 속성이 보여주는 표현 중 하나다.

이런 본질이 오로지 인간의 정신과 관계한다고 보일 때 의지라고 하고, 정신과 육체에 동시에 관계한다고 보일 때는 충동이라고 한다. 따라서 스피노자는 인간은 "던져진 돌과 같다"라고 말한다. 던져진 돌은 자신의 의지로 날고 있다고 생각하고, 날고 있는 원인도 자신이 만들었다고 굳게 믿는다.

이런 식으로 스피노자의 철학은 인식을 근본부터 바꿔버렸다.

스피노자 르네상스, 18세기 이후 철학에 큰 영향을 미치다

화가 페르메이르나 렘브란트와 가까이 살았던 스피노자는 1670년에 『신학정치론』을 출간한 뒤 교회로부터 강한 비판을 받았고, 동포인 유대인 공동체로부터도 무신론자라며 파문당한 것은 물론 살해 협박까지 받았다. 『에티카』가 출간된 것은 그가 세상을 떠난 뒤였다.

적분기호인 ∫(인테그랄)를 고안하는 등 뛰어난 수학자였던 라이프니츠는 스피노자와 만난 적이 있었는데, 『에티카』를 강하게 의식해서 『모나드론』(375쪽 참조)을 집필했다. 또한 '스피노자주의'라는 말이 유행했는데, 무신론자라는 모욕적인 의미를 담고 있었다.

18세기 후반에 독일에서 스피노자는 독보적으로 유명해져서 스피노자 르네상스라 불리는 붐이 일어났다. 자연관이 비슷한 시인 괴테나 횔덜린은 스피노자를 '최고의 유신론자'로 보았고 철학자 피히테, 셸링, 헤겔은 스피노자를 칭송했다. 칸트는 스피노자에 반대하는 입장이었다.

세상의 모든 것을 긍정하고 무엇도 후회하지 않는 스피노자

의 철학적 태도는 또한 모든 것을 긍정하며 살아가는 니체의 '초인 사상'의 전조이기도 했다

> **철학자의 한마디**
>
> 어떤 것이 선이라면, 내가 그것을 원하기 때문이다.

031

『인간 지식의 원리론』
조지 버클리

원제 A Treatise Concerning the Principles of Human Knowledge, 1710년, 개정 1734년

난이도
3

물질은 존재하지 않는다

"우리는 우리 자신의 관념 혹은 감각 이외의 어떤 것도 지각하지 못한다."

"이 지각하는 능동적인active 존재라는 내가 정신mind, 마음sprit, 영혼soul 혹은 자기 자신my self(나의 자아)이라 부르는 것이다."

조지 버클리
George Berkeley

1685~1753년. 아일랜드 킬케니의 다이사트 성에서 태어났다. 킬케니대학과 더블린의 트리니티 칼리지에서 배우고 석사학위를 받았다. 30세까지 자신의 철학책을 모두 집필했다. 아일랜드국교회 주교. 67세에 사망.

PHILOSOPHER

물질은 존재하지 않는다
철학으로 '신'을 지키려 한 아일랜드의 성직자

버클리는 25세에 쓴 이 책에서 실제로 존재하는 것은 정신뿐이고 물질은 하나도 존재하지 않는다고 말한다. 왜 물질은 존재하지 않는다고 주장한 것일까?

바위를 만지고 '단단하다'고 생각했다고 하자. 단단함은 손의 촉감에서 온다. 촉감에 대한 자신의 지각을 인식했기에 '단단하다'고 생각한다. 그렇다면 바위의 단단함은 사실 감각에 의해 만들어진 관념에 지나지 않는다.

또한 우리는 바위를 만졌을 때 그 바위가 존재한다고 확신한다. 혹은 바위를 보고 그곳에 바위가 있다고 생각한다. 그처럼 감각이나 시각을 통해 바위가 있다는 것을 안다. 그러나 바위의 존재를 인식하는 게 아니라 자신의 지각을 인식할 뿐이다. 바위의 존재 자체는 여전히 분명하지 않다.

어떤 물질이 그곳에 '존재한다'는 것은 사실 무언가가 우리에게 '지각'됐을 뿐이고, 그 존재를 입증하는 것은 별개의 일이다. 물질이라고 생각한 것은 사실은 마음속에 생겨난 관념이라는 말이다.

따라서 버클리는 물질은 존재하지 않는다고 주장했다. 이런 버클리의 사고법을 '독아론' 혹은 '주관적 관념론'이라고 부른다.

그렇다면 무엇이 실체(실존하는 것, 버클리에 따르면 모든 물질은 관념에 지나지 않기 때문에 실존하는 것이 아니다)로서 존재하는가?

그것은 '정신'이다. 인간적 정신 혹은 인격은 관념이 아니기 때문에 감각에 의해 지각되지 않는다.

다만, 사람의 정신은 유한하다. 한편, 무한한 정신이 있는데 신의 정신이다. 신의 정신은 사람의 관념을 낳는 원인이라고 버클리는 말한다. 우리는 (현실의 물질적 존재라고 확신하면서) 여러 가지 관념을 지각하는데, 이 관념을 우리의 정신에서 만들어낸다. 그것이 신이다.

따라서 우리는 관념을 지각할 때 신에게 전면적으로 의지한다. 원래 우리라는 정신은 처음부터 신의 정신 안에 살아서 존재하는 것이다. 따라서 세계는 신의 지각이 된다.

'비물질론'의 동기와 그 확산

버클리가 '비물질론' 철학을 주장한 이유는 18세기 초기의 과학 발전(뉴턴의 역학 등)으로 인해 기계론적으로 우주를 물질로 파악하려는 흐름에 따른 합리주의적 사고, 로크(82쪽 참조)와 같은 자유사상, 무신론이 만연하는 사회적 분위기를 그리스도교 신앙을 가진 성직자로서 참을 수 없었기 때문이다.

그런데 그가 물질은 존재하지 않는다고 강하게 주장한 탓에, 당시 런던에서는 버클리가 드디어 미쳤다는 소문이 돌았다. 그러나 버클리의 발상에 촉발되어 이후 흄(162쪽 참조)이나 칸트(378쪽 참조)의 철학이 탄생하기에 이른다. 『걸리버 여행기』(1726)를 쓴 스위프트(1667~1745)와 버클리는 런던의 궁정에서 선후배로 만나 친분을 쌓기도 했다.

한편, 캘리포니아의 버클리라는 지명은 그의 이름에서 따온 것이다. 미국으로 건너가 대학을 설립하는 것이 꿈이었던 젊은 버클리는 돈이 부족해서 그 꿈을 이룰 수 없었지만, 후세가 그의 이름을 도시에 붙여 그를 기렸다.

철학자의 한마디

존재하는 것은 지각되는 것이다.

032

『인간이란 무엇인가』

데이비드 흄

원제 Treatise of human nature, 1739년

난이도 5

> **사고와 관점에는 버릇이 있다**

"모든 학문은 크든 작든 인간성과 관계가 있다. 아무리 동떨어져 있는 듯 보이는 학문이라도 어떤 지름길을 통해 인간성에 다다르는 것은 명확하다."

"필연성은 마음속에 존재하는 어떤 것이고, 대상 안에 있는 것이 아니다."

PHILOSOPHER

데이비드 흄
David Hume

1711~1776년. 브리튼왕국 스코틀랜드의 귀족 가문에서 태어났다. 에든버러대학에 들어갔지만 중도 퇴학. 집에서 철학을 연구했다. 철학자, 역사학자, 정치철학가. 65세에 사망.

'원인'과 '결과'의 인과관계조차 부정하다
칸트를 '독단'에서 깨워준 흄의 철학

  그 원인이 있었기에 그 결과가 나와야 했다는 식의 사고방식을 인과관계라고 한다. 평소 이런 식으로 사고하는 버릇이 있으면 특정 원인과 결과가 단단히 연결되어 있으며, 어떤 일이든 인과관계가 있다는 식으로 굳게 믿는다.

  그러나 사실은 그렇지 않은 게 아닐까? 24세에 흄은 『인간이란 무엇인가』를 집필했다.

'인과관계'는 단순한 믿음인가

  사람들은 원인인 현상과 결과인 현상을 선線으로 연결하곤 하는데, "이것의 원인은 ~임에 분명하다"라는 식이다. 그러나 두 현상을 연결하는 실이 눈에 보일 리 없다. 그 사이에서 보이는 것이라곤 고작해야 공간의 근접성, 시간의 근접성 정도다. 그 정도를 가지고 두 현상이 '필연적으로' 결합한 것이라고 할 수 있을까?

  어떤 관념들 사이의 '필연적 결합'을 믿는 이유는, 그것들이 반복적으로 함께 나타나는 경험을 통해 심리적 습관, 즉 '항상적 연접'이 형성되었기 때문이다.

  '항상적 연접'이란, 하나의 현상이 일어나면 그것을 본 사람의 마음속에 과거의 다른 현상에 대한 관념이 불현듯 떠오르는 것을 말한다. 인간은 생활하면서 제일성(지금까지 늘 이러했기 때문에 앞으로도 이러할 것이라고 생각하는 경향)에 익숙해져서 그것에 영향을 받기 쉽다.

그러나 이는 인간의 본성적인 버릇이고, 현상과는 직접적으로 관계가 없다고 흄은 말한다. 그런데도 무심코 두 현상을 원인과 결과로 여기는 것이다. 이런 인간의 버릇은 특별히 이상하지는 않다. 이런 버릇 덕분에 일상을 살아갈 수 있기 때문이다.

그 외에도, 흄은『인간이란 무엇인가』에서 사람에게 어떤 행위를 하게끔 만드는 것은 지성이 아닌 정서라고 말한다. 또한 도덕의 기준은 공감에 있다. 자신이 공감할 수 있는 것이라면 도덕적으로 좋다고 판단하는 경향이 있다는 것이다. 요컨대, 흄은 인간의 인식이나 행위는 인간이 가진 버릇(혹은 편견)에 크게 영향을 받는다고 주장한다.

후세의 '인간학'에 큰 힌트를 주다

흄의『인간이란 무엇인가』가 간행되었을 당시에는 아무런 반향도 없었다.

그러나 동유럽에서 흄의 저서를 읽은 칸트는『형이상학 서설』에서 흄의『인간이란 무엇인가』를 읽고 큰 영향을 받았다고 밝혔다. 칸트는 흄이 제기한 문제를 인간의 인식 방법의 문제로 보고, 그 문제의 답으로『순수이성비판』(378쪽 참조)을 썼다.

19세기에는 의식의 흐름을 탐구한 윌리엄 제임스(176쪽 참조)의『심리학의 원리』(1890)로 흄의 사고법은 더욱 널리 퍼졌다.

20세기가 되어 과학철학자 칼 포퍼(1902~1994)는 흄이 주장한 '제일성', 즉 일어나는 일에 특정한 패턴과 연속성이 보인다는 것을 과학 지식으로 수렴할 필요가 있다고 말했다. 과학 지식도 인간의 경험지이기 때문이다.

인간의 사고나 행동에는 일정한 논리로 확실하게 결론 내릴 수 없는 부분이 있다. 그것이 현실을 사실처럼 받아들이게 만든다는 흄의 착안은 일상생활에서 어렴풋이 느끼고 있는 것을 언어화하려는 노력이다.

실제로 현대에 들어서는 소비자의 경제 행동에 공감과 같은 정서가 깊이 관여되어 있다는 사실을 바탕으로, 소비자의 심정에 호소해 새롭게 경제 행동을 불러일으킬 방법을 찾는다. 그런 점에서, 흄은 200년 전에 이미 인간을 날카롭게 관찰했다고 할 것이다.

철학자의 한마디

탐욕은 근면의 채찍이다.

033

『물질과 기억』
앙리 베르그송

원제 Matière et mémoire, 1896년

난이도 7

현실은 이마주image다

"물질이란 '이마주'의 총체다. 그리고 '이마주'라는 것—관념론자가 표상이라 부르는 것보다는 낫지만 실존론자가 사물이라 부르는 것보다는 못한 존재—을 '사물'과 '표상'의 중간에 있는 존재라고 풀이한다."

"우리의 지각은 본디 정신이 아니라 오히려 사물 안에, 우리의 안이 아니라 오히려 밖에 있다."

앙리루이 베르그송
Henri-Louis Bergson

1859~1941년. 프랑스 파리의 유대계 폴란드인 음악가의 자녀로 태어났다. 고등학교에서 배우고 콜레주 드 프랑스의 교수가 되었다. 1920년 국제연맹을 설립할 때 프랑스 정부 대표를 맡았다. 세 번째 저서 『창조적 진화』로 1927년 노벨문학상을 수상. 81세에 사망.

프랑스를 대표하는 철학자
'정신과 신체와의 관계'에 도전하다

『물질과 기억』은 옛날부터 어려운 문제로 여겨졌던 철학의 '심신 문제', 즉 "물질이란 무엇인가? 신체와 정신은 어떻게 관계하는가?"라는 문제에 답한 것이다.

현대인도 정신과 물질이 근본적으로 이질적일 거라고 막연하게 생각한다. 더 나아가 정신은 물질보다 우위에 있다고 여기는 경향이 있다. 물질에 지나지 않는 신체보다도 정신 혹은 마음이 더 낫다는 것이다.

또한 정신이 신체에 명령을 내리면 신체가 행동으로써 현실화한다며, 그 과정에 정연한 메커니즘이 있는 듯 생각한다. 정신과 신체는 흡사 주종의 관계, 또는 주관과 객관의 관계처럼 보인다. 대체 어떻게 정신이 신체에 행위 내용을 연락하는지는 분명하지 않다.

이 문제는 데카르트 이래 계속 이어지고 있지만, 여태 그 수수께끼는 풀리지 않았다. (데카르트는 정신과 신체의 연결 다리는 뇌 속에 있는 송과선이라고 했지만, 그 이유나 논거를 제시하지 않았기에 문제가 해결되었다고 할 수 없다.)

심신이라는 단어를 보면 이질적인 두 가지를 합친 듯 보인다. 신체는 육체로 물질적인 것이고, 마음은 내부에 있지만 분명한 형태도 없이 꿈틀거리는 비물질적인 것임을 기정사실로 받아들이기 때문이다.

정신과 물질에 대한 사고방식은 크게 두 가지로 나눌 수 있는데, '유물론'과 '관념론'이다. 유물론자는 물질만이 실존한다고 생각하고 정신은 물질인 뇌의 작용이라고 말한다. 한편, (칸트를 포함한) 관념론자는 물질은 주관(혹은 마음)이 만들어낸 표상이라고 생각한다. 주관이라는 정신 작용이 있기에 물질이 실존하는 듯 그려진다는 것이다.

베르그송은 이 두 가지 사고방식이 극단적이라고 보았다. 그리고 물질은 누가 봐도 지금 여기에 보이는 모습으로 실존하고, 정신도 실존한다고 주장한다. 물질은 이마주인데, 물질처럼 보이는 것은 전부 실존하지 않는 환상이라는 말이다. 이마주는 굳이 해석하자면 '그곳에서 보는 시점'이라고 할 수 있다.

눈은 '마음이 이해할 수 있는 것'만을 본다

물질이 이마주라는 인식은 물질을 지각하는 일상 경험에서 나온다. 육체의 감각기관이 물질을 파악하는 것을 지각이라고 한다면, 눈에 들어오는 모든 것을 지각하고 매 순간 큰 혼란에 휩싸일 것이다. 인간은 기계적이고 포괄적으로 지각하지 않는다. 다수의 물질 가운데 몇 가지에 주목해서 그 부분만 자신에게 의미를 지닌 것으로 지각할 뿐이다. 게다가 반드시 자신의 신체와 관련된 상태로 지각하므로, 뇌(혹은 정신)만 인식하지는 않는다.

예를 들어보자. 자신과 물질 사이의 거리가 매우 가깝거나 몹시 멀다는 사실만으로도 물질은 변화한다. 크기나 형태, 색깔조차도 그것에 가깝거나 멀어지는 데 따라 바뀐다. 향의 강렬함이나 소재의 내구성이 세지기도, 약해지기도 한다. 물질이 아주 먼 곳에 있다면 형태조차 명확하게 보이지 않아서 무언가가 그곳에 있다는 정도밖에 지각하지 못한다. 좀 더 다가가면 윤곽은 보일지도 모른다. 이렇게 확고하지 않은 지각을 베르그송은 "관념론이나 실존론이 존재와 현상으로 나뉘기 이전의 물질"이라고 설명하고, 이마주라 부른다.

이러한 일상의 경험에서 알 수 있는 것은 자신의 신체 상황이 물질과 관련 있고, 신체 상태에 따라 그때그때 물질이 변화한다는 사실이다. 물질은 언제나 그곳에 있고 조금도 변화하지 않는 법은 없다. 신체 상황과 관계해 물질의 이마주는 시시각각 변한다.

물질을 잘 안다고 해서 이마주가 고정되는 것도 아니다. 따라서 물질을 있는 그대로 지각하는 일은 있을 수 없다. 더욱이 물질은 신체의 조건뿐 아니라 관심이 있느냐 없느냐에 따라, 본래보다 작아지거나 관점이 제한되거나 효율적으로 단순화된 이마주로 나타나기도 한다. 따라서 지각이 우리의 내부에 있다면 지금까지 물질에 대한 생각이 잘못된 것이므로, 지각이 우리 밖에 있는 것이 분명해진다.

'현존의 이마주'와 '기억의 이마주'

우리는 지금 그곳에 있는 물질을 이마주로서 눈으로 본다. 한편, 마음의 이마주를 보기도 한다. 그 대상은 과거에 경험한 이마주나 상황, 지금 여기에는 없는 것이다. 무엇인가를 떠올린 기억을 본다.

이 두 가지 지각은 구별할 수 없다. 둘 다 현재 생생히 보는 것인 데다, 기억이라도 신체는 지금 그곳에 있는 이마주를 보고 있는 것과 똑같이 반응한다(분노나 슬픔이 끓어오르는 등). 실제로 보고 있으므로 과거의 기억이라도 자신에게는 현재 상태이기 때문이다.

그렇다면 결국 기억을 볼 때 우리는 어디에 있을까? 보고 있는 그 과거에 몸을 두고 있다. 단숨에 주의가 과거로 날아간다. 기억을 떠올리는 한, 과거는 먼 경치로 남겨진 게 아니라 그야말로 지금 이곳의 상태가 된다.

그래도 우리는 현존의 이마주와 기억의 이마주를 구별할 수 있다. 겉보기에는 둘 다 '이마주를 본다'는 점에서 구별이 어려워 보이지만, 결국 그것이 떠올린 기억일 뿐임을 자각한다.

그렇다면 이러한 구별은 어떻게 가능한가? 그것을 가능하게 하는 것이 지적 구별 능력이다. 과거의 일을 떠올렸다는 사실을 인식할 수 있는 이유는, 그 기억이 먼 과거의 추억이었고 그것을 지금 이 순간, 불현듯 떠올렸다는 최근의 기억이 '지금-여기'에 존재하기 때문이다. 기억 속 장면을 떠올리는 순간에 과거로 '점프'했다는 사실을 기억하고 모든 주의가 그 떠올림에 집중되었다는 것도 함께 기억한다. 결국 이러한 기억들 사이의 미묘한 차이를 인식함으로써 현존의 이마주와 기억의 이마주를 구별하는 것이다.

세계에 영감을 주다

물질과 기억에 관한 논의뿐 아니라, 시간에 대한 베르그송의 독창적인 사유는 그의 첫 저서 『시간과 자유의지』에 담겨 있다. 이는 마들렌을 홍차에 담그는 순간 생생히 과거를 떠올리는 장면으로 유명한 『잃어버린 시간을 찾아서』의 마르셀 프루스트(1871~1922)를 비롯해, 많은 예술가와 소설가는 물론 심리학자, 의학자들에게도 깊은 영향을 미쳤다.

베르그송은 세 번째 저서 『창조적 진화』로 노벨문학상을 수상했으나, 그로 인해 철학계 주류에서는 오히려 외면받았다. 일부 철학자들은 그의 대중적 명성과 수상을 시기했다. 또한 1922년에는 아인슈타인의 상대성이론에 반대해 수식을 사용해 독자적인 견해를 펼친 「지속과 동시성」이라는 긴 논문을 발표했는데, 이 역시 철학계와 과학계에서 부정적인 평가를 받았다.

베르그송의 사고에 대해서는 찬반 논쟁이 항상 따랐지만, 메를로퐁티, 질 들뢰즈, 자크 데리다의 철학에 영향을 미쳤다. 일본에서 베르그송 철학은 다이쇼시대에 유행했고, 니시다 기타로, 나츠메 소세키, 아리시마 다케오, 고바야시 히데오, 나카하라 주야, 구키 슈조, 이나가키 다루호에 이르는 철학자 및 작가, 시인에게 영향을 주었다.

철학자의 한마디

시간은 의식에 의해 생명을 얻는다.

034

『도덕적 인식의 기원』
프란츠 브렌타노

원제 Vom Ursprung sittlicher Erkenntnis, 1889년

난이도 3

보편적인 도덕은 사람에 있다

"무엇을 좋다고 말할까? 또한 어떻게 무언가가 좋다는 것, 또한 무언가가 다른 무언가보다 좋다는 것을 인식하는가?"

"가능한 한 선善을 증진하는 것, 바로 이것만이 모든 행위를 조정하는 분명한 기준이자, 인생의 올바른 목적이다."

PHILOSOPHER

프란츠 클레멘스 호노라투스 헤르만 브렌타노
Franz Clemens Honoratus Hermann Brentano

1838~1917년. 프로이센 라인강가에 있는 마리엔부르크의 이탈리아계 명문 브렌타노가에서 태어났다. 철학과 신학을 뮌헨, 뷔르츠부르크, 베를린, 뮌스터의 대학에서 배우고 튀빙겐대학에서 학위를 받았다. 빈대학에서 가르치고 있을 때 후설이 청강하기도 했다. 제1차 세계대전을 피해 취리히로 이주. 79세에 사망.

사람은 어떻게 '도덕적으로 판단'하는가

『도덕적 인식의 기원』은 브렌타노가 51세 때 빈 법학협회에서 진행한 강의를 책으로 묶은 것이다. 당시 강의의 제목은 '정당한 것과 도덕적인 것에 대한 자연스러운 승인에 대하여'였으며, 이는 저명한 법학자 루돌프 폰 예링(1818~1892)의 견해에 대한 비판적 반론의 성격을 띠고 있었다. 예링은 법이나 도덕은 만들어지는 것이고 어느 사회에서든 타당한 보편적인 법이나 도덕은 있을 리 없다고 주장했다. 예링의 도덕적 상대주의에 대해 브렌타노는 보편적인 자연의 도덕은 있다고 보았다.

문제는 사람이 어떻게 선을 인식하고 판단하는가 하는 것이다. 이 문제는 사람의 마음에 관한 것이기에 심리학이기도 하다. 따라서 브렌타노는 자신의 주장이 '기술심리학'(당시로서는 새로운 분야였다)의 영역에 속한다고 말했다. 심적 경험 중 어떤 요소를 찾아내어 인식이나 판단을 그 요소로 환원하는 (일반적인) 자연과학적 수법은 사용되지 않지만, 그 대신 심적 체험을 기술하고 분석하는 철학적인 '기술심리학'의 방법을 사용한다.

선과 악을 가르는 기준은 인간 내면에 각인되어 있다

브렌타노가 말한 '기술심리학'의 새로운 특징은, 의식이란 단순한 내면 상태가 아니라 어떤 대상에 대해 '지향적 관계'를 맺고 있다는 점을 지적한 데 있다. 여기서 말하는 '지향성'이란, 의식이 항상 무엇인가를 향해 나아가며 그 자체로 어떤 내용을 '보태는' 작용을 한다는 것이다. 무엇인가를 의식한다는 1차적 지향성에 이어, 제2의 지향적 관계에서는 그 대상을 긍정하거나 부정하는 태도가 나타난다. 더 나아가 정동적 지향성은 '사랑한다', '미워한다', '마음에 든다', '마음에 들지 않는다'와 같은 감정적 태도로 나타난다.

선악은 지향성에 의해 나뉘고, 선한 것은 모두 사랑받는다. 예를 들어, 생활방식에서는 근면, 좋은 성품, 검약을 선으로 보고, 태만, 인색함, 낭비를 좋지 않다고 본다. 또한 기만, 배신, 살인, 간음은 정당하지 않을뿐더러 부도덕하다고 생각한다. 이는 숙고를 거쳐 만들어진 법률, 좋다고 여기는 도덕론의 결론과 일치한다.

그 판단 기준은 기존의 법률이나 도덕에 의존하지 않는다. 또 왕과 같은 권위자가 만든 규칙도 아니다. 그 기준은 사실 사람의 마음에 이미 (저절로) 각인되어 있다. 따라서 인간은 수천 년에 걸쳐 도덕적으로 올바른 판단을 할 수 있었다. 그리스도교가 자신을 사랑하듯 이웃을 사랑해야 한다고 가르치는데, 이 가르침이 옳은 이유는 신이 그것을 요구하기 때문이 아니다. 사람에게 자연스럽고 옳고 좋은 것이기에 신이 그 행위를 요구하는 것이다.

말하자면, 브렌타노가 말한 도덕 판단은 정합적인 논리에서 도출된 결과가 아니라 자연스러운 인식, 즉 직관에 의해 이루어지는 판단이다. 그는 모든 인간의 내면에 이러한 도덕 판단의 기준이 이미 자리하고 있으며, 어느 사회, 누구에게서나 타당하고 보편적인 도덕이 존재한다고 보았다.

후설의 '현상학'에 미친 영향

경험에서 배우려는 태도를 가진 브렌타노는 관념과 논리를 이용하여 세계관의 체계를 수립하려는 철학을 싫어했다. 구체적으로 칸트·헤겔의 철학과 플라톤도 싫어했다. 그들이 주장하는 순수 이성이나 세계정신, 이데아는 결국 관념이 만들어낸 것으로 현실 경험에는 존재하지 않기 때문이다.

브렌타노는 26세에 가톨릭 사제로 서품되었지만, 평소 가톨릭 교의가 자신의 철학적 입장과 양립하지 않아서 고민하고 있었다. 그러던 중 1870년 바티칸 공의회에서 "교황은 신앙과 도덕에 관한 선언에서 결코 오류를 범하지 않는다"라는 교황 무류성 교리가 채택되자, 이를 받아들일 수 없어서 결국 35세에 교회를 떠났다.

그 후 그는 대학에서 교편을 잡았고, 빈대학에서의 강의를 25세의 후설이 수강했다. 이 계기로 후설은 수학자의 길을 접고 철학으로 전향했다. 이때 브렌타노가 강조한 '의식의 지향성' 개념은 훗날 후설이 창시한 '현상학'의 핵심 개념이 되었다. 후설은 『데카르트적 성찰』에서 "의식 체험은 지향 체험이기도 하다. 의식이란 언제나 어떤 것에 대한 의식이다"라고 말했는데, 이는 현상학의 출발점을 명료하게 드러내는 매우 유명한 구절이다.

035

『실용주의』

윌리엄 제임스

원제 pragmatism, 1907년

난이도 5

'도움이 되는 것'의 가치

"프래그머티즘(실용주의)은 그리스어 '프라그마pragma', 즉 '행동'을 뜻하는 말에서 유래한다. 영어의 'practice'(실제)와 'practical'(실제적인, 실용적인)이라는 단어도 이 어원에서 비롯되었다."

"물질적 원인이나 논리적 필연성은 일종의 유령이다. 간단히 말해, 오직 합리성만으로 이루어진 세계가 있다면, 마술 모자의 세계나 텔레파시가 가능한 세계처럼 비현실적이다."

"세계의 구원은 우리의 행위를 통해 창조되는 것이 아닐까?"

윌리엄 제임스
William James

1842~1910년. 미국 뉴욕의 유복한 가정에서 태어났다. 시러큐스대학을 졸업했다. 하버드대학에서 의학을 전공하고 학위를 받았다. 미국 최초로 심리학 실험실을 만들었다. 하버드대학 교수. 68세에 사망.

미국에서 싹튼 새로운 사상
중요한 것은, 가치가 있다고 믿고 행동하는 것

　책의 제목은 '실리주의'와도 일맥상통한다. 제임스는 확고한 세계관, 즉 철학이나 종교의 세계관에 실용주의를 이용하여 도움을 주려고 한다. 한 가지 철학, 사고법, 세계관에 진리가 있다면 인간에게 유용하게 작용할 것이기 때문이다.

　그렇다면 지금까지 철학은 어떤 길을 걸어왔는가? 윌리엄 제임스에 따르면, 전통 철학은 대체로 합리론(이성 중심)과 경험론(경험 중심)이라는 두 흐름 중 하나에 속한다. 예컨대, 헤겔(386쪽 참조)처럼 세계 역사를 움직이는 것이 무엇인지 논리로 장황하게 설명하는 철학은 '합리론'(가설을 세우고 머릿속에서 논리적으로 조립하는 방식으로, 현실적이지 않더라도 논리적으로 옳으면 된다는 말이다)이다. 신이라는 전지전능한 존재를 설정하고 세계를 설명하고는 현실에 벌어지는 일을 죄나 악으로 단정짓는 것도 '합리론'이다.

　한편, 흄(162쪽 참조)처럼 사람은 경험적인 지각을 통해 지식을 얻는다고 주장하는 철학은 '경험론'이다. 합리론과 경험론은 합리주의와 경험주의라고 바꿔 말해도 무방한데, 이 두 가지는 서로 자신의 사고 방법이 진리라고 주장한다.

　그러나 제임스는 진리가 오직 하나만 존재한다고 보지 않았으며, 특정한 관념에 고정되었다고도 생각하지 않았다.

'다툼을 낳지 않기 위한' 관용의 철학

예전의 철학·종교의 세계관은 자신들이 전개하는 것만이 유일한 진리라 주장했다. 예컨대 유신론과 무신론은 모두 자신이 옳다고 강변하기도 했다.

유신론 중에서도 그리스도교 신학은 "예수 그리스도는 신성과 인성 모두를 가지는가?"라는 문제로 격렬하게 토론했다. 진리를 한층 정확히 해두고 싶었던 것이다. 그러나 제임스는 그같은 문제를 아무리 토론한들 현실에는 영향을 끼치지 않을 것이라 생각했다. 지식은 결코 사물 그 자체가 될 수 없다.

하지만 실제로는 지식이 곧 현실인 양 오해한다. 그러한 착각에 집착하는 것은 허망할 뿐이다. 그렇다면 어떻게 해야 할까? 현실에 미치는 결과, 인간을 위한 활용과 작용이라는 관점에서 철학과 종교의 세계관을 다시금 검토해볼 필요가 있다.

어떤 사람이 믿는 세계관이 그의 삶에 실질적인 도움이 되고, 생활에서 유용한 효과를 발휘하며, 다른 이에게 해를 끼치지 않는다면, 그 세계관은 그 사람에게 진리가 된다. 이것이 실용주의의 기본적인 입장이다.

다양성의 시대, 희망의 철학

초기 실용주의의 형성에는 세 명의 미국 과학자와 철학자가 깊이 관여했다. 그중 '실용주의'라는 용어를 처음 사용한 사람은 찰스 샌더스 퍼스(1839~1914)였다. 그는 생전에는 널리 인정받지 못했지만, 1905년 「실용주의란 무엇인가 What Pragmatism Is」라는 글에서 이 용어를 처음으로 제시했다. 그 발상을 진리

및 종교와 엮어서 철학으로 만든 사람이 하버드대학의 제임스와 철학자 듀이(335쪽 참조)였다. 듀이는 실용주의의 적용 범위를 교육, 예술, 민주주의로까지 확대했다.

  실용주의는 기존 규범이나 정치 체제에 따라 새로운 것을 판단하지 않는다. 현실의 행동과 상황에 주의를 기울이고 그때마다 수정해가는 실용주의의 유연한 사고는 앞으로도 종교나 민족 문제를 포함한 세계적인 과제나 분쟁 해결에 큰 힘을 발휘할 것이다.

철학자의 한마디

즐거워서 웃는 게 아니라 웃기에 즐거운 것이다.

036

『지각의 현상학』
메를로퐁티

원제 phénoménologie de la parception, 1945년

난이도
7

신체도 지각한다

"정말로 세계를 지각하고 있는지 여부를 문제로 삼을 게 아니라, 오히려 세계는 우리가 지각하고 있는 그것이라고 말해야 한다."

"나는 공간과 시간 속에 존재하는 것이 아니며, 공간과 시간을 사유의 대상으로 삼는 것도 아니다. 오히려 나는 공간과 시간에 속하고, 나의 신체는 그것들과 결합되어 그것들을 포괄한다."

모리스 메를로퐁티
Maurice Merleau-Ponty

1908~1961. 프랑스 서부의 로슈포르에서 태어났다. 국립고등사법학교에서 사르트르, 보부아르, 레비스트로스와 알고 지냈다. 하이데거, 후설의 현상학에 매료되었다. 『지각의 현상학』으로 학위를 취득했다. 파리대학 문학부 교수. 콜레주 드 프랑스 최연소 철학 교수. 53세에 사망.

의식은 신체를 통해 세계와 연결되어 있다
'신체로 기억하는' 것을 언어화한 철학

『지각의 현상학』은 인간의 신체에 대해 새롭게 인식하는 방법을 보여준다. 새로운 인식 방법이기에, 눈으로 보고 정신으로 판단한다는 식의 데카르트 이래의 기계적 사고는 하지 않는다. 메를로퐁티는 시각만이 아니라 신체 자체가 지각하고 판단한다고 생각했다.

신체는 단순히 물질로 이루어진 육체에 불과한 것이 아니다. 오히려 신체는 의식적인 방식으로 세계와 관계를 맺는다. 그러나 그것이 순수한 의식 그 자체인 것도 아니다. 즉, 신체는 물체인 동시에 의식으로 작동하는 이중적 존재이며, 대상성과 주체성을 함께 지닌 '양의적' 존재다. 메를로퐁티가 이렇게 주장한 이유는 인간 신체에 내재된 '신체도식' 기능에 주목했기 때문이다.

자전거를 탈 수 있는 것은 '신체도식'이 있기 때문이다

'신체도식body schema/schème corporel'은 영국의 생리학자 헨리 헤드(1861~1940)와 고든 M. 홈스(1876~1965)가 제안한 '체위도식postural schema'의 개념에서 유래했다. '체위도식'이란, 신체가 현재 어떤 자세를 취하고 있는지, 다음 동작을 위해 각 부분을 어떻게 움직여야 할지 신체가 직감적으로 파악하는 기준을 말한다. 즉, 의식적 사유 없이도 신체가 공간 속에서 스스로를 조율하고 조정하는 방식이라 할 수 있다.

예를 들어, 자전거를 타고 달릴 때 동작을 하나하나 생각하지 않는다. (오히려 생각하면 넘어지기 쉽다.) 지금의 상황에서 어떻게 체중을 옮겨 균형을 잡을지, 어느 정도의 각도와 힘이 적당한지, (두뇌가 사고하고 그 결과를 손발에 지시하는 것이 아니라) 신체가 직접 느끼고 대응한다. 이처럼 행동하는 신체 기능을 '신체도식'이라고 한다.

'신체도식'의 기능이 있기에 평범하게 살아갈 수 있다. '신체도식'이 없다면 바이올린을 연주하거나 스포츠를 즐기거나 일을 하기도 어렵다. 물론 계단을 오르내리는 것조차 쉽지 않아서 일상생활이 어려워질 것이다.

자신과 세계는 '신체도식'으로 연결되어 있다

질병이나 사고로 손발을 잃은 사람이 이제는 없는 손이나 발이 간지럽다고 느끼거나 통증을 느끼는 것을 환영지幻影肢라고 하는데, "신체가 비인칭적인 존재로서 기능하고 있기 때문"이라고 메를로퐁티는 설명한다.

'비인칭적'이라는 말은 의식적인 나, 이름을 가진 특정 인물이 아니라는 의미로, 좀 더 기초적인 인간, 단순한 '사람'이라는 것이다. 달리 말해, 신체는 '신체도식' 기능만으로 움직인다.

단순한 '사람'이 먼저 있고, 주위의 환경에 대해 (신체도식 기능을 이용하여) 지각하는 것이다. 따라서 '나'가 지각하는 것이 아니라 신체도식 기능을 가진 '사람'이 지각하고 살아간다. 그러나 무심코 자기 나름대로 지각한다고 생각하는 경향이 있다.

환영지는 '사람'이 손이나 발이 절단되기 전 상태의 신체도식 기능으로 생활하려고 할 때 일어난다. 따라서 의족을 하는 '사람'이 새로운 신체도식 기능에 익숙해지면 환영지는 사라진다.

이처럼 신체는 주변의 환경을 지각할 때 기계가 외부를 지각하듯이 안팎을 명확히 구분하여 파악하지 않는다. 신체는 언제나 세계의 일부이면서 세계와 응답을 주고받는다. 이 상태를 메를로퐁티는 교류, 합체, 공생, 공존, 공감, 육화라고 부른다. 따라서 세계는 '사람'의 외부에 있는 게 아니라 '사람'이 지각한 결과다.

세계를 구성하고 지각하는 방법은 이름을 가진 '나'의 의식이나 정신에만 의존하지 않는다. 메를로퐁티에 따르면, 주관이란 '신체를 지닌 사람'의 존재 방식으로, 바로 그 신체를 통해 세계와 관계를 맺는다.

타인을 이해한다는 것, 외국어를 이해한다는 것

더 나아가, 언어의 의미를 알고 타인이 말하는 것을 이해하는 게 가능한 것은 이런 신체 기능이 작용하기 때문이라고 보았다. 이렇듯 언어도 신체가 세계에 응답하는 방식 중 하나다.

일반적으로 자신의 생각이나 의견을 보여줄 때, 먼저 생각이 앞서고 그 생각을 언어라는 탑승물에 담는 것이라고 생각했다. 그러나 메를로퐁티는 언어를 사용하여(신체를 사용하여) 표현했을 때 비로소 생각이 만들어진다고 주장한다. 그래서 글로 쓰거나 말할 때만 자신의 생각이나 의견이 나타난다. 그 이전의 생각은 있을 수 없고 아직 언어로 만들어지지 않은 미성숙한 생각도 있을 수 없다.

 외국어를 이해하는 것도 마찬가지다. 한 가지 외국어 단어를 보거나 들어서 그 의미 내용을 실감해도 머릿속에서 신속하고 정확하게 번역되어 이해되는 것은 아니다. 그저 그 외국어인 채로 이해한다.

 그런 식으로 이해하는 사람은 책상 위에서 책을 펼치고 오랜 시간 반복 연습을 해온 것이 아니다. 그 언어를 쓰는 외국에 자신의 신체를 두고, 어떤 말이 어떤 행동에 어떤 의미를 가지는지 생활하며 이해한 사람이다. 그 외국어를 사용하는 곳에서 통용되는 '신체도식'을 획득한 것이다. 따라서 그 사람은 통역 기능을 익혀서도 아니고, 번역을 잘해서도 아니며, 그저 자신의 몸 전체로 외국어를 이해한다.

 따라서 언어의 의미를 그 순간에 사고해서 얻는 게 아니다. 의미는 언제나 언어 안에 있다. 이는 언어가 행동이 드러난 것만이 아니라는 뜻이다. 언어에는 신체 작용도 포함되므로 언어는 (몸짓이나 표정으로도 표현할 수 있게) 동적이다. 그리고 그 언어를 (자신의) 동작으로서 익히고 배워야 신체도식이 된다.

 타인을 이해할 때도, 타인의 말을 그가 생각하듯 이해할 때도 마찬가지다. 타인을 이해하는 일은 타인의 신체도식을 자신에게 옮겨 타인과 똑같이 느끼는 것이기 때문이다. 이것이 (생의 근본에서) '안다'는 것으로, 자신을 실존적으로 변화시키는 과정이다. 그리고 이런 '지식'에 의해 얼마든지 풍요로워질 수 있다.

그런 식으로 철학과 타인과 예술을 이해하는 경우에도, 스스로 알아차리지 못한 채 신체도식 기능을 작동한다.

지금까지의 '믿음'을 깨부수다
다른 문화나 예술에 대한 이해, 심리학에 공헌하다

예부터 철학이 스스로 강제한 가장 큰 제약이 있다면, 데카르트나 칸트에게서 찾아볼 수 있듯 정신과 물질이 완전히 다르다는 신념이다.

이렇게 단단한 신념이 니체, 베르그송, 하이데거, 후설의 철학과 구조주의를 거친 메를로퐁티에 의해 깨졌다. 이제까지 없었던 인식 방법으로서 신체의 지각 기능을 중심으로 쓴 『지각의 현상학』으로 인해 세계에 대한 인식 방식이 완전히 달라졌다. 신체와 인식에 대한 메를로퐁티의 철학은 문화와 예술에 대한 이해, 심리학에도 큰 공헌을 했다. 또한 '신체도식'을 통해 '신체로 배우는' 것, '몸으로 익히는 것'의 구조를 언어화하는 데 성공했다고도 할 수 있다.

철학자의 한마디

나란 나의 신체다.

037

『왜 세계는 존재하지 않는가』
마르쿠스 가브리엘

원제 Warum es die Welt nicht gibt, 2013년

난이도 4

의미장이 존재의 조건이다

"어떤 의미장에 현상現象이 있으려면 그것이 애초에 의미장에 속해 있어야만 한다."

"단 하나의 세계는 존재하지 않는다. 오히려 무한하게 모호한 세계만이 존재한다."

마르쿠스 가브리엘
Markus Gabriel

1980~ . 독일의 라인란트팔츠의 레마겐에서 태어났다. 철학에서 '새로운 실존론'을 제창했다. 본대학 교수.

PHILOSOPHER

현재 가장 주목받는 철학자가 말하는 '의미장의 존재론'

마르쿠스 가브리엘 철학의 토대는 '의미장의 존재론'이라는 사유 방식에 있다. 그에 따르면 무엇인가가 '여기에 있다'고 말하는 순간, 그 '여기'는 단순한 물리적 장소가 아니라 반드시 어떤 의미를 지닌 장소가 된다. 존재는 언제나 의미가 발생하는 장場에서만 드러난다. 따라서 의미장은 단 하나가 아니며 무수히 많다. 그리고 그 의미장은 반드시 현실의 장일 필요는 없다. '실재의 장'이 아니라, '의미'의 장이기 때문이다.

예컨대, 자신이 읽은 소설의 등장인물은 현실에 존재하지 않지만 그 소설을 읽음으로써 자신의 내면에 의미장이 만들어지고 그곳에서 등장인물은 살아 움직인다. 중세 그리스도교 세계라는 의미장에 '마녀'가 존재한 것처럼 말이다.

유령은 존재하는가

어떤 것이 존재하는지, 예컨대 유령이 존재하는지 질문하면 과학자들은 "유령 같은 것은 존재하지 않는다"라고 딱 잘라 말한다. 과학자들은 확인된 물리적 존재만 실존한다고 여기기 때문이다. 따라서 그들에게 유령은커녕 정신이나 애정은 존재하지 않는 것이다.

그러나 보통 사람들에게는 정신도, 애정도, 유령도, 신도 존재한다. 보통 사람들은 과학자와 달리 많은 의미장이 있다는 것을 어렴풋이 인정하기 때문이다. 그저 의미장과 과학적 실존의 경계가 애매할 따름이다.

'의미장'에서 생각하면 세계는 존재하지 않는다

세계라는 말도 모든 의미장을 포함한 포괄적인 개념이다. 그런데 세계라는 의미가 부여된 곳은 어디에 있을까? 세계는 어딘가의 의미장에 존재하기에 세계라고 불리는데, 그 의미장은 없다. 세계의 바깥에 그보다 큰 것이 존재하지 않기 때문이다. 결국 "세계 그 자체가 속한 의미장 같은 것은 존재하지 않는다". 따라서 세계는 존재하지 않는다.

마찬가지로 포괄적인 의미의 인생도 존재하지 않는다. 그러나 인생이라는 말이 실제로 빈번히 사용되는 건 일단 이 말을 쓰지 않으면 표현이 매우 곤란하고 이야기가 좀처럼 통하지 않기 때문이다.

그렇다면 세계는 우리의 사고 안에 존재하는 것일까?

> "세계가 우리의 사고 안에 존재한다면, 우리의 사고가 다시 세계 안에 존재할 수는 없다. 그렇지 않으면, 사고와 그 사고 안에 있는 '세계'가 따로따로 존재하는 이상한 상황이 된다. 결국 우리는 '세계'에 대해 생각할 수 없다."

따라서 세계라는 이름을 입에 올릴 때, 무를 언급하는 셈이다.

세계의 충격! '새로운 실재론'으로

마르쿠스 가브리엘의 『왜 세계는 존재하지 않는가』가 충격을 안겨준 것은 존재의 정의를 "의미장에 현상한다"라고 한 점에서 새로운 실존론이 성립했기 때문이다. 또한 자연과학만이 실존을 가른다고 여기는 현대 사회의 지배적인 입장을 대놓고 강하게 부정하는 것이기도 했다.

이 책의 6장에서, 예술은 '의미장'을 의식하게 만든다고 가브리엘은 말한다. 예술은 "우리를 의미와 직면하게 만들기" 때문이다. 회화, 음악, 조각, 시는 어떤 대상을 흉내 내어 보여주지만, 그것에 직면하면 완전히 다른 다채로운 의미가 형성된다.

나아가 예술은 실재와 환상의 경계를 모르고, 실재는 환상이 있기에 성립된다. 결국 의미는 하나가 아니고, 우리의 존재 방식에 의해 변화한다.

철학자의 한마디

인공지능은 환상이다. 존재하지 않고, 앞으로도 존재하지 않는다. 혹은 인간이 다른 인간을 착취하기 위해 쓴 소프트웨어의 코드일 뿐.

038

『슬픈 열대』

레비스트로스

원제 Tristes Tropiques, 1955년

난이도 4

인간 생활은 모두 같다

"나는 '합리적인 것'의 너머에 더욱 중요하고 비옥한, 또 하나의 범주가 존재하는 것을 알았다. 그것은 '의미를 나타내는 것'signifiant(시니피앙)이라는 범주로, '합리적인 것'이 가장 고도로 존재하는 양식이다."

"이해한다는 것은 실재의 한 가지 형태를 다른 형태로 환원하는 것일 뿐, 진짜 실재는 결코 명료하지 않다."

클로드 레비스트로스
Claude Lévi-Strauss

1908~2009년. 유대계 프랑스인이었던 양친이 벨기에 브뤼셀에 머물 때 출생했다. 아버지는 화가였다. 파리대학에서 법학을 공부하고 23세에 철학 교수 자격시험에 합격했다. 상파울루대학에서 교수로 생활하면서 브라질에서 현지 조사를 실시했다. 종군 후 유대인 박해로 미국에 망명했지만 훗날 프랑스로 귀국했다. 콜레주 드 프랑스의 교수. 100세에 사망.

'구조주의'의 변형이 된 걸작 기행문

"나는 여행이란 것을 싫어하며, 또 탐험가들도 싫어한다"라는 문장으로 시작하는 『슬픈 열대』는 20세기 중반의 브라질 원주민에 대한 현지 조사 보고서라고만은 할 수 없다. 기행문이자 항해기이고 문화론이며, 절반은 전기, 사성서, 인간 관찰 에세이이기도 해서, 브리콜라주(손에 잡히는 대로 만드는 것) 형태를 띤다.

마르크시즘, 지질학, 프로이트의 정신분석학, 소쉬르의 일반언어학에 의해 진실은 감춰진 것에 숨어 있다고 배운 레비스트로스는 브라질에서의 현지 조사를 통해 '구조'라는 개념을 이용한 '구조인류학'이라는 새로운 분야를 성립했다.

현실 안에 '구조'를 탐구하다

구조란 존재나 사물에 감춰져 있는 고유의 가치, 존재나 사물의 '의미를 나타내는 것'이다. 그런데 그 구조는 형태로서는 눈에 보이지 않는다. 구조는 현실이나 사회로부터 추출해 마침내 알아내는 것이다. 이런 사고법과 수법을 '구조주의'라고 부른다.

실제로 구조주의에서는 사물끼리의 관계를 살핀다. 문화의 개개의 요소를 추출하여 그 요소가 각기 어떤 관계에 있는지 관찰하는 것이다. 그때 발견한 관계의 양상, 관계의 총체로서의 구조는 개개의 요소가 가지는 의미를 정한다. 개개의 요소 자체에 의미가 있지는 않다. 따라서 눈에 보이는 현상의 근간에 감춰져 있는, 보이지 않는 의미를 파악하지 않으면 왜 그런 현상이 나타나는지 이해할 수 없다.

20세기 중반에 브라질의 원주민은 야만적이고 미개하다고들 여겼다. 눈에 보이는 서양 문화의 다양성과 단순 비교했기 때문이다. 그러나 레비스트로스가 조사 및 관찰을 해보니, 원주민들에게도 서양에 질적으로 밀리지 않는 치밀하고 질서정연한 사고 문화가 있었고 그에 따라 그들이 살고 있다는 사실을 발견했다. 스스로를 문화적이라고 자인했던 서양인들은 인간이라기보다 동물에 더 가까워 보인다며 야생적이고 지능도 낮다고 여긴 원주민들이 문화 구조적으로는 서양인과 같다는 걸 깨달은 것이다. 따라서 레비스트로스는 『슬픈 열대』 7부의 마지막을 다음의 문장으로 장식했다.

"나는 그곳에서 인간만을 찾아냈다."

결국 서양인이든 열대 원주민이든, 인간으로서 지성은 다르지 않다는 것이다.

'구조주의'의 유행과 사르트르 비판

일찍이 철학이 어떤 것인지 꿰뚫어 본 레비스트로스가 대학에서 법학을 선택한 이유는 법학이 매우 간단한 과학이고 시험 공부를 2주 만에 마칠 수 있어서였다. 결국 예리한 통찰력을 지닌 그를 매료시킨 것은 민족학으로, 브라질에서 원주민을 대상으로 현지 조사를 실시했다.

어째서 민족학에 매료되었는지에 대해 레비스트로스는 다음과 같이 설명했다. 민족학자는 사물을 본 대로 이해하려 하지 않는다. 각각의 인간, 사회, 문명에 있는 고유의 것에 시선을 빼앗기는 대신, 거리를 두고 광범위하게 둘러본다. 그리고 끄집어낼 것을 선택하고 마침내 판단하려 애쓴다. 사물에서 중요한 점이나 결절점(연결되는 부분)을 솜씨 좋게 추상할 수 있을 정도로 떨어져서 바라보는 것이 구조를 파악하는 방법이다.

레비스트로스의 또 다른 저서 『야생의 사고』(1962)에서 특히 주목할 것은 마지막 9장에 있는 사르트르 비판이다. 사르트르는 『변증법적 이성 비판』에서 미개 사회에는 분석적 이성(타성에 따를 뿐이고 태만한 이성)만 있고 변증법적 이성(세계를 역사적으로 움직이는 지적인 이성)의 사고는 없다면서, 미개 사회의 사람들은 게으르고 어리석다고 주장했다.

그러나 레비스트로스는 실제 조사에 의해 사르트르의 주장을 부정하고, 미개 사회의 사람들도 마찬가지라는 사실을 증명했다. 이 비판에 사르트르는 정면으로 반박할 수 없었다. 그러자 사르트르 붐은 급격히 식었고, 구조주의가 유행하기 시작했다.

039

『오리엔탈리즘』
에드워드 사이드

원제 Orientalism 1978년

난이도 4

유럽 중심주의에서 벗어나라

"문화적, 종교적, 인종적 차이가 사회경제적, 정치역사적 카테고리보다 중요하다고 말할 수 있을까?"

"오리엔탈리즘과 같은 사고 체계, 권력의 담론, 이데올로기적 허구—정신에 의해 만들어진 속박—가 놀라울 정도로 쉽게 만들어지고 응용되고 보호받는 것이라는 경고로서……"

에드워드 와디 사이드
Edward Wadie Said

1935~2003년. 영국 통치령이었던 팔레스타인의 예루살렘에서 태어났다. 미국에 이주하여 프린스턴대학, 하버드대학에서 학위를 받았다. 콜롬비아대학에서 영문학과 비교문학을 가르쳤다. 팔레스타인과 아랍인의 옹호자로서 미국에서 강한 영향력을 가졌다. 67세에 사망.

유럽 학자들은 오리엔탈리즘에 물든 사고법을 이어받아 헤겔은 물론 베버나 마르크스까지도 아시아의 생산이나 지배가 후진적이라고 주장했다. 후설조차도 유럽 문화의 탁월성을 믿었다. 고대로 거슬러 올라가면 아리스토텔레스는『정치학』에서 "아시아들이 에우로페인보다 본성적으로 노예 성향이 강해서, 전제적인 지배를 불평 없이 받아들인다고 썼다. 이 무렵부터 (의식적이지 않아도) 유럽 중심주의라는 사고법이 성립돼 이어진 것이다. 그것을 데리다(308쪽 참조)가 강하게 비판했고 사이드에 이르러서 오리엔탈리즘이라는 말로 굳어졌다. 사이드는 다시금 이문화라는 개념 자체에 의문을 가진다.

> "이문화를 어떻게 표상할 수 있는가? 이문화란 무엇인가? 확실하게 구분된 하나의 문화(인종, 종교, 문명)라는 개념은 유익할까?"

사이드는 학문을 배우고 연구하는 지식인이라면 보편주의적인 사고를 갖고 어떤 국가나 권력에도 속해서는 안 된다는 견해를 피력한다.

식민지 체험에서 탄생한 오리엔탈리즘 비판

그리스도교도이자 팔레스타인 출신으로서 영문학과 비교문학이 전문이던 사이드가『오리엔탈리즘』을 집필한 이유는 두 곳의 영국 식민지(예루살렘, 레바논)에서 15세까지 소년 시절을 보내며 '동양인'을 의식했기 때문이다.

또한 아랍이나 이슬람에 대해 냉정하게 토론하지 않는 문화적 상황이 전 세계에서 이어지고, 중동에 대한 '대국의 정책, 석유 경제'가 얽혔다. 게다가 자유를 존중하는 민주주의 이스라엘과 사악한 전체주의자이며 테러리스트인 아랍을 대조하는 단세포적인 '이분법'밖에 없음을 체험한 것이다.

사실 동양인을 영어로 오리엔탈이라 부르는 것은 오리엔탈리즘적 차별이다. 2016년에 미국의 오바마 대통령은 오리엔탈이라는 호칭을 차별어로 정하고 연방기관에서는 사용을 금지하는 법률에 서명했다. 따라서 지금은 '아시아계 미국인'이라 부른다.

오리엔탈리즘은 일상의 오락 작품에도 흔해서, 디즈니 영화 〈알라딘〉이나 〈엠마누엘 부인〉이나 〈닌자〉 등은 미국인이나 프랑스인의 오리엔탈리즘이 강하게 느껴진다.

일찍이 조선, 류큐, 동남아시아를 대하던 일본의 태도와 정책도 마찬가지로 오만한 오리엔탈리즘을 바탕으로 한다. 현대에는 '토인土人'이라는 표현이 차별어처럼 여겨져 쓰이지 않지만, 보수 세력의 사고법은 여전히 오리엔탈리즘을 불식시키지 못한 게 분명하다.

사이드의 『오리엔탈리즘』은 세계적으로 읽혔는데 『쿠란』과 고대의 습속을 기반으로 한 이슬람법의 구조적인 문제는 다루지 않았다는 비판도 있다. 그러나 이 책은 사물을 향할 때의 태도와 이런 태도에서 비롯한 가치관이나 판단의 양태도 다룬다는 면에서 중요하다.

피아니스트이기도 했던 사이드는 음악 평론도 썼고, 동서의 음악가가 함께 연주하는 웨스트이스턴 디반 관현악단을 설립하기도 했다. 이 명칭은 사이드가 애독했던 괴테의 『서동시집』(1819)의 영어 표기다.

> **철학자의 한마디**
> 상황이 아무리 곤란해 보여도 반드시 다른 길은 있다.

040

『제2의 성』
보부아르

원제 Le Deuxieme Sexe, 1949년

난이도 4

> **'여성다움'은 사회적으로 만들어졌다**

"여성은 태어나는 것이 아니라 만들어지는 것이다."

"문명 전체가 수컷과 거세체와의 중간 산물을 만들어내고 그것에 여성이라는 이름을 붙였을 뿐이다."

"여자에게는 자신의 행방을 위해서는 달리 다른 출구가 없다. 이 해방은 기필코 집단적이지 않으면 안 된다. 그리고 무엇보다도 먼저 여자의 경제적 진화가 완전히 이루어질 것을 요구한다."

시몬 드 보부아르
Simone de Beauvoir

1908~1986년. 프랑스 파리에서 파리공소원 변호사의 집에서 태어났다. 소르본대학에서 사르트르와 교류를 시작하여 평생 파트너가 된다. 소설가. 78세에 사망.

페미니즘 사상에 지대한 영향을 미친
남녀동권론男女同權論의 대표적 저서

'제1의 성'은 남성을 말한다. 물론 성별에는 제1도, 제2도 없다. 남성도, 여성도 모두 인간이다. 그러나 남성을 제1로 한 사회 문명의 구조가 여성을 그 하위에 있는 제2의 인간으로 여겨 왔다고 고발하는 것이 이 책의 주제다. 이 책의 내용은 매우 풍부해서, 지금껏 여성들이 살아온 역사, 사회, 생활뿐 아니라 여성의 유년기부터 노년기까지 노골적으로 이야기한다.

소설가였던 보부아르는 "남녀를 불문하고 인간은 사전에 정해진 본질이나 원형이 아니라, 자신이 주체적으로 상황에서 선택한 것이 될 수 있다"라는 입장에서 『제2의 성』을 집필했다.

그녀는 "여성은 태어나는 것이 아니라 만들어지는 것이다"라는 인상적인 문장을 남겼다. 이것은 남성이 우위인 '주체'로 여겨지는 이 사회('인간'이라는 일반 개념은 '남성'을 가리키고, 『성경』에서 사람 수는 성인 남성만 포함한 것이다. 이것은 가부장제 신화의 특징이다)에 의해 '남성이 몽상하는 여자다운 여성'만이 '여성'으로 여겨졌다는 의미다. 그리고 여성도 남성의 그러한 요구에 응하려고 스스로 여자다운 행동이나 복장, 말투를 하거나 그래야 한다고 생각하는 남성 앞에서 '여자'다움을 연기해왔다는 것이다. 이미 20세기 중반에 보부아르는 이렇게 주장한다.

"(여성의) 동성애는 숙명의 저주도 아니고 의식적인 배덕도 아니다. 이것은 상황에 있어서 선택받은 한 가지 태도, 결국 동기를 가지는 동시에 자유롭게 채용된 한 가지 태도다."

이것은 남성 사회에서 태어나 좁은 성적 기호라는 압박에서 도망치거나 이를 거부하기 위해 자신의 의지가 자유롭길 바라며 선택한 것이 동성애인 경우도 있다는 뜻이다.

여자란 '타자'다

여러 사회문제의 저변에는 여성을 '타자'로 여기는 태도가 깔려 있다. 남성은 남성으로서 '주체'다. 사회에서 중요한 집단에 소속되지 못한 사람들은 그 집단에서 '타자'가 된다. 따라서 서양 사회에서 '주체'는 백인 남성이고, '타자'는 흑인, 유대인, 여자다. '타자'는 주어진 권리나 기회가 적다. 기회의 결여로 '실제로 열등한 존재'가 되어버리는 것이지, 능력이나 의욕이 열등해서가 아니다.

여성이 신체적으로 열등하다고 여기는 것도 남성은 강인한 신체를 필요로 하는 폭력이나 전쟁으로 사물을 뜻대로 지배하려는 목적이 있기 때문이다. 그런 목적이 애당초 없다면, 즉 사회가 달라지면, 여성이 신체적으로 열등하다는 가치관은 무의미해진다. 결국 남성은 '주체'로서 자신들을 기준으로 '타자'를 구분하고 업신여길 따름이다.

찬반양론이 있지만 페미니즘의 흐름을 바꾸었다!

『제2의 성』은 미국에서 번역되어 출판되자마자 밀리언셀러가 되었다. 공감을 얻기도 했지만, 우파와 좌파가 마구 쏟아내는 상스러운 말에 강하게 반발했기 때문이기도 했다. 바티칸은 여자의 성을 적나라하게 그린 『제2의 성』을 저속한 외설이라는 이유로 금서로 지정했다.

이 책을 읽고 강한 영향을 받은 것은 주로 중산층의 젊은 여성들로, 여성해방운동MLF에 한층 힘을 보탰다. 1947년에 보부아르는 여성권리동맹을 결성했다. 그리고 탄생 100주년인 2008년에는 '여성의 자유를 위한 시몬 드 보부아르 상'이 프랑스 철학자 줄리앙 크리스테바에 의해 창설되었다.

철학자의 한마디

당신의 인생을 오늘부터 바꿔라.
미래에 걸어서는 안 된다. 지금 당장 행동하라.

041

『여성의 권리 옹호』
메리 울스턴크래프트

원제 A Vindication of the Rghts of Woman, 1792년

난이도 3

여성 스스로 변화하라

"여성의 권리를 주장할 때 주요한 논거는 단순한 원리 위에 세워진다. 만일 여성이 남성의 동지가 되기 위해 교육으로 준비된 것이 없다면 여성은 '지식과 미덕'의 진보를 멈출 것이다."

"사회 속에 깊이 뿌리를 내린 차별은 (중략) 개인적인 미덕과 공적인 미덕의 양쪽을 허투루 만들어버린다."

메리 울스턴크래프트
Mary Wollstonecraft

1759~1797년. 런던의 잉글랜드계 아일랜드인의 집에서 태어났다. 19세에 독립하여 저술업을 시작했다. 무정부주의자와 결혼하여 출산 시 패혈증으로 38세에 사망.

18세기에 여성의 경제적·정신적 자립을 주장하다
여성 해방 사상의 출발점

도전적 문장으로 쓰인 『여성의 권리 옹호』가 주장하는 바는 이제까지의 남녀 차별을 폐지하는 것, 여성도 남성과 같은 교육을 받게 하는 것, 여성도 남성도 똑같이 법적·사회적·정치적 권리를 가진 자로서 인정받는 것이다.

그러나 울스턴크래프트는 요구만 하지는 않았다. 그런 권리를 얻기 위해서는 그에 어울리는 이성, 노력, 능력이 여성에게도 필요하고, 그러기 위해 남성의 기분을 살피고 그들의 마음에 들려고 했던 지금까지의 태도는 버려야 한다고 말했다.

이 책에서 눈에 띄는 점은 루소(258쪽 참조)의 유명한 저서 『에밀』(1762)과 귀족 사회에 속한 사람들의 태도나 생각을 강하게 비판한다는 것이다. 『에밀』은 에밀이라는 아이가 성장하는 이야기를 통해 루소의 교육론을 서술한 것인데, 여성은 늘 수동적이고 약해서 남성을 기쁘게 해주는 존재라는 편견에 물들어 있다. 울스턴크래프트의 표현을 빌리자면, 루소는 "남성이 쉬고 싶을 때는 언제든 그에게 가장 친절하고 요염한 노예가 되어야만 한다"라는 여성관을 가지고 있었다.

그런 편견은 루소만의 것이 아니었다. 당시 남성들이 가진 일반적인 생각이었다. 그러나 울스턴크래프트는 편견으로 똘똘 뭉친 남성을 여성이 지배해야 한다고 말하지 않는다. 그보다는 여성이 여성 자신의 지배자가 되어야 하고, 내면으로부터 자신을 변화시킬 도구로서 이성과 노력을 이용해야 한다고 말했다.

제1물결 페미니즘의 고전

아직 남성이 압도적으로 우위에 있던 사회에 충격을 준 『여성의 권리 옹호』는 프랑스어로 번역되어, 지금은 제1물결 페미니즘의 고전이 되었다. 제2물결 페미니즘으로 유명한 저서는 보부아르의 『제2의 성』(200쪽 참조)이다.

당시 울스턴크래프트는 풍습에 사로잡히지 않은 자유로운 연애를 한 탓에 비판받았다. 또한 그녀는 『인간의 권리 옹호』 외에도 여행기, 소설, 프랑스혁명에 대한 역사책을 집필하기도 했다.

한편, 그녀의 딸인 메리 울스턴크래프트 고드윈(1797~1851)은 메리 셸리라는 이름으로 세계적으로 유명한 『프랑켄슈타인』(1818)을 썼다.

> **철학자의 한마디**
>
> 시작은 늘 오늘이다.

042

『소비의 사회』

장 보드리야르

원제 La Société de Consommation, 1970년

난이도
6

대중은 기호를 산다

"소비자는 더 이상 단순히 특수한 효용성을 기준으로 사물과 관계를 맺지 않는다. 이제 소비자는 하나의 물건이 아니라, 전체로서의 의미를 지닌 사물들의 집합과 관계를 맺는다."

"소비적 인간은 자신의 욕망이나 노동의 결과를 직시하지 않는다. 또한 자기 자신의 이미지와도 제대로 마주하지 않는다. 그는 자신이 만들어낸 선택지, 즉 열거된 기회의 틀 안에 머문 채 살아간다."

장 보드리야르
Jean Baudrillard

1929~2007년. 프랑스 랭스의 하급 공무원의 집에서 태어났다. 소르본대학에서 배우고 『사물의 체계』로 박사학위를 받았다. 10년간 지역 국립고등학교에서 독일어 교사를 하고, 사르트르가 출간한 잡지 《현대Les Temps modernes》에 글을 기고했고, 친분이 있던 롤랑 바르트에게 영향을 받았다. 파리대학에 신설된 낭테르에서 사회학을 가르쳤다. 사진가이기도 했다. 77세에 사망.

'무인양품'의 초기 콘셉트에 지대한 영향을 미친 책

『소비의 사회』는 철학이라기보다 소쉬르의 언어학, 정신분석, 문화인류학의 사고법을 도입해 현대의 소비사회에 대한 논리를 펼친 것으로, 일찍이 마르크스시대의 상품과 현대의 것은 완전히 달라졌다는 고찰에서 출발했다.

마르크스는 상품론(가치형태론)을 주장하면서, 상품에는 '사용 가치'와 '가치'라는 두 가지가 포함된다고 말했다. 사용 가치는 그 상품을 사용함으로써 얻는 생활의 편리나 이점이다. 가치는 그 상품을 생산하기 위한 노고의 크기로, 재료비나 노동임금을 가리킨다. 예리한 칼은 비싼 재료로 만들어지고 생활에 도움이 되므로, 두 가지 가치가 모두 크다고 할 수 있다.

그러나 현대 사회의 상품은 사용 가치가 몹시 작든지 무시되기 일쑤다. 그리고 전혀 다른 새로운 가치가 부각되곤 하는데, 이는 의미 기호로서의 가치다. 예를 들어, 버킨백에는 승용차보다 더 비싼 가격이 매겨지기도 한다.

이는 마르크스가 말한 두 가지 가치(사용 가치와 교환 가치)가 높기 때문이 아니라, 버킨백을 소유하고 사용하는 것이 '나는 부자다'라는 상징적 의미를 지니기 때문이다. 순수한 사용 가치만 본다면, 버킨백은 비닐봉지와 다를 바가 없다. 소유는 '나는 부자다'라는 자기 인식이나 사회적 인정을 얻기 위한 심리적 소비, 즉 욕망에 의한 소비가 작동한 결과다.

그 밖에 (엄청난 광고로 주어진) 가치를 사는 의미, 멋진 생활이나 견실한 인생(어디까지나 심리적인 것으로 현실을 의미하지 않는다)을 사는 소비는 무수히 많고, 그 이미지를 판다는 광고 문구도, 시각화한 점포도 무수히 많다. 일반적으로 사용하는 세탁기 역시 도구이지만, 행복 등의 가치 요소가 더 강하게 부각된다. 따라서 현대의 소비는 다음과 같이 정의된다.

- 소비란 이미 물건의 기능적 사용이나 물건의 소유가 아니다.
- 소비는 개인이나 집단에 권위를 부여하기 위한 기능이 더는 없다.
- 소비는 의사소통과 교환의 시스템으로서 끊임없이 발전시켜 받아들이고 재생되는 기호의 코드로서, 결국 언어 활동으로 정의된다.

많은 물건에 둘러싸여도 행복해질 수 없는 이유

소비는 강제된다. 원래 소비는 애당초 생산에 따른 기능이기 때문이다. 소비자는 자유로운 의사에 따라 물건을 사거나, 사지 않는다. 그 선택은 소비자가 스스로 결정했다고 생각하지만, 실제로는 정해진 패턴이 있다. 소비자는 일정한 생산 코드에 복종한다는 말이다. 풍요로움을 구하는 소비는 사회적·경제적·정치적으로 계획된 현대의 신화이고, 소비자는 그 신화를 믿는다.

이런 이유로 소비자는 추구하는 가치를 가질 수 없다. 그것이 소비자에게 새로운 욕망과 만성적 불안을 안겨준다. 아무리 물건(코드)을 사도 실제로는 풍요로워지지 않는다. 그렇다면 풍요로움이나 행복은 어디에 있을까? 풍요로움이란 자산이 많은 것이 아니며, 인간과의 관계가 풍요나 행복이다. 사회관계에 거짓 없는 투명함이 있고 서로 도움을 주고받아야 풍요로워지는 것이다.

그러나 자산의 크기가 풍요로움이라고 믿는 한, 자산을 키우기 위한 노력이 고립을 부르고 진정한 풍요로움을 낳는 인간관계에서 멀어지게 한다.

'무인양품'에 공헌하다

1980년 일본에서 '무인양품'이 설립됐는데, 중심인물 중 한 사람이 쓰쓰미 세이지(1927~2013)였다. 그는 이 책에서 영감을 받았고, 초기에 '무인양품'을 반체제(안티 브랜드) 상품이라고 불렀다.

미국의 SF영화 〈매트릭스〉(1999)는 장 보드리야르의 『시뮬라시옹』(1981)에서 직접적인 영향을 받았으며, 영화에도 이 책이 실제로 등장한다. 또한 그의 사상은 1980년대 뉴욕에서 '시뮬레이션 아트simulation art' 운동에도 영향을 주었다. 그러나 보드리야르의 사고방식이 가장 깊은 영향을 미친 것은 다름 아닌 현대 사상이다.

4장
정치와 사회에 관한 사고방식

『대중 국가와 독재』, 지그문트 노이만
『맹신자들』, 에릭 호퍼
『대중의 반역』, 오르테가 이 가세트
『개소리에 대하여』, 해리 G. 프랭크퍼트
『정의란 무엇인가』, 마이클 샌델
『정의론』, 존 롤스
『국가』, 플라톤
『논어』, 공자
『군주론』, 마키아벨리
『리바이어던』, 토마스 홉스
『꿀벌의 우화』, 버나드 맨더빌
『사회계약론』, 루소
『도덕과 입법의 원칙에 대한 서론』, 제러미 벤담
『미국의 민주주의』, 토크빌
『경제학-철학 수고』, 마르크스
『자유론』, 밀
『아나키에서 유토피아로』, 노직
『노예의 길』, 하이에크
『다중: 제국이 지배하는 시대의 전쟁과 민주주의』, 안토니오 네그리
　　이해를 위한 글 ③

043

『대중 국가와 독재』

지그문트 노이만

원제 Permanent Revolution: The Total State in a World a War, 1942년

난이도 5

독재는 대중의 성격에 파고든다

"전체주의의 첫 번째 목표는 '혁명을 제도화'하고 항구화하는 것이다."

"현대의 독재는 조직의 괴물이다."

"독재제도의 박력이 사람들에게 호소하는 근본적인 이유는 '안정의 약속'에 있다. 휴식을 갈망하는 대중은 자유를 던져서라도 경제적 안정을 추구하려고 한다."

지그문트 노이만
Sigmund Neumann

1904~1962년. 독일 라이프치히의 유대인 가정에서 태어났다. 독일과 프랑스의 각 대학에서 사회학, 경제학, 정치학을 연구했고 라이프치히대학(베를린자유대학의 전신)과 독일 정치대학에서 가르치고 히틀러 정권이 탄생한 1933년에 영국으로 이주했다가 다음 해 미국으로 이주했다. 전쟁이 끝난 뒤 뮌헨대학, 베를린자유대학에서 가르쳤다. 57세에 사망.

독일의 망명자가 분석한 '파시즘 국가'

『대중 국가와 독재』는 파시즘, 즉 현대의 전체주의 체제와 독재 국가의 특질을 밝힌 연구서다. 독일 정치를 연구하던 노이만을 파시즘 연구로 돌린 것은 소련 공산당, 이탈리아 무솔리니가 이끄는 국가파시스트당, 히틀러 정권인 나치 독일이라는 파시즘 정치의 대두와 그들의 폭력 행사였다. 『대중 국가와 독재』의 요점을 몇 가지로 정리했다.

● 독재 정치 체제의 탄생

전체주의인 독재적 정치 체제는 어떻게 나타났을까? 자신의 정치 체제야말로 진보적이라는 강한 주장, 낡은 민주주의를 뛰어넘어 새로운 질서를 가져온다는 선언 문구와 함께 등장하는데, 그 질서는 거듭 갱신하며 그때마다 혁명이라 부른다. 이런 특징 때문에 『대중 국가와 독재』의 원제는 '항구 혁명Rermanet Revolution'이다. (전형적인 예로, 북한 지도자가 끊임없이 입에 올리는 '혁명'을 들 수 있다.)

그러나 대중은 구세주를 보는 듯 심취하고, 더 나은 시대가 오길 기대하고 지지한다. 이때 대중은 새로운 민주주의 국가가 탈피하고 태어난 것이라고 믿지만, 실제로 얻는 것은 민주주의를 가장한 독재 체제다. 단일 정당제 아래서 당과 국가는 동일화된다.

● **대중의 통제 방법**

독재 국가가 대중을 통제하는 방법은 두 가지다. 하나는 당과 국가를 일체화시켜 경제를 정치 아래에 두는 법과 제도를 만들어 적용하는 것이다. 다른 하나는 선전에 의해 가치관을 결정하고, 교육이나 가족의 모습을 통제하는 것이다.

그것이 경제적 안정의 약속인 듯 보이기에 경제적으로, 심리적으로도 불안정한 대다수 대중에게는 그들의 승리인 것처럼 보인다. 그렇게 독재 국가는 대중을 자유롭고 안정적인 듯 착각하게 만들지만, 실질적으로 그들을 '정복'한다는 목적을 달성한다.

● **독재 체제하에서의 단순화와 반지성주의**

자기중심적이고 편견을 가진 대중은 감정적으로 움직이기 쉬워서, 만족을 안겨주고 정해진 대로 따르기만 하면 되는 안정적인 상황이 대중을 정복하는 데 바람직하다는 것을 독재자는 잘 알고 있다. 히틀러는 "(대중은) 듬직한 힘에 대한 막연한 정서적 갈망에 영향받고, 약자를 정복하기보다는 강자에 복종하는 것을 좋아한다"라고 했다.

나아가 불확정과 불안정을 무엇보다 싫어하는 대중은 사물의 가치를 정해주는 독재 체제의 지배를 받으면서, 명쾌함과 단순함이 회복되는 듯한 기분을 맛본다. 그리고 학술적인 정확함, 자유롭지만 불안정함을 혐오한다.

6~7세기에 살았던 무함마드도 이슬람교의 이름 아래 독재 체제를 마련했다. 그리고 알렉산드리아의 도서관에 있는 책 내

용이 『쿠란』의 가르침과 일치한다면 그 책은 불필요하고, 일치하지 않는다면 유해하다고 하면서 『쿠란』 외의 모든 책을 부정했다.

그래서 독재 체제에서는 자유롭게 학문을 연구하기가 쉽지 않다. (나치즘이) "공격의 주목표가 지식층인 것은 결코 단순한 우연이 아니다". 노이만은 일부러 "그러나 민주주의 아래에서 진리를 탐구하고 선악을 식별할 때 선택의 자유란 결코 포기할 수 없다"라고 적고 있다.

- **독재 체제를 보좌하는 간부들**

독재 체제를 짊어진 간부들은 오로지 지도자의 승인으로 그 권력과 특권을 얻고, 지도자의 지배적 지위를 유지하는 데만 힘을 쏟는다. 국민의 복지 같은 건 생각조차 하지 않는다.

'지도자의 지배'만이 횡행하고, 지도자의 개인적 심복만이 있을 뿐이다. 추종자인 엘리트들은 자신보다 지위가 높은 사람에게 아첨하기만 한다.

독재 체제를 방지하기 위해서는 어떻게 해야 할까

격렬하게 세계를 바꾸려 했던 나치즘의 본질이 아직 단편적으로만 알려졌던 시기에, 독재 체제의 공통된 특질을 날카롭게 폭로함으로써 세계 민주주의에 기여한 책이 바로 『대중 국가와 독재』였다.

노이만에 의하면, 독재 체제는 단순히 광신적인 소수에 의한 폭력적 지배가 아니라, 수많은 사람들을 끌어들인 조직화된 괴물이다. 지배받는 대중은 속은 것이 아니라, 그들의 기호와 감정이 체제에 이용당했을 뿐이다.

노이만은 『대중 국가와 독재』 마지막 장 후반에서, 독재가 번성하지 않기 위해서는 시민이 사회로부터 권리를 보장받는 동시에, 사회에 봉사하고 헌신해야 한다고 썼다. 그는 독재 체제의 성립 여부가 대다수 사람들의 의식과 삶의 태도에 달려 있다고 보았다.

일본의 독자라면 『대중 국가와 독재』와 『미국의 민주주의에 대해』를 읽으면 일본의 정치 체제가 민주주의와는 거리가 멀고 오히려 독재 체제의 특징과 놀라울 만큼 일치한다는 사실을 다시금 깨달을 것이므로, 지금 일본에서 반드시 읽혀야 할 책이다.

044

『맹신자들』
에릭 호퍼

원제 The True Believer, 1951년

난이도 4

행동을 같이하는 자들의 교활함

"우리의 존재를 만드는 온갖 힘을 외부에서 찾는 경향이 있다."

"대중운동은 욕구 불만을 지닌 이들에게 자아의 대체물을 제공한다.

자신의 개인적 자질로부터 의미를 끌어내지 못하는 이들에게, 대중운동은 인생의 보람을 대신 안겨주는 역할을 한다."

"대중운동의 동력은 그것을 신봉하는 이들이 지닌 공동행동의 성향과 자기희생적 태도에서 비롯된다."

PHILOSOPHER

에릭 호퍼
Eric Hoffer

1902~1983년. 미국 뉴욕에서 독일계 이민자의 아들로 태어났다. 노동하면서 독학으로 대학 수준의 물리학, 수학, 식물학을 공부했다. 사회철학자, 캘리포니아대학의 연구교수가 되고도 샌프란시스코에서 항만 노동 일을 그만두지 않았다. 80세에 사망.

젊은 카리스마, '일하는 철학자'의 세계적 베스트셀러
대중운동의 광기를 담은 명저

호퍼의 첫 책은 단편을 엮은 것이다. 주제인 '대중운동'(종교운동, 민족운동, 혁명적 정치운동 등등)에 대해 호퍼가 발견한 것은 다음과 같이 정리할 수 있다.

- 모든 대중운동은 '부모-자식'처럼 가족과 비슷한 구조를 지닌다.
- 대중을 움직이는 운동은 아무리 화려해 보여도 광신, 열광, 열렬한 희망, 증오, 불관용을 키운다.
- 본질은 종교운동과 같다. 맹목적인 믿음과 충성심을 요구하기 때문이다.
- 욕구 불만을 가진 사람이 대중운동에 의해 스스로를 불안에서 구하려고 하지만, 결국 의존성만 높아진다.
- 그 토대에는 골격화된 민주주의 정치가 가로놓여 있다.

호퍼가 대중운동을 연구하기 시작한 계기는 1933년 이후 유럽에서 히틀러에 의한 대중운동이 10년이 넘도록 맹위를 떨쳤기 때문이었다. 옛날이든 현대든, 대중운동에 참가하는 사람들은 혈기 왕성하고 운동에 열중한다. 모든 대중운동은 "어떤 주의를 말하든 어떤 강령(운동 방침이나 규칙)을 제시하든, 광신, 열광, 열렬한 희망, 증오, 불관용을 키우기" 때문이다.

대중운동은 반드시 맹목적인 신앙과 외골수적인 충성을 요구한다. 그 구조가 열광적인 종교운동과 다를 바 없기 때문이다. 물론 운동에 적극적으로 참여하는 사람은 인생이나 삶의 태도, 환경, 능력에 불만을 가진 광신자다.

대중운동의 활동 기간은 짧은 게 좋다는 이유는?

호퍼에 의하면, 대중운동의 진행과 영향에는 다음과 같은 특징이 있다.

한 인물 혹은 같은 유형의 인물이 처음부터 끝까지 운동을 이끌면 그 운동은 결국 큰 불행을 초래한다. (히틀러에 의한 나치즘이 그 전형이다.)

또한 대중운동의 목적이 매우 높은 사회적 가치를 지닌 듯 보여도 활동이 계속 이어지면 좋은 결과를 낳지 못한다. 하지만 활동 기간이 짧으면 좋은 결과를 가져온다. 예를 들어, 간디(1869~1948)에 의한 인도 독립운동, 종교개혁, (결국은 패배로 끝난) 청교도혁명, 프랑스혁명, 미국의 독립을 보면 그렇다.

그러나 대중운동이 활발히 벌어지는 동안에는 문화적 창조라는 측면에서 황폐해진다. 한 방향의 가치관이 중시되며 현실을 부정하는 경향이 강해지고, 그 결과 다방면에서 창조적 능력이 대중 활동에 쉽게 낭비되기 때문이다. 영국의 시인 존 밀턴(1608~1674)은 청교도혁명에서 군인정치가 올리버 크롬웰(1599~1658)의 활동에 빠져서 20년간 팸플릿에 들어갈 문구만 썼다. 그러나 청교도혁명이 끝난 뒤『실낙원』(1667)을 완성했다.

대중운동에 관여하는 경우 열광은 본래의 창조성을 질식시킨다. 그러나 대중운동이 끝나면 개인의 창조성은 마침내 해방되어 새로운 문화와 시대가 태어나기 쉽다.

거친 파도 같은 삶에서 탄생한 철학

호퍼는 각지에서 육체노동을 하면서 독학으로 많은 것을 배우고 깊이 고찰했다. 학문적인 직업에 안주할 기회를 얻었지만, 자유와 자기애를 추구하며 65세까지 항만 노동자로 일했다. 그는 CBS TV에 출연해서 1970년경에는 지적 카리스마로 인정받았다. 호퍼의 인간애는 지금까지 기억되며 그의 진심이 담긴 책은 세계적으로 널리 읽히고 감명을 주었다.

> **철학자의 한마디**
>
> '어떤 누군가로 계속 존재해야 한다'는 불안 때문에,
> 결국 아무도 될 수 없는 사람이 있다.

045

『대중의 반역』
오르테가 이 가세트

원제 La rebelión de las masas, 1929년

난이도
5

'모두'는 위험하다

"대중적 인간은 국가를 맹목적으로 숭배하는 권력이고, 또한 자신이 그 일원—평범한 인간—이라고 느끼기 때문에 국가는 자신의 것이라고 생각한다."

"이상을 실현할 엄청난 능력은 가지고 있다고 생각하고 있지만, 어떤 이상을 실현해야 하는지 알지 못한다. 그런 시대에 살고 있다."

호세 오르테가 이 가세트
José Ortega Y. Gasset

1883~1955. 스페인 마드리드의 유명하고 유복한 저널리스트의 집에서 태어났다. 15세에 마드리드대학에 들어가 21세에 박사학위를 받았다. 독일로 유학하고 27세에 마드리드대학 형이상학과 정교수가 되었다. 왕성하게 민중 계몽운동, 정치운동을 했다. 72세에 사망.

BOOK21

문학-실용

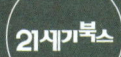 21세기북스는 급변하는 시대의 흐름 속에서 독자의 요구를 먼저 읽어내는 예리한 시각으로 〈칭찬은 고래도 춤추게 한다〉, 〈설득의 심리학〉 등 밀리언셀러를 출간하며 경제 경영 자기계발 분야의 독보적인 브랜드로서 자리매김했습니다.

 21cbooks   jiinpill21   21c_editors

 북이십일의 문학 브랜드 아르테는 세계와 호흡하며 세계의 우수한 작가들을 만납니다. 국내에 소개되지 않은 혹은 잊혀서는 안 되는 작품들에, 새로운 가치를 담아 재창조하여 '깊고 아름다운 책'을 만들고자 합니다.

 21arte   21_arte   staubin

가정/육아

수연이네 삼 형제 완밥 레시피
한 번에 만들어 온 가족이 함께 먹는
인스타 팔로워 85만 수연이네의 집밥 레시피
유수연 지음 | 값 28,000원
유아식을 시작하는 13개월 아이부터 까다로운 어른 입맛까지 요리 한 번으로 만족시키는 수연이네 온 가족 식사

세상에서 가장 쉬운 본질육아
삶의 근본을 보여주는 부모, 삶을 스스로 개척하는 아이
지나영 지음 | 값 18,800원
한국인 최초 존스홉킨스 소아정신과 지나영 교수가 전하는 궁극의 육아법. 부모는 홀가분해지고 아이는 더 단단해진다! 육아의 결승선까지 당신을 편안히 이끌어줄 육아 로드맵

아이를 무너트리는 말, 아이를 일으켜 세우는 말
상처 받기 쉬운 아이의 마음을 지키는 대화법 70가지
고도칸 지음 | 한귀숙 옮김 | 값 19,000원
"아이의 안정감은 편안한 대화로부터 시작됩니다."
10년간 소아정신과에서 일한 저자는 부모들이 아이의 마음을 세워주는 소통을 하길 바라며 대화법 70가지를 소개한다. 아이를 한 인간으로 존중하며, 상처받기 쉬운 마음을 보듬는 방법에 관해 이야기한다.

0~3세 기적의 뇌과학 육아
컬럼비아대 뇌과학자 엄마가 알려주는
생후 1,000일 애착 형성 가이드
그리어 커센바움 지음 | 이은정 역 | 값 20,000원
아마존 육아 베스트셀러! 딱 3세까지만, 육아할 땐 뇌과학! 정서지능, 회복탄력성, 언어능력을 동시에 발달시키는 최강의 애착 육아 바이블. 잘 때, 예민할 때, 울 때, 조용할 때 등 상황별 대처법 수록

육아 효능감을 높이는 과학 육아 57
아이비리그 진학률 1위,
스탠퍼드 온라인 하이스쿨(OHS) 교장이 알려주는 과학 육아
호시 도모히로 지음 | 신찬 옮김 | 값 18,000원
학생들의 자발성을 이끌어내는 교육 방식으로 매년 수많은 학생을 아이비리그로 진학시키는 교육 컨설턴트인 저자가 OHS 입학을 원하는 초등학생을 위한 프로그램에서 소개한 육아법을 전격 공개한다.

취미/실용/공부

목공의 즐거움
목공을 시작해도 될까요?
옥대환 지음 | 값 32,000원

쉰 넘어 대패를 처음 잡아본 문과 출신이 두서없이 풀어놓는 취목의 세계. 이 책은 평생 문과로 살아온 이력과 대비되는 10년의 목공 경력 기록으로, 매력 있는 취미인 목공에 기웃거리는 사람들에게 나무와 톱의 세계로 푹 빠질 수 있게 한다.

이런 진로는 처음이야
읽다 보면 저절로 쾌속 성장하는 자기 탐색 프로젝트
이찬 지음 | 값 17,800원

나에게 딱 맞는 직업을 찾고 싶은 10대를 위한 인생 내비게이션
서울대 '진로와 직업' 교육 전문가 이찬 교수가 청소년들에게 제안하는 내 꿈 찾기 프로젝트

이런 철학은 처음이야
흔들리는 10대, 철학에서 인생 멘토를 찾다
박찬국 지음 | 값 17,800원

서울대학교 철학과 박찬국 교수의 청소년을 위한 맞춤 철학 이야기
세상에서 가장 쉬운 철학 입문서! 쉽고 재미있는 지식교양으로 청소년은 물론 학부모·교사에게까지 열광적인 지지를 얻고 있는 〈처음이야〉 시리즈의 철학 편

이런 수학은 처음이야(전4권)
읽다 보면 저절로 개념이 잡히는 놀라운 이야기
최영기 지음 | 값 17,000원

서울대 수학교육과 최영기 교수가 전하는, 쉽게 배워 복잡한 문제까지 정복하는 수학 교실. "진작 이렇게 수학을 배웠더라면!" 수학을 포기하고 싶었던 우리 아이들의 '수학 고민'을 한방에 풀어주어 초중등 자녀를 둔 학부모들의 압도적인 지지와 선택을 받았던 화제의 베스트셀러

이런 공부법은 처음이야
내 인생 최고의 공부는 오늘부터 시작된다
신종호 지음 | 값 17,800원

서울대 교육학과 '광기 수업' 신종호 교수님의 공부 거부감을 기대감으로 바꾸는 공부 처방전
〈유퀴즈〉〈당신의 문해력〉〈부모 vs 학부모〉 화제의 공부 멘토!
서울대 교육학과 신종호 교수가 들려주는 공부의 본질!

에세이

우리는 사랑 안에 살고 있다

구독자 85만 국민 힐링 채널
〈리쥬라이크〉 유준이네 첫 에세이

유혜주, 조정연 지음 | 값 19,800원

간지러운 연애부터 요절복통 육아,
가슴 절절한 부모의 마음까지
무던한 하루 위에 쌓아간 사랑의 기록들

기어코 반짝일 너에게

오늘은 크리에이터 내일은 배우,
서툴지만 분명하게 빛나는 청춘의 기록들

김규남 지음 | 값 16,800원

화제의 인기 급상승 유튜브 〈띱Deep〉의 주연배우 김규남의 첫 에세이
"나에 대한 믿음 없이는 계속해서 나아갈 수 없다는 걸 안다. 내세울
것 없고, 보잘 것 없는 나라도 우리 스스로를 좀 더 믿어보기로 하자."

고층 입원실의 갱스터 할머니

남몰래 난치병 10년 차,
빵먹다살찐떡이 온몸으로 아프고 온몸으로 사랑한 날

양유진 지음 | 값 18,800원

100만 크리에이터 '빵먹다살찐떡' 양유진이 고백하는 난치병 '루푸스'
투병 "다행인 것은 이제 환자라는 걸 즐기는 지경까지 왔다는 것이다"
오롯한 진심으로 당신에게 슬쩍 건네는 유쾌하고 담백한 응원

죽을 때 후회하는 스물다섯 가지

1000명의 죽음을 지켜본 호스피스 전문의가 하는
'후회 없는 죽음'을 위해 지금 당장 실천해야 할 25가지

오츠 슈이치 지음 | 황소연 옮김 | 값 18,800원

1000명이 넘는 이들의 임종을 목격한 호스피스 전문의가 기록한 '죽
기 전에 하는 후회'의 목록과, 현장의 생생한 사연을 바탕으로 한 다양
한 삶의 드라마를 그려냈다.

살림지옥 해방일지

집안일에 인생을 다 쓰기 전에 시작하는 미니멀라이프

이나가키 에미코 지음 | 박재현 옮김 | 값 18,000원

게으른 사람도 살림을 잘할 수 있는 유일한 길
'살림'이라는 삶의 필수 활동이 즐거워져야 인생도 즐거워진다는
간명한 메시지를 담고 있으며, 그 실천법까지를 아우르는 책이다.

현대 민주주의가 직면할 곤란을 예언하다
유럽을 무너뜨리는 '대중적 인간'이란

『대중의 반역』에서 지적하는 '대중적 인간'은 일반적인 사람이나 노동자 계급이 아니라, 특정한 인간 유형에 대한 오르테가만의 독자적인 호칭이다. 대중적 인간은 연대책임은 지지 않으면서 권리만 주장하고 욕망을 채우는 데만 몰두하는 탐욕스럽고 무례하고 야만적인 사람을 가리킨다. 그리고 그들을 만들어낸 것은 국가의 안전한 보호다.

대중적 인간은 하류 계급뿐 아니라 상류 계급에도(지식인이나 과학자도) 많고 "우수한 전통을 가진 집단조차 대중, 저속한 무리가 지배적인 것이 현대의 특색"이 되었다. 그리고 "역사상 집단이 현대만큼 직접적으로 지배하려는 시대는 없었다. 그래서 나는 과대 민주주의라고 말한다"라고 오르테가는 한탄한다. 대중적 인간은 '모두'라는 말을 입에 올리지만, 그 '모두'란 그들 자신만을 말한다.

> "대중은 모든 차이, 뛰어남, 개인적인 것, 혜택받은 자질, 선택받은 자를 깡그리 압살한다. 모두와 다른 사람, 모두와 똑같이 생각하지 않는 사람은 배제될 위험성에 노출된다."

대중적 인간은 인간 사이에 우열은 없으며, 자신이 대중이기에 정직하다고 생각한다. 그리고 대중적인 것에 만족할뿐더러 자신의 지성이 완전하다고 믿는다. 그러나 그들의 머릿속을 가득 채우고 있는 말은 "야합의 상투어나 편견, 관념의 지엽적인 것들"로 온통 세속적인 것이다. 게다가 배타적인 그들은 자신이 국가의 주권이고 '모두'가 국가를 다스리는 것이 당연하다고까지 생각한다.

그런 사람이 늘어날수록 전통도, 역사도 가지지 않는 미국과 소련에 유럽은 밀려 사양길을 걸을 것이라고 오르테가는 우려했다. 유럽을 지배하는 것은 자기 절제의 힘조차 없는 대중적 인간이 아니라, 이제껏 그러했듯이 소수의 우수하고 고귀한 인간성을 지닌 사람들, 진정한 자유주의자들이라고 주장한다. 그래서 대중적 인간에게 석권당하고 공동체주의나 파시즘 국가를 연쇄적으로 탄생시키지 않는 운동이 전 유럽적으로 이뤄지지 않으면 안 되는 것이다.

> "유럽대륙의 모든 국민을 아우르는 하나의 큰 국가를 건설하자는 결의만이 유럽의 심장을 다시금 뛰게 할 것이다."

이처럼 말한 오르테가는 1993년 성립한 EU를 예견했다고도 할 수 있다.

철학자의 한마디

추락이란 자신의 의무를 포기하는 것.

046

『개소리에 대하여』
해리 G. 프랭크퍼트

원제 On Bullshit, 2005년

난이도 2

그 논의는 왜 논의가 아닌가

"광고나 홍보라는 분야, 그리고 지금 그것과 밀접하게 관련한 정치 분야는 몹시 뒤섞여 있다. 조금도 논의의 여지가 없는 고전적인 본보기라 할 수 있는 개소리 논쟁의 사례일 뿐이다."

"개소리 논쟁의 본질은 그것이 잘못되어서가 아니라, 그것이 가짜이기 때문이다."

"개소리 논쟁을 할 때 (중략) 그 인물은 진실의 편에도 거짓의 편에도 속해 있지 않다. 정직한 자나 거짓말쟁이의 눈처럼 진실을 보지 않고 단지 자신이 하는 말이 유리할 때만 사실을 본다."

해리 G. 프랭크퍼트
Harry G. Frankfurt

1929~. 존스홉킨스대학에서 박사학위를 받았다. 예일대학, 록펠러대학, 프린스턴대학에서 가르치고 있다. 도덕철학자, 프린스턴대학의 명예교수다.

SNS의 폭언이나 가짜 뉴스
세계에 만연하는 개소리를 부수다!

프랭크퍼트는 사람이 왜 헛소리를 하는지 그 상황과 심리를 고찰한다. 헛소리하는 사람은 모든 걸 개소리로 매몰시키려는 의도도, 잘못된 방향으로 이끌려는 악의도 없다. 오히려 자신이 이곳에서 발언한다는 데 큰 의미를 둔다.

게다가 "개소리 논쟁이나 억지 주장은, 알지 못하는 것에 대해 말해야 하는 상황에서는 피하기 어려운 일이다." 따라서 개소리(또는 헛소리)는, "어떤 주제에 대해 말해야 할 의무나 압박, 혹은 발언의 기회가 그 주제에 대한 지식을 초과"할 때 발생한다. 요컨대, 허세나 자존심 때문에 모른다고 하지 못하거나, 아는 척할 때도 사람들은 개소리를 하게 된다.

그러나 개소리 발언은 훨씬 뿌리가 깊다. 그 탓에 자유민주주의 세계에 사는 시민으로서 피할 수 없다고 프랭크퍼트는 말한다. 교양이나 미디어가 일상이 되면서, 세계에서 일어나는 일에 대해 다들 나름의 의견이나 감상을 가지고 있을 것이라는 압력이 암암리에 있기 때문이다. 결국 상황에 어울리는 답으로서 가벼운 기분에 아무렇지 않게 입에 올리면 개소리 발언이 된다.

게다가 현대 사회에서는 가치관이 상대화되고, 진리에 대한 회의가 만연하며, 진실이 쉽게 외면당하기 때문에, 이러한 환경은 개소리 발언이 자라나는 토양이 된다. 따라서 어떤 사안이든 객관적으로 검토하는 과정 자체가 더욱 중요하게 여겨진다.

중요한 것은 자기 생각을 분명하게 말하는 그 행동 자체다. 사람들은 각자 나름대로 '지금의 자신에게 정직하려는' 마음으로 말하며, 때로는 얄팍한 감정을 되는대로 들려주는 해설자처럼 행동하기도 한다. 그러나 주변 사람들은 그 내용보다도, 자신에게 성실하려는 그 태도 자체를 더 높이 평가한다.

이렇게 개소리 발언은 영원히 확대 재생산된다. 그러나 개소리 발언을 용인하는 그들은 자신의 성실함이 개소리의 핵심이라는 걸 영원히 알지 못한다.

SNS 시대의 필독서

번역판으로 50여 쪽밖에 되지 않는 철학 에세이다. 1986년에 잡지에 실렸고, 2005년에 미국에서 단행본으로 출간되자마자 베스트셀러가 되었다. 당시 이라크전쟁으로 미국과 영국의 정치적 발언은 개소리 그 자체였기 때문이다.

'Bullshit'이라는 속어를 전면에 내세운 제목으로도 화제성이 있었다. 철학서로 보이지 않지만, 프랭크퍼트는 자유의지, 진실, 문화 사회의 영향, 발언과 인생을 살아가는 태도에 대해 진지하게 문제를 제기한다.

개소리가 지금보다 더 만연하면, 개선을 촉구하는 정치가들의 개소리에 사람들은 현혹되어 무엇이 진짜이고 가짜인지 알 수 없을 것이다. 그러면 사람들은 더 우매해지고, 심각한 차별이나 전쟁으로 발전할 가능성이 한층 높아진다.

개소리는 SNS의 발달에 힘입어 계속 확대되고 있다. 전형적인 예가 트럼프 대통령의 SNS다. 그는 사려가 부족하고, 사실보다 자신의 감정을 우선하는 방자함이 있다.

물론 우리도 예외는 아니다. 따라서 개소리를 줄이기 위해서는 우리가 입 밖으로 내뱉는 말 하나하나가 폭력이고 흉기가 될 수 있음을 자각해야 한다. 사회를 향한 과격한 발언으로 자신을 돋보이게 해 유명해지려는 현대의 악습에서 벗어나, 각자가 자신의 발언에 더 진지해져야 할 것이다.

철학자의 한마디

거짓말도 입에 발린 말도 모두 왜곡된 표현이다.

047

『정의란 무엇인가』

마이클 샌델

원제 Justice: What's the Right Thing to Do?, 2009년

난이도 4

'공통선'만이 정의다

"도시국가에 살며 정치에 참가하는 것으로만 인간으로서의 본질을 발휘할 수 있다."

"도덕에 관여하는 정치는 회피하는 정치보다 희망에 찬 이상일 뿐 아니라, 공정한 사회를 실현하는 데 더 확실한 기초이기도 하다."

PHILOSOPHER

마이클 조지프 샌델
Michael Jose Sandel

1953~. 미국 미니애폴리스 유대인 가정에서 태어나 로스앤젤레스로 이주한다. 브랜다이스대학을 거쳐 영국의 옥스퍼드대학에서 학위를 받았다. 27세부터 하버드대학에서 정치철학을 가르쳤다. 인기 있는 강의 '정의(Justice)'는 2005년에 12편의 TV 시리즈로 만들어졌다. '도덕학의 록스타'라 불린다.

하버드대 사상 최대 구독자 수를 기록한 인기 절정의 강의, 전미 베스트셀러로 탄생하다

하버드대학에서 지금까지 가장 많은 학생이 이수한 것이 정치철학자 샌델의 강의다. 그중에서 '정의'에 대한 철학 강의를 정리한 것이 『정의란 무엇인가』다. 원제를 직역하면 '정의, 무엇이 마땅히 해야 할 옳은 일인가?'로, 정의에 대한 샌델의 주장이 담겨 있음이 명확히 드러난다. 정의와 선을 다루지만 (고대에 소크라테스가 논의했던 것처럼) 형이상학 관념인 정의와 선이 아니다.

샌델은 판단을 내리기 어려운 많은 사례를 제시하고 이를 참고로 삼아서 현대 사회에서 유효하다고 생각되는 정의와 선을 설명한다. 그리고 정치철학적 의미에서의 도덕 원리를 찾아내려 한다.

결론적으로 샌델은 (관념상의) 정의보다 사회적인 공통선이 무엇보다 중요하다고 말한다. 그리고 정치철학적 입장에서 '공동체주의'가 유효하다고 주장한다.

자유주의, 자유지상주의, 공동체주의

샌델은 정의와 선에 대한 몇 가지 대표적인 사고법을 소개하고, 자유주의, 자유지상주의, 공동체주의의 특징을 밝힌다. 그 차이는 다음과 같다.

● **자유주의**liberalism

자유롭고 평등한 사회를 실현하기 위해 큰 정부를 인정하는 입장이다. 그러나 국가는 도덕이나 문화의 가치를 이야기해서는 안 된다. 개인은 사회로부터 독립해서, 그 사상과 가치관을 자유롭게 선택하고 행동할 수 있다.

● **자유지상주의**libertarianism

개인의 자유와 경제의 자유를 중시한다. 자유주의라도 신자유주의neoliberalism는 주로 (자신의 이익만을 추구하기 때문에) 경제적 자유만 중시하는 입장이다.

● **공동체주의**communitarianism

자유와 민주주의를 존중하되, 개인의 자유보다 문화적 공동체(국가, 지역, 가족 등) 안에서 형성된 가치관을 중시한다. 정의보다 공동체 성원의 공통선이 앞서고, 정책도 공통선을 중시하길 원한다. (여기서 말하는 공통선은 정치 사상에서의 개념이다. 공통이라는 말은 공동체가 있다는 것을 전제로 한다는 것이다. 즉, 공동체 성원이 합의한 선이다.) 모두 공동체의 가치관에 규정되고, 정치나 생활이 이뤄지는 곳에서 공동체의 가치관에 구속된다. 따라서 정치적으로 보면 공동체주의는 좌익에 속한다.

샌델이 지지하는 공동체주의는 고대 그리스의 철학자 아리스토텔레스의 『정치학』과 『니코마코스 윤리학』의 사고법을 기초로 한다. 아리스토텔레스는 모든 것은 목적을 가지고 있고,

그 목적이란 최고선이라고 주장했다. 인간도 공동체도 최고선을 목적으로 한다. 인간의 최종 공동체는 폴리스(도시국가)이고, 폴리스는 최고선을 목적으로 한다. 따라서 폴리스에서 정의란 법의 판단이 아닌 공동체 성원의 선량한 생활에 도움이 되는 것, 각자의 가치에 맞는 것을 주는 것이다.

샌델은 이를 공통선이라고 부른다. 결국 정의와 선이라는 도덕 전반에 정치가 적극적으로 관여한다는 것이다.

'정의'와 '선'에 대한 도발적인 현대의 논의

샌델의 저서가 정치철학서인데도 널리 읽힌 이유는 면밀하게 짜인 대본에 따라 활발히 이뤄진 정의와 선에 대한 도발적이고 지적인 논의의 생생한 분위기가 TV 시리즈로 만들어졌기 때문이다. 대학에서 이뤄진 강의를 뛰어넘어, 멘토로서의 샌델과 학생들이 펼치는 드라마처럼 흥미진진하다.

하버드라는 유명세, 일방적인 교수법이 아니라 토론형 강의라는 참신함, 기술이 발달한 현대에 등장한 새로운 문제를 다룬다는 점이 많은 사람의 관심을 끌었다.

한편, 이 책에 의해 전 세계가 정의나 선에 대한 토론이 다시금 활발해졌다. 샌델이 선과 정의에 대해 제시한 현대의 문제들이 강한 사회적 딜레마에 관한 것이기 때문이다.

예를 들어, 다섯 명의 목숨을 살리기 위해 한 명을 희생시키는 선택이 옳은지 묻는 트럭 문제라든가, 동성혼을 어떻게 생각하는지, 임신 몇 개월까지 중절을 인정해야 하는지, 전쟁 책임을 왜 후세의 사람들이 짊어져야 하는지 등의 문제가 있다.

이런 현실의 문제는 정확하게 답을 내기가 여전히 어려워서 공동체주의적인 입장에서도 쉽사리 해법을 찾을 수 없다.

> **철학자의 한마디**
>
> 운명의 우연성을 실감할 때, 겸허함을 얻는다.

048

『정의론』
존 롤스

원제 A Theory of Justice, 1971년

난이도
6

> 무엇이 정의인지 알려주는 것은 '무지의 베일'이다

"정의로운 사회에 있어 '대등한 시민으로서의 삶equal citizenship'을 구성하는 여러 자유는 확실히 확보되어 있다."

"구성원의 이익을 증진하도록 계획되었을 뿐 아니라 정의에 관한 공적인 사고방식이 사회를 사실상 통제한다면, 그 사회는 질서 있게 유지된다."

존 보들리 롤스
John Bordley Rawls

1921~2002년. 미국 메릴랜드 볼티모어에서 태어났다. 제2차 세계대전에 보병으로 참가했으며, 원자폭탄이 투하된 히로시마의 참상에 마음 아파했다. 프린스턴대학, 옥스퍼드대학에서 철학을 연구하고, 매사추세츠 공과대학, 하버드대학에서 학생들을 가르쳤다. 81세에 사망.

전후 정치철학의 토론에 공헌하다
자유주의를 이해하는 데 없어서는 안 되는 책

 정치에 이상이나 확고한 규범이 필요하다는 정치철학은 미국에서 (베트남전쟁의 영향으로) 1960년대 후반에 확실히 쇠퇴했다. 그 후로는 현실 정치를 놓고 이러저러하게 분석할 뿐이었다. 그때 롤스의 『정의론』이 집필되어 정치철학이 부활했다.

 『정의론』에는 사고실험이 제안되었는데, 일단 '원초적 입장'으로 돌아가 무엇이 정의인지 깊이 생각한 것이었다. '원초적 입장'이란 계급상의 지위, 사회적 신분, 자산, 능력, 지성, 체력, 운이나 불안에 대해서는 아무것도 모르고, 타인은 물론 그의 생각이나 심리적 성향도 모르는 상태. 그런 '무지의 베일'을 뒤집어쓴 상태로 대체 무엇이 사회의 정의인지 생각하는 사고실험을 통해 균형 잡히고 순수한 정의를 판단할 수 있다.

 다만, 이 경우에 정의란 일반적인 개념이 아니라 현실 사회의 다양한 제도의 덕성(우수한 성질)을 의미한다. 예컨대, 여러 가지 사회적 요구가 있고, 이익을 둘러싼 대립이 있으며, 적절한 절충점을 찾는 규칙을 발견한다면, 그 규칙을 따르는 제도는 정의가 된다. 따라서 그런 규칙을 찾기 위해서라도 원초적 입장에서 생각해야 한다.

롤스가 생각하는 정의로운 사회란?

 그렇다면 롤스가 생각하는 정의로운 사회란 어떤 것일까?

그곳에는 두 가지 원리가 반드시 있어야 한다고 그는 말한다. '첫 번째 원리'는 개인의 평등한 자유를 보장하는 것이다. 물론 인종, 계급, 종교, 신조, 출신, 능력을 고려하지 않는 자유다. 그리고 개인의 자유는 집단의 자유보다 중시된다.

'두 번째 원리'는 자유에서 불가피하게 불평등이 생기면 완전한 기회 균등을 비롯해 혜택을 받지 못하는 사람에게 최대의 이익을 줄 수 있도록 조정해야 한다는 것이다. 결국 정의 중 하나인 평등은 전체의 효율성이나 유익성보다 중요하다.

요컨대 롤스는 차별 없는, 가능하다면 기회가 평등하게 주어지는, 자유가 보장된 거대한 복지국가가 정의를 이룬 사회라는 이상을 주장한다.

자유주의에 대한 비판과 현실

분량이 방대하고 내용도 추상적이며 어려움에도 불구하고, 한때 주목을 받았고 많은 비판을 불러일으켰던 롤스의 『정의론』은 정치철학 분야에서 반드시 참고해야 할 고전으로 자리매김했다. 샌델의 『자유주의와 정의의 한계』(1982)는 그러한 비판 중 하나로, 롤스의 주장을 낡은 사상으로 몰아갔다고 평가된다. 샌델은 '원초적 입장'에서 사고하자는 롤스의 사고실험이 현실과 동떨어졌다고 지적한 것이다. 즉, 누구도 자신이 이미 속해 있는 공동체와 전혀 무관한 가치관을 가질 수는 없으며, 그런 전제 자체가 실현 불가능하다는 주장이다.

롤스의 입장은 자유주의(231쪽 참조)로 분류된다. 미국에서 자유주의는 일반적으로 좌파 성향으로 간주되며, 정치적으로는 소수파에 속한다. 자유주의는 어느 정도 시민의 삶에 개입하는, 좀 더 적극적인 역할을 수행하는 정부를 지향한다. 즉, 자유주의는 비교적 크고 넓은 권한을 지닌 정부를 원하지만, 다수를 차지하는 보수주의는 '작은 정부'를 선호한다. 보수주의자들은 정부의 간섭을 싫어하기 때문에, 심지어 자기 방어조차 스스로 해결하려 한다. 그런 이유로 많은 이들이 전미총기협회NRA를 지지하며, 정부는 기본적인 치안만 제공하면 충분하다고 본다. 세금도 적게 내길 원해서, 교육이나 선과 정의에 대한 판단조차도 국가가 아니라 개인이 결정해야 한다고 믿는다. 이러한 보수주의 입장에서는, 좌파적인 자유주의보다는 오히려 공동체와 도덕적 유대를 강조하는 샌델의 공동체주의(231쪽 참조)에 더 가깝게 느껴진다.

철학자의 한마디

선보다 옳음이 우선한다.

049

『국가』
플라톤

영어 제목 The Republic

난이도
4

국가 통치는 철학자에게 맡겨라

"인식의 대상이 되는 모든 사물은, 단지 그것이 인식된다는 사실만이 아니라, 존재한다는 사실조차도 '선'에 의존하여 가능해진다고 말해야 한다. '선'은 존재하는 사물들과 동일한 것이 아니며, 존재 일반보다 더 높은 위상을 지니고, 그 작용에 있어서도 초월적 근거로 작동한다."

PHILOSOPHER

플라톤
Platon

기원전 427~347. 그리스에서 마지막 아테네 왕족의 피를 이어받은 가문에서 태어났다. 본명은 아리스토클레스('넓은 어깨'라는 의미의 플라톤은 레슬러였을 때의 호칭). 정치가를 단념한 뒤 철학자 소크라테스에게 가르침을 받았고, 불경죄로 소크라테스가 사형당한 뒤에는 자신의 학당 아카데미아에서 철학과 수학을 가르쳤다. 80세에 사망.

서양 철학의 아버지,
현재의 중요한 개념 대부분을 주장했던 플라톤의 '국가론'

플라톤이 50세 무렵부터 약 10년에 걸쳐 집필한 『국가』에는, 젊은 시절 정치가를 꿈꾸었던 그가 이상적인 국가에 대해 품었던 사상이 담겨 있다. 그 특징은 다음과 같다.

- 국가의 구성원은 통치자, 보조자(결국, 공무원), 생산자다.
- 생산은 분업으로, 한 사람이 하나의 직업을 가진다.
- 보조자는 방위를 짊어지고, 그들의 교육 교재는 체육, 문예, 음악이다.
- 성교는 축제일에만 허용하고, 상대는 추첨으로 정한다.
- 좋은 가계의 사람만 임신할 수 있다.
- 가족과 결혼 제도를 폐지하고, 아이는 모두 국가의 탁아소에서 키운다.
- 통치자가 될 사람에게는 많은 시험을 치르게 하고, 복지에 봉사하는 사람을 선택한다.

플라톤은 민주제가 결국은 독재 정치를 낳는다고 비판했다. 민주제에서는 사람들이 끊임없이 자유를 요구할 것이고, 그 결과 무정부 상태에 빠져서 민중의 지도자는 독재자가 된다는 것이다. 그는 민주제가 포퓰리즘을 싹틔운다고 보았다.

사물의 본질은 이 세상에 없다

그런데 플라톤 철학의 참신함은 국가론보다도 『국가』에 나오는 '이데아론'에 있다. 이데아란 "그것이 무엇인지 알 수 있는 진실의 '형태'"다. 예를 들어, 정확하기 그지없는 순수한 삼각형이 삼각형의 이데아다. 현실의 삼각형은 정확한 삼각형이라고 할 수 없다. 진선미의 경우에도 현실의 그것은 완벽하지 않다.

개개의 사물의 경우도 마찬가지여서, 테이블에는 테이블성性이 있고 그것이 이데아다. 눈앞에 있는 테이블이 기묘한 형태를 하고 있어도, 혹은 파괴되거나 없어져도 테이블성이라는 이데아는 영원히 변하지 않는다.

형태만이 아니라, 크기, 아름다움, 선함, 옳음도 이데아다. 아름다운 사람이 있다고 할 때, 시간이 지나면 아름답지 않을 것이다. 그렇다고 해서 아름다움 자체가 사라지는 것은 아니며, 아름다움이라는 이데아는 영원히 남는다.

따라서 플라톤은 이데아 자체는 진실한 모습이고, 이 세계에 있는 만물은 이데아의 그림자에 지나지 않는다고 말한다. 그리고 실제로 존재하는 것은 개개의 사물 자체가 아니라 이데아라고 결론지었다.

국가의 통치자는 이데아를 몰라서는 안 된다. 결국 이데아를 감지할 수 있는 높은 지성을 가져야만 한다. 그렇지 않으면 정치에서 정의를 행사할 수 없고, 그 국가에서는 악이 멈추지 않을 것이다. 『국가』의 부제는 '정의에 대해'였다.

그리스도교와 밀접하게 관련되어 유럽에 영향을 주다

플라톤이 시작한 학당 아카데메이아에서 아리스토텔레스는 20년간이나 배웠지만, 플라톤이 주장한 이데아를 공상이라며 인정하지 않았다. 그리고 아리스토텔레스는 다른 곳에서 학당을 세워 현실적이고 실무적인 철학을 가르쳤다. 이것이 '학문의 시초'가 되었다.

3세기가 되자 플로티노스(30쪽 참조)가 이데아론을 응용하여 "모든 것은 일자一者로부터 유출된다"라는 사실성을 띤 주장을 펼쳤다. 그리스도교 신학자들이 이 주장을 받아들인 이유는 신이 세계를 창조했다는 일신교를 설명하기 쉬웠기 때문이다. 또한 신의 나라가 있다는 것도 가르치기 쉬웠다.

철학자의 한마디

자신을 이기는 것이 가장 위대한 승리다.

050

『논어』
공자

난이도 3

훌륭해 보이도록 자제하라

"푹 끓인 국을 다시 한번 데워 먹듯이, 과거의 전통을 다시금 생각해 새로운 의미를 안다. 그럴 수 있는 사람은 비로소 타인의 스승이 될 수 있다."

"훌륭한 사람은 친밀하되, 쉽게 어울리지 않는다. 시시한 사람은 쉽게 어울리지만, 진심으로 친밀하지는 않다."

공자
孔子

기원전 552~479년. 노나라(현재 중국 산동성)의 곡부의 가난한 관료의 집안에서 태어났다. 본명은 공구, 훗날 공자(子는 선생이라는 의미)라는 존칭으로 불린다. 정치가를 꿈꾸고 52세에 대사제(사법 장관)로 발탁되지만 4년 만에 물러났다. 14년에 걸쳐 여러 나라를 유랑한 뒤, 69세에 노나라에 돌아와 사숙을 열었다. 72세에 사망.

2500년 넘게 『성경』과 나란히 널리 읽힌 가르침

『논어』는 공자가 직접 쓴 책이 아니다. 공자가 세상을 떠난 후 제자들이 공자의 말과 행동을 전 20편으로 400년에 걸쳐 편찬한 것으로, 주제별로 구성되고 논리를 앞세우기보다는 공자가 한 말을 잡다하게 나열했다.

공자의 가르침으로는 '오상五常(혹은 오덕)'이라는 것이 반복해서 언급된다. 이는 후대의 연구를 통해 정립된 것으로, '인仁, 의義, 예禮, 지知, 신信'의 다섯 가지다. '인'이란 만인을 생각하고 사랑하는 마음, '의'란 자신의 손해나 이익에 상관없이 해야 할 일을 하는 것, '예'란 인의 구체적인 행동, '지'란 도덕을 잘 분별한 인생을 살아가는 태도, '신'이란 진실을 말하고 성실한 것이다.

개인이 오상을 따르면 사회에서 모범적인 인물이 되고, 모두가 따르면 사회를 좀 더 좋게 변화시킨다고 공자는 생각했다. 당시는 고대 중국의 춘추전국시대로, 제후들이 대립하고 다투기를 반복하던 혼란기였다. 그래서 그런 사회가 바뀌기를 바랐던 것이다.

공자의 가르침의 특징은 자제와 부정, 세속성이다. 따라서 가르침에는 무엇무엇을 해서는 안 된다는 표현이 많다. 예를 들어, 『성경』에서 예수의 가르침인 "남에게 대접받고자 하는 대로 너희도 남을 대접하라"라는 행동 규범이 『논어』에서는 "자신이 원하지 않는 것을 남에게 하지 마라"라는 식의 부정문이 된다. "그렇게 하면 벼슬에 있어도 원망을 받지 않고, 집에 있어도 원망을 받지 않는다"라는 식으로 세속적인 이익과 손해에 따른 근거가 그 뒤에 제시된다.

신격화된 공자의 가르침

『논어』는 중국인들에게 큰 영향을 미쳤고, 지금은 유교 경전인 사서 중 하나가 되었다.

유교는 공자의 가르침을 토대로 고대부터의 신화, 제도, 습속이 더해진 집합적인 사상·신앙 체계로, 기원전 한漢 왕조의 유교 부흥에서 시작되었다. 공자의 영을 모신 사당(공자묘)은 일본을 비롯해 아시아 일대의 여러 국가에서 볼 수 있는데, 공자의 뜻을 기리는 곳이다. 정작 공자는 『논어』에서 종교에 대해서는 일절 언급하지 않는다. 현재 하얼빈에 있는 오상시五常市는 유교의 덕목인 '오상'에서 유래한 이름이다.

공자의 사상은 예수회 선교사에 의해 16세기에 유럽에 알려졌고, 17세기 후반이 되어서야 『논어』가 번역되었다.

철학자의 한마디

의로운 일을 보고도 행동하지 않으면
진정한 용기가 아니다.

051

『군주론』
마키아벨리

원제 Il principe, 1532년

난이도
2

사랑받으려 하기보다 두려워하게 만들어라

"군주가 될 자는, 국민을 결속시키고 충성을 맹세하도록 만들기 위해서는 냉혹하다는 등의 악평은 신경 쓰지 말아야 한다."

"자신의 행동 속에서 위대함이나 용맹함, 중후함, 강직함 등이 엿보이도록 노력하지 않으면 안 된다."

"누구에게서 훌륭한 조언을 받았다고 해도 좋은 의견은 군주의 사려에서 나오는 것이어야 하며, 좋은 조언에서 군주의 사려가 생겨서는 안 된다."

니콜로 마키아벨리
Nicloló Machiavelli

1469~1527년. 피렌체의 귀족 가문에서 태어났다. 피렌체 격동기에 외교관으로 일했고, 정치사상가이자 희곡가였으며, 시민병을 창설해야 한다고 주장했다. 58세에 사망.

진중하기보다 과감하라
시대를 초월하여 읽히는 리더론

 어려운 논리나 이상론 등은 하나도 없어서 이해하기 쉬운 책으로, 국가를 통치하기 위해 군주는 어떻게 생각하고 행동해야 하는지 그 방법을 담고 있다. 그의 통치 방법은 실질적이고 효과적이다.

- 국민에게 사랑받기보다 그들을 두렵게 하라. (그러나 반란을 일으킬 만큼 미움을 사면 안 된다.)
- 도덕이나 교회의 가르침에 구속될 필요는 없다.
- 자비롭다는 평판을 얻는다. (실제로는 잔혹해도 상관없다.)
- 악인이 되어야 한다.
- 중요한 것은 고결함보다도 권력의 장악이다.
- 해를 입힐 때는 한 번에 단호히 하고, 은혜는 잊히지 않도록 조금씩 나누어 베푼다.
- 어떠한 수단을 이용하든 통치해야 한다.

 피렌체공화국의 외교·군사 담당 비서관이었지만, 그가 지식을 토대로 이토록 강력한 군주를 그린 것은 그가 살았던 당시의 피렌체가 정치적 혼란기였기 때문이다. 그래서 이탈리아를 통치하려면 강력한 힘을 휘두를 인물이 필요했다.

권력을 획득하고 지키기 위해서는 어떤 역량이 필요한가

마키아벨리의 현실적인 통치 방법론에는 '운명과 역량'의 관계에 의해 통치의 성패가 정해진다는 생각이 깔려 있다.

그는 상황이 바뀔 때 절반은 운명의 지배를 받는다고 주장한다. 이는 세태로 나타나고, 세태와 군주의 통치 방법이나 계획이 맞아떨어질 때 상황은 원활히 돌아간다. 결국 시대의 흐름을 읽어서 자기편으로 만들 만큼의 역량이 있어야 하고, 흐름의 변화에 맞추는 융통성도 필요하다.

아무리 용의주도한 군주라도 흐름을 읽고 맞춰가는지 여부에 따라 결과는 크게 달라진다. 그러나 마키아벨리는 용의주도하기보다는 오히려 과감하고 결단력 있는 편이 좋다고 말한다. 사려 깊지 않아도 상관없으니, 거칠고 대담한 편이 오히려 좋은 결과를 가져온다는 것이다.

마키아벨리는 역사상 뛰어난 통치자로서 체사레 보르자(1475~1507)를 꼽는다. 가톨릭 주교이기도 했던 체사레는 냉혹하기로 유명한 정치가로, 소설이나 TV 드라마에 등장하기도 한다.

마키아벨리즘에 대한 오해와 재평가

이 책은 로렌초 데 메디치의 손자(로렌초 2세)에게 헌정된 것이다. 마키아벨리가 공무원으로 일하던 피렌체공화국이 프랑스의 침공으로 휘청거렸고, 1512년이 되자 가톨릭 교황의 동맹국인 스페인과 싸우면서 피렌체공화국은 해체되었다. 그 여파로 시골로 추방당한 마키아벨리는 관직으로 복귀하길 바랐다. (1519년에 로렌초가 사망했기 때문에 그 꿈은 이루지 못했다.)

마키아벨리가 세상을 떠난 후 출판된 『군주론』은 도덕론만 이야기하는 책이 대부분이던 시대에 엄청난 자극이 되었다. "이렇게까지 부도덕한 내용은 악마가 썼기 때문"이라는 평가를 받을 정도였다. 인간의 어두운 부분을 생생하게 비춘 데다, 그리스도교적 윤리 같은 건 실제로 도움이 되지 않는다고 주장하는 등 전체적으로 무신론적이었다.

그로 인해 '마키아벨리즘'이라는 말은 비도덕적인 수법이라도 국가가 부유해질 수만 있다면 전부 용납한다거나 매우 계산적이라는 의미로 지금도 쓰인다.

『국가론』이 많은 사람에게 충격을 던졌다는 사실은 1559년에 가톨릭 교황청의 금서 목록에 포함된 것만 봐도 알 수 있다. 셰익스피어의 『리처드 3세의 비극』은 『군주론』이 없었다면 탄생하지 못했을 것이다. 또한 『군주론』이 있었기에 훗날 홉스, 로크, 루소, 몽테스키외의 정치철학이 탄생할 수 있었다는 평가가 일반적이다.

철학자의 한마디

정치는 도덕과는 무관하다.

052

『리바이어던』

토마스 홉스

원제 Leviathan or the matter, Forme and Power of a
Commonwealth Ecclesiasticall and Civil, 1651년[4]

난이도

2

국민국가를 수립하라!

"다수의 개인이 하나의 인격으로 결합될 때, 이를 '정치 공동체'(코먼웰스commonwealth, 라틴어로는 키비타스Civitas)라고 부른다. 이때 위대한 '대괴물'(리바이어던)이 탄생한다."

"이 인공인간인 리바이어던은 자연인[5]보다 더 크고 강하며, 그 자연인을 보호하고 방어하도록 만들어졌다. 이 인공인간에 있어 '주권'은 인공적인 '혼魂'이며, 그것이 온몸에 생명과 운동을 부여한다."

4. 원제는 '리바이어던, 혹은 교회 및 세속적 공동체의 질료, 형상, 권력'.
5. 생물로서 개개의 인간.

토마스 홉스
Marcus Aurelius Antoninus

1588~1679년. 잉글랜드 윌트셔 웨스트포트의 성직자 집안에서 태어났다. 옥스퍼드대학을 졸업한 후 프랑스로 망명했다가 돌아왔다. 백작 가문에 고용된 정치철학자이자 수학자. 91세에 사망.

세계 최초의 '근대국가론'
'만인의, 만인에 대한 투쟁' 상태란

17세기에 출간된 홉스의 『리바이어던』이 지금도 널리 읽히는 이유는 세계 최초의 '근대국가론'이기 때문이다.

1642~1649년에 걸쳐 역사상 첫 시민혁명이라 불리는 영국의 청교도혁명(잉글랜드, 스코틀랜드, 아일랜드에서 왕과 의회가 대립하면서 일어난 내란)이 일어나면서, 홉스는 같은 국민끼리 싸우는 동란을 체험했다. 그중에서도 1649년에 국왕 찰스 1세가 신의 이름으로 처형되었던 것이 『리바이어던』을 쓴 동기가 되었다.

제목인 리바이어던은 『구약성경』 「욥기」 41장과 「시편」 74편에 나오는 리비아탄Livyatan을 영어식으로 읽은 것으로, 신 다음으로 강하다는 바다의 괴물이다. (그러나 『성경』에 나오는 리비아탄은 사실 나일강의 악어였다.)

강함을 국가의 특징으로 이야기하는 『리바이어던』에서 홉스는 주권을 가진 강대한 정치 공동체(코먼웰스)의 설립을 주장한다. 이는 공화제 국가나 국민국가로 번역되기도 한다. 그런 공동체를 설립하여 시민이 일원이 되지 않는다면 세계는 폭력으로 가득할 것이라며 우려했다. 왜 국민국가를 수립하지 않으면 폭력이나 전쟁으로 가득해질 것이라 말하는가?

- 생명이란 손발의 운동일 뿐이다. 심장은 태엽, 신경은 선, 관절은 톱니바퀴다.

- 인간의 마음은 감각과 사고, 사고의 연쇄라는 운동이다.
- 몸 밖에 있는 감각이 인간의 감각기관에 압력을 가할 때, 인간의 마음에 저항하는 운동이 생겨난다. 그때 마음은 외부에서 오는 물체라고 상상하게 된다.
- 사람도 동물도 피와 고기로 이뤄진 기계다. 우주에 존재할 수 있는 것은 물질뿐이다.

이러한 인간관으로 알 수 있듯이, 천문학자 갈릴레오 갈릴레이(1564~1642)와 알고 지냈던 홉스의 사상은 '유물론'이다. 그는 이 우주에 있는 것은 모두 물질이라고 생각했다. 인간에게는 영혼이 있지만, 영혼도 물질이며, 단지 지각할 수 없을 뿐이다.

그는 '더 큰 힘을 요구하는 욕망'만이 인간의 기본이라고 여긴다. 그리고 각자는 자기보존을 위해 자신이 가진 힘을 계속 키워간다. 이렇게 욕망을 품은 채 자유롭게 행동하는 것이 인간의 '자연권'이다.

홉스의 인간론은 언제나 욕망과 관련되어 있다. 예컨대, "인간은 타인보다 우월하다는 감각 없이는 기쁨을 즐길 수 없다"라고 말한다.

전쟁에서 평화로 가는 수단으로서의 국가

인간을 자연 상태에 두면, 자연권을 위해 사람은 욕망에 따라 행동하고, 그 결과 모두가 전쟁을 벌이는 내란 상태가 된다. 이렇게 위험한 상태를 막으려면 서로 동의할 수 있는 평화 조항이 필요하다.

그러려면 각자 자신의 자연권을 얼마쯤은 포기할 필요가 있다. 그래야 서로 안전을 확보할 수 있다. 결국 공적인 약속(일종의 복종)이 없으면 안 되는 것이다. 이런 공적인 권력이 다수의 합의에 의해 하나의 인격으로 통합된 존재로서 '코먼웰스(공동체 국가)'가 생겨난다.

> "그것은 하나의 인격이며, 그 행동은 다수의 사람이 합의하여 그들의 평화와 공동 방위를 위해 모든 사람의 힘과 수단을 그가 사용할 수 있도록, 각자를 그(행위의) 주체로 삼는 것이다."

많은 사람이 계약한 '합의체Assembly'를 『성경』에 있는 생물에 빗대어 리바이어던이라 부른다. 왜 괴물의 이름을 붙였을까? 강대한 강제력을 가진 불가침의 절대권력을 지니기 때문이다. 홉스는 이것을 '인간에게 평화와 방어를 보장하는 지식의 신'이라거나 '인공인간'이라고 부른다.

리바이어던은 개인의 자기보존이 주목적이라는 점에서 당시의 절대왕정(국왕의 절대권력에 의한 정치 체계)과 크게 달랐다. 따라서 자신의 안전과 자유가 위협받는다고 생각하면 '복종하지 않을 자유'를 행사할 수 있다.

스피노자, 루소 등
종교적인 윤리관에서 벗어나는 데 공헌

이 책은 무신론적인 면이 있어서, 그리스도교는 물론 왕정 우파에 이르기까지 홉스를 이단으로 몰아세우며 공격했다. 그러나 홉스가 중요하다고 생각한, 개인의 자유나 평등은 정치 사상에 큰 영향을 미쳤다. 당시 일반인에게는 자유가 있다고 생각하지 않았기 때문이다.

스피노자(152쪽 참조)는 『에티카』에서 인간의 속성을 다뤘는데, 홉스의 『리바이어던』에서 영향을 받은 것이라고 볼 수 있다. 프랑스혁명의 사상적 근원이 된 루소(258쪽 참조)의 『사회계약론』도 홉스의 계약론에서 크게 영향받았다. 한편, 홉스에게 인간의 최고선은 각자의 안전이다. 자기보존이라는 인간 중심의 사고법은 그리스도교의 종교적인 가치관에 구속되던 시대에는 혁신적인 것이었다.

철학자의 한마디

자연 상태에서 인간에게 인간은 늑대다.

053

『꿀벌의 우화』

버나드 맨더빌

원제 The Fable of the Bees: or, Private Vices, Publick Benefits, 1714년

난이도
3

악은 맛있는 조미료

"이른바 이 세상에서 악이라 불리는 것이야말로 우리를 사회적인 동물로 만드는 대원칙이며, 예외 없이 모든 상업과 직업의 견고한 토대이자 생명이며 기둥이다. 우리는 거기에서 모든 학예의 참된 기원을 찾아야 한다. 만일 악이 사라진다면 사회는 완전히 붕괴하지는 않더라도 틀림없이 망가지고 만다."

버나드 맨더빌
Bernrd de Mandeville

1670~1733년. 네덜란드 로테르담의 명문가에서 태어났다. 레이던대학에서 의학과 철학을 공부했다. 영어를 공부하기 위해 런던으로 이주하여 병원을 개업해 의사로 일하면서 집필 활동을 했다. 62세에 사망.

탐욕이나 허영, 악덕이나 기만이 사회를 반영시킨다!
애덤 스미스, 케인스, 프리드리히 하이에크, 마르크스 사상의 근원이 된 책!

『꿀벌의 우화』는 20쪽 분량의 우화가 나오고 그 뒤에 주석이 달리는 구성이다. 그중 하나를 소개한다.

> 큰 꿀벌 둥지를 자신들의 세계로 삼아 꿀벌들은 각자의 욕망에 따라 살아가고 있다. 꿀벌 둥지는 언뜻 보면 카오스 상태이지만 그 사회 전체는 매우 풍요롭다.
> 그러나 이변이 일어난다. 꿀벌들이 자신의 악을 숨기면서도 다른 꿀벌들의 거짓이나 속임수, 사기는 안 된다고 말하기 시작했던 것이다. 마침내 제우스 신이 이 꿀벌 둥지에서 온갖 악덕을 단숨에 없애겠노라며 화를 냈다.
> 그러자 꿀벌 둥지는 단 30분 만에 180도 달라졌다.
> 먼저 물가가 하락했고, 모든 곳에서 정의가 이뤄졌으며, 모두가 성실하고 얌전해져 허튼 비용이 모두 사라져버렸다. 그리고 일자리도 사라져 꿀벌들은 모두 똑같이 가난해졌다.

맨더빌은 이 우화의 마지막에 "기만이나 사치, 자부심을 가져야 한다. 그것만이 은혜를 입는 일이다"라고 교훈을 덧붙이기도 했다.

서론에서는 인간을 사회적인 동물로 만드는 것은 선량함이나 가련함, 온화함이 아니라, 비열하고 까다로운 성질, 뻔뻔함이나 사치스러움 같은 악덕이라고 말한다. 사실 그런 것은 행복하고 번영하는 사회에 적합한 자질이라는 것이다.

맨더빌은 역설적으로 비꼰 것이 아니라, 진심으로 인간의 여러 악덕이 사회를 번영시킨다고 생각했다. 각자가 이기심이나 욕망을 드러내고, 그것이 돌고 돌아 사회 전체를 풍요롭게 만든다는 것이다. 따라서 이 책의 부제목이 '개인의 악덕, 사회의 이익'이다.

맨더빌은 이 책의 서문에서 자신의 인간관을 분명히 밝혔다. 인간은 여러 정념의 복합체로, 자극을 받아 한 가지 정념이 강해지면 의지와는 상관없이 그 정념이 그를 지배한다. 결국 인간은 정념에 따라 움직이며, 이성이나 양심만으로 움직이지 않는다. 그리고 그런 인간의 성질만이 사회를 풍요롭게 만든다.

대개 미덕으로 여겨지는 덕목은 피지배계급을 복종시키기 위해 지배계급이 이용하는 위선에 지나지 않는다. 국가의 경제성장은 자신의 자존심이나 욕망을 채우려는 개인의 능력에 좌우된다. 『꿀벌의 우화』는 베스트셀러가 되었던 리처드 도킨스의 『이기적 유전자』(1976)의 18세기 버전이다.

'경제서'로서 미친 영향

『꿀벌의 우화』가 세상에 나오자, 그리스도교를 비롯해 각 방면에서 엄청난 반론이 끓어올랐다. 악덕을 예찬하다니 부도덕하다는 것이었다. 조지 버클리(158쪽 참조)도 화를 냈다.

그러나 경제서로서는 정곡을 찌른다. 예를 들어, 애덤 스미스

(1723~1790)는 '보이지 않는 손'(『국부론』 4장)에서 개개인의 이기심에 근거한 행동에 의해 수요와 공급이 저절로 조절되고 그 결과 경제가 성장한다고 말했다. 또한 경제학자 존 메이너드 케인스(1883~1946)는 『고용, 이자 및 화폐의 일반이론』 23장에서, 맨더빌이 유효수요를 창조하는 일의 중요성을 설명하고 있다고 설명했다. 또한 경제사에서 케인스와는 반대 입장에 있던 하이에크(282쪽 참조)도 맨더빌을 찬양했다.

맨더빌이 귀화해서 살았던 18세기 영국에서는 튀르키예에서 생겨난 카흐베하네 kahvehane의 서양판이었던 커피 하우스가 유행했다. 1650년 옥스퍼드에서 개업해 18세기 초에는 런던에 3000군데나 있었다. 여성의 출입이 제한되었던 커피 하우스는 사교장 같아서, 뱃사람들을 비롯해 다양한 남성들이 모여 정치, 금융, 비즈니스, 주식 등의 정보를 교환했다. 세계 최초의 보험(로이즈)도 이곳에서 시작됐다. 그 활기와 북적거림은 그야말로 꿀벌 둥지를 떠올리게 했다.

철학자의 한마디

인간의 강한 습관이나 기호를 바꿀 수 있는 것은
더 강한 원망뿐이다.

4장. 정치와 사회에 관한 사고방식

054

『사회계약론』
루소

원제 Du Contrat social, ou principes du droit politique, 1762년

난이도
5

법은 모두의 의지에 따라야 한다

"일반의지만이 공공복지라는 국가 설립의 목적에 따라 국가의 모든 힘을 지도할 수 있다."

"국민 전체의 의지로서 표명된 의지는 곧 주권 행위로 법이다."

"사회계약은 정치 체제에 모든 구성원에 대한 절대적인 권력을 부여한다."

장자크 루소
Jean-Jacques Rousseau

1712~1778년. 제네바공화국의 시계 장인의 집안에서 태어났다. 공적인 교육은 전혀 받지 않았지만, 독학으로 작곡가가 되고 소설을 쓰고 정치철학, 교육론, 문명론, 언어론에 관한 책을 썼다. 66세에 사망.

프랑스혁명의 '도화선'
근대 정치사상의 기초가 된 책

이 책은 루소가 정치에 대해 설명한 것으로, 루소의 이상은 민주제 국가였다. 군주의 권리는 자연에서 비롯한 것도, 신에게 받은 것도 아니다. 주권은 군주가 아닌 국민에게 있으므로, 국가의 통치자는 군주가 아니라 국민이다. 사람들은 좋아하거나 자신에게 이득이 되는 것만 멋대로 주장할 게 아니라, 공동이익이나 평등을 위해 잘 다듬어진 주장을 정치에 반영해야 한다. 그것을 루소는 '일반의지'라고 말한다. 그리고 법은 일반의지에 따라 만들어진다.

개인은 안전하게 보호받으며 살아가기 위해 사회적인 계약을 맺는다. 그것이 법이다. 그러면 국민은 자신의 이득만 생각했던 때보다 한층 도덕적으로 살아간다. 루소는 이미 18세기에 민주주의적 사상을 제안한 것이다. 이는 당시 사람들의 상식을 거스르는 사상이었다. 당시 사람들은 각자에게 어울리는 직업과 장소가 결정되어 있다는 중세의 고정관념을 당연히 여겼기 때문이다.

또한 국가의 종교가 그리스도교인 것은 적절하지 않다. 그리스도교도는 "오직 천상의 일에만 관심을 가지기 때문으로 전정專征한 그리스도교 사회는 더 이상 인간 사회가 아니다". 또한 그리스도교 성직자들은 '예속과 의존'의 설교밖에 하지 않는다. 그런 정신은 전제국가에 매우 유리하기에 이를 이용해서는 안 된다고 말한다. 그는 "진정한 그리스도교도는 노예가 되도록 만들어진다"라고 덧붙인다. 19세기에 살았던 니체가 『선악의 저편』과 『도덕의 계보』에서 그리스도교의 도덕은 노예의 도덕이라고 했는데, 루소는 그보다 앞서 말한 것이다.

교육론 『에밀』도 집필
칸트, 톨스토이에게도 영향을 미치다

　루소의 『사회계약론』은 널리 읽혔으며, 나중에 인민주권을 원했던 프랑스혁명의 지도자들에게도 영향을 미쳤다. 루소는 민주제 공화국을 세우면 공정한 국가가 만들어질 것이라 기대했다. 그러나 현대 국가가 민주제의 형태를 띠고는 있지만 현실은 여전히 욕망과 이해관계로 물들어 있기에 '일반의지'는 쉽게 찾아볼 수 없다.

　정규 교육을 전혀 받지 않고 독학으로 공부한 루소는 재능이 많았다. 그래서 유아 교육에 대해 지금도 영향력을 미치는 『에밀』을 집필했고, 작곡가로도 활동했다.

철학자의 한마디

인간은 태어나면서 자유롭다.
그러나 곳곳에서 사슬에 묶여 있다.

055

『도덕과 입법의 원칙에 대한 서론』
제러미 벤담

원제 An Introduction to the Principles of Morals and Legislation, 1789년 | 난이도 5

행복은 계산할 수 있다

"우리가 무엇을 해야 하는지, 또 무엇을 하게 될지 지시하고 결정하는 것은 오직 고통과 쾌락뿐이다."

"동기가 선인지 악인지는 오직 그 결과에 따른다."

"정부가 하는 일은 형벌과 보상으로 사회의 행복을 촉진하는 것이다."

제러미 벤담
Jeremy bentham

1748~1822. 런던의 중류 계급이던 공증인의 집안에서 태어났다. 영재교육을 받고 12세에 옥스퍼드대학에 들어가 15세에 졸업했다. 법률을 성문화하기 위해 글을 썼다. 밀의 사상에 영향을 주었다. 84세에 사망.

법은 무엇을 위해 있는가?
'공리주의'를 정식화한 벤담의 기념비적 명저

『도덕과 입법의 원칙에 대한 서론』의 내용은 다음과 같다.

- 사람의 행위를 결정하는 것은 고통과 쾌락이다.
- 그 고통과 쾌락에 선악의 기준이나 인과가 연관되어 있다.
- 쾌락은 키우고 고통을 없애는 것은 행복을 가져오기에 선이다.
- 행복의 정도는 계산할 수 있다.
- 정부나 법률은 사람이 생존할 수 있도록 안전을 보장한다.
- 교육이 행복에 익숙해지도록 돕는다.

벤담이 주장한 정치철학의 원리가 가진 특징은 고통과 쾌락을 기준으로 삼고 이를 계산할 수 있다는 것이다. 지금은 유명해진 "최대 다수의 최대 행복"이라는 문구는 원래 스코틀랜드의 철학자 프랜시스 허치슨(1694~1746)이 한 말이다. 행복의 강도, 지속성, 확실성, 원근성, 생산성, 순수성, 그것이 영향을 미치는 범위가 쾌락과 고통을 계산하는 기준이 된다.

'원근성'은 거리에 관한 것이고, '생산성'은 고통과 쾌락 중 어느 쪽의 가능성이 큰지, 그 배분을 말한다. '순수성'은 쾌락이 얼마나 고통을 동반하는지에 관한 것이고, 고통이 많아질수록 순수성이 옅어진다. '범위'는 고통과 쾌락의 영향을 받는 사람들의 숫자를 말한다.

'쾌락'이 '선'이라면 나쁜 일에 쾌락을 느끼는 경우는

> "어떤 사람의 동기가 악의나 사악, 질투, 잔혹함이라 불리는 것이라 해도 그 사람의 동기는 일종의 쾌락이다. (중략) 이 같은 불길한 쾌락도 그 자체로서는 선이다. (중략) 그 쾌락이 계속되는 한 나쁜 결과가 도래하더라도 (중략) 선이다."

다만, 이 경우에는 '그것이 영향을 미치는 범위'가 매우 좁아서 그 사람에게만 쾌락이고 선이며 영향을 주는 경우가 많다.

벤담에 의하면, 윤리는 사람을 행복하게 만들기 위해 행동을 지도하는 기술이다. 따라서 이를 사적 윤리라 한다. 윤리는 개인뿐 아니라 사회에도 일반적으로 이용된다. 그 경우에는 입법이나 행정의 형태를 띤다. 대상이 미성년이라면 교육이 된다. 따라서 사적 윤리, 입법과 행정, 교육은 사람을 행복하게 한다는 같은 목적을 가진다.

공적으로 모든 국가에서 사용할 수 있는 완전한 법전의 구상

벤담이 주장한 '공리주의'는 적용 범위가 넓어서, 개인에게 적용하면 행복이고, 사회적 범위에 적용하면 복지, 공리 공익이 목적이다.

공리주의는 utilitarianism이라고 하는데, 이 용어는 벤담이 만들었다. 그 외에도 panopticon(그리스어로 '모든 것을 본다'), internation(국제적), codification(성문화), pannomion(종합 법전), maxinize(최대화), minimize(최소화) 등의 말을 만들었다.

교도소에 있는 전망 감시 장치는 벤담이 고안한 파놉티콘을 적용한 것으로, 간수가 있는 위치에서 모든 감방을 볼 수 있다. 그러나 벤담은 이 구조를 업무 능률을 높이기 위해 구빈원이나 공장에 사용해야 한다고 생각했다.

원래 벤담은 유럽과 미국의 법을 체계화하고 문장화하여 누구나 이해하는 종합 법전으로 만들고자 했다. 이를 그리스어로 파노미온이라 불렀다.

『도덕과 입법의 원칙에 대한 서론』은 법률을 만드는 원리의 일부를 접할 수 있을 뿐이다. 그러나 벤담이 의도한 것은 세계 각국의 입법과 문장화에 있었다. 지금은 각국의 법률이 누구나 읽을 수 있게 서적의 형태로 되어 있고 법률이 신설되거나 변경될 때마다 개정되는데, 당시에는 그렇지 못했다. 각 지역에서 예부터 관습(법률적으로는 관습법이라고 한다)으로 여겨지던 것을 법처럼 적용했던 것이다. 게다가 형벌이 무겁고 잔혹해서, 영국에서는 소매치기를 공개 처형하기도 했다. 당시에는 소송이나 재판에 많은 비용과 시간이 들어서 법률 관계자만 큰돈을 벌었다. 벤담은 이것이 시민에게 이익이 되지 않는다고 비판했다. 그래서 법 체계를 합리화, 간소화하여 공평하면서도 어디서든 사용할 수 있는 완벽한 법이 필요하다고 주장했다.

벤담은 영국뿐만 아니라 세계 각국이 완벽한 법 체계를 갖추기를 바랐다. 1820년. 벤담은 유럽과 라틴아메리카에 법전을 집필하고 편찬할 필요를 역설했다. 그 결과, 74세에 포르투갈에서 헌법 법전을 써달라는 의뢰가 들어왔고 5년이 지난 후 제1권이 출판되었다. 그러나 이미 포르투갈의 자유주의 정권은 붕괴된 상태였다.

벤담은 자신이 죽으면 해부하여 표본으로 만들어 보존하기를 바랐다. 그의 유해는 모자를 쓰고 지팡이를 짚은 채 앉은 모습으로 런던대학의 캐비닛에 보관되어, 인터넷으로 검색하면 영상으로 볼 수 있다.

철학자의 한마디

어떤 법률도 자유를 침해한다.

056

『미국의 민주주의』
토크빌

원제 De la démocratie en Amérique, 1권 1835년, 2권 1840년

난이도
4

이민자 집단덕에 민주제가 쉽게 정착할 수 있었다

"17세기 초 미국에 정착하기 위해 건너온 이주자는 민주주의의 원리를 유럽의 구사회 안에서 (그들이) 적대한 다른 원리에서 뭔가를 분리하여 그것을 신세계의 피안에 이식했다."

"합중국에서는 전체의 번영이 개인 행동에 영향을 미친다는 것을 민중이 알고 있다."

PHILOSOPHER

알렉시 드 토크빌
Alexis-charles-Henri Maurice celérel de Tocqueville

1805~1859년. 제1제정기 프랑스 파리에서 태어났다. 노르망디 귀족계 파리대학에서 법학을 전공하고, 1831년 미국을 10개월간 여행했다. 판사. 프롤레타리아가 이끌었던 2월혁명으로 탄생한 정부의 의원, 1849년 오딜롱 바로 내각의 외무장관을 지냈다. 쿠데타에 휘말려 체포당하며 정치에서 물러났다. 53세에 사망.

프랑스 귀족이 본 신대륙 미국
현대 민주주의를 이해하기 위한 필독서

『미국의 민주주의』는 아메리카대륙에서 민주제가 어떻게 성공했는지, 민주제를 지탱하고 움직인 것이 무엇인지에 대해 이야기한다. 그 배경에는 미국 여행이 있었다. 1776년에 건국하여 반세기가 지난 1831년에 토크빌은 10개월간 친구인 귀스타브 드 보몽(1802~1866, 프랑스의 치안판사)과 미국을 시찰했다.

당시 미국은 제7대 대통령인 민주당의 앤드루 잭슨이 통치하던 민주주의 시대였다. 토크빌은 대대로 귀족이었지만, 유럽 국가들도 귀족제 정치에서 민주제 정치로 이행해야 한다고 주장했다.

데모크라시democray는 현재 '민주제'와 '민주주의'로 번역되는데, 크라시cracy는 지배를, 데모demo는 국민을 의미한다. 이 정치 체제에 반대되는 것은 '최상자 지배'를 의미하는 아리스토크라시aristocracy(귀족 정치)다. 이는 소수의 특권 계급인 귀족에 의한 '귀족제'를 의미한다.

귀족 정치 체계에서 자유는 왕과 귀족 계급만이 누릴 수 있다. 지위나 계급은 혈통에 의해 운명적으로 결정된다는 사고를 토대로 하기 때문이다. 귀족 계급 간에 투쟁이 없다면 통치는 평화롭게 이루어진다. 그러나 하층 평민에게 자유는 물론 복지도 없다. 사회라는 개념도 없다. 사회라는 말은 유럽은 시민혁명 이후, 미국은 1760년대부터 사용했다.

귀족제가 붕괴된 것은 누구나 성직자가 될 수 있는 길이 열렸기 때문이다. 농노가 성직자가 되어 귀족과 비슷한 지위에 오른 것이 원인이다. 이어서, 상업이나 교역으로 유복해진 평민이 돈의 힘으로 국사(나랏일)에 강한 영향력을 미쳤다. 왕이나 귀족은 분쟁이나 전쟁에 돈이 필요했기 때문이다.

계몽이 이뤄지고 학문에 대한 지식이 쌓이면서 국사에 영향을 미치는 것이 돈이 아닌 사회적인 힘으로 바뀌었다. 그에 따라 가문의 가치는 점차 힘을 잃어서 13세기에는 작위(귀족의 지위)를 돈으로 살 수 있었다. 또한 왕이 적대하는 귀족의 힘을 약화시키기 위해 하층민을 정치에 참여시키기도 했다. 이런 변화가 인간의 평등화를 착실히 진행시켰고, 정치 형태로서의 민주제를 만들었다.

전통이나 혈통이 없는 사람들에 의한 민주제

역사가 인간의 평등화로 흘러온 것을 지식으로 체감한 토크빌이 미국에서 찾은 민주제의 성공 요인은 다음과 같다.

- 많은 인종으로 구성된 미국 사람들의 습속(심리, 성향, 기질)
- 정치와 종교의 분리(실제로는 국가가 정한 종교의 폐지)
- 행정적 중앙집권의 결여로 비롯한 연방제
- 국민의 적극적 민주제 참가 자세에 의한 지방자치의 활발한 활동

미국에서 민주주의 정치가 순조롭게 진행된 가장 큰 요인 중

하나는 국민이 모두 이민자라서 자긍심을 가질 혈통이나 가계가 없었다는 점이다. 그래서 계급이 지닌 독특한 습관이나 사고가 그다지 차이나지 않았다. 한 사람, 한 사람이 개인으로서 평등하고 대등하게 대화를 나눴고, 타인에 대한 풍부한 상상력이라는 특징이 더해지며 독립심을 낳았다. 또한 대륙으로 이주한 만큼 토지를 자신의 손으로 지배하겠다는 기개가 있었다.

그러나 독립심으로 인해 개인적인 영역에만 관심을 가지고 타인과의 상호 의존을 기반으로 살아간다는 사실을 잊고 말았다. 이를 방지하기 위해 지방자치가 중시되었다. 지역의 정치는 주민들의 의견과 사고에 따라 결정되며, 이를 통해 공공의 번영이 곧 개인의 이익과 직결된다는 인식을 확산시킨다. 그 결과, 정치 참여에 대한 의의가 강화되었고, 미국에서는 공동의 이익을 위해 작지만 자발적인 정치 결사가 다수 형성되었다. 이로 인해 많은 사람이 자연스럽게 정치를 좋아했다.

따라서 미국은 큰 나라이면서도 행정은 중앙집권적이지 않고 각 주에 의해 제각기 다른 행정이 이뤄지는 연방제가 되었다.

민주제에 대한 기본을 가르치는 교재로서의 가치

토크빌은 민주주의의 모든 면을 긍정적으로 보지는 않았다. 그는 개인주의가 확산되면 개인이 집단 속에서 고립되기 쉽고, 그로 인해 국가와 사회의 권력이 비대해진다고 보았다. 민주주의면서도 권력이 중앙에 집중되어 결국 다수에 의한 부드러운 압제가 새로운 형태의 전제정치를 낳을 수 있다고 우려했다. 이는 훗날 파시즘과 같은 체제에 대한 경고이기도 하다.

또한 토크빌은 민주주의로 인해 행정이 효율적이지 못하다고 지적한다. 민주주의 사회에서는 행정이 더디게 진행되며, 마치 비즈니스처럼 타인의 감정에 호소해야 하므로 감각적인 언사가 많아진다는 것이다. 그는 민주주의를 지탱하는 핵심 요인이 결국 심리적인 기반 위에 놓여 있다는 점을 강조한다.

토크빌의 책은 당시에 이미 유명했던 밀(274쪽 참조)이 서평에서 절찬하면서 영어권에서 널리 읽혔고, 현대에도 민주주의를 이해하기 위한 필독서로 꼽힌다. 토크빌은 프롤레타리아트 혁명을 주장한 마르크스와 동시대 인물이지만, 두 사람을 비교하면 마르크스는 계급과 역사를 고정된 이론으로 보고 계급 간의 투쟁을 선동한 반면, 토크빌은 앞으로 모든 계급이 평등해질 것임을 이해하기 쉬운 문장으로 설명했다.

철학자의 한마디

나는 미국에서 미국을 초월하는 무엇인가를 보았다.

057

『경제학-철학 수고』
마르크스

원제 Ökonomisch-philosophische Manuskripte, 1844년

생산물은 자본가의 것이 아니다

"노동이 상품의 형태를 띠는 것은 곧 그것이 소외로 나타난다는 뜻이다. 노동자가 대상을 더 많이 생산할수록 정작 소유할 수 있는 대상은 그만큼 줄어들며 자신이 생산한 자본에 그만큼 더 지배당하는 방식으로 소외가 진행된다."

"소외된 노동과 사유재산의 관계에서 비롯된 귀결로서, 사유재산이나 기타 종속적 상태로부터의 사회적 해방은 노동자의 해방이라는 정치적 형태로 표현된다."

카를 하인리히 마르크스
Karl Heinrich Marx

1818~1883년. 프로이센 트리어의 유복한 유대계 독일인 변호사의 아들로 태어났다. 예나대학에서 학위를 받았다. 국적을 버린 탓에 1845년부터 무국적자가 되었다. 1849년부터 영국에 살며 1857년부터 『자본론』(미완)을 썼다. 64세에 사망.

젊은 마르크스가 엮어
훗날 『경제학 비판』, 『자본론』으로 결실을 맺은 경제학적 사고

마르크스가 일반적인 의미에서 철학자였는지에 대한 논의는 지금까지도 이어진다. 그러나 처음에는 선동적인 저널리스트였고, 공산주의 보급에 힘을 쏟은 망명한 활동가였다는 사실만큼은 분명하다.

마르크스가 젊었을 때 쓴 『경제학-철학 수고』(마르크스가 세상을 떠난 후 편찬되었다)에는 마르크스주의의 기본적인 사고가 기록되어 있는데, 핵심은 '소외론'이다.

노동자는 부의 원천이 되는 상품을 생산한다. 그런데 상품을 생산한 만큼 부유해지는 것은 아니다. 노동자는 많이 생산할수록 더욱 가난해진다. 본디 인간은 자연스럽게 일하고 생산하고 사회적으로 공존하며 자기실현을 이룬다. 따라서 생산적 노동이 곧 자기실현이 된다.

그러나 실제로 노동자가 생산한 것은 노동자의 소유가 아니다. 노동도, 생산도 하지 않는 사람(자본가인 경영자)이 생산물을 사유화한다. 따라서 노동자는 노동에 의해 자기실현을 방해받고 '소외'된다. 소외의 원인은 생산물과 생산수단의 사유화에 있다. 사유는 이기적이고 배타적이므로, 시민사회에서 재산의 사유제도를 폐지하고 생산수단을 집단으로 소유해야 한다. 그렇게 함으로써 노동자 계급과 인간은 마침내 해방된다.

'관념'과 '현실'과의 엇갈림

 마르크스와 엥겔스(1820~1895)가 주장한 공산주의 운동이 결실을 맺으면서 몇몇 국가가 공산주의 국가의 노선을 택했다. 많은 노동자가 마르크스의 『자본론』을 읽어서라거나, 자신들이 소외되어 있다고 느껴서가 아니다. 그보다는 부와 힘을 독점한 자본가를 쓰러뜨리면 자신들이 주인인 국가가 될 것이라 기대했기 때문이다.

 그러나 결과적으로 사유재산이 국유재산으로 명칭만 바뀠을 뿐, 노동자는 강고한 국가 체제 아래서 자기실현을 할 수 없는 존재가 되고 말았다. 결국 공산주의 사상과 체제가 새로운 인간 소외를 낳은 셈이다.

 자기실현 여부를 판단하는 것은 지극히 개인적인 일이다. 또한 소외되는지 여부도 개개인이 감지할 수 있는 문제다. 따라서 무엇이 자기실현이고 개인이 소외되는지 여부는 타인이 결코 판단할 수 없다. 그럼에도 오로지 생산과 경제로만 소외의 유무를 판단하는 것은 너무도 일반적이지 않은 관념적 사고가 아닐까?

058

『자유론』
밀

원제 On Liberty, 1859년

난이도 3

개인이 자유로울수록 사회는 좋아진다

"사회가 관여해서는 안 되는 일에 명령할 때, 사회는 수많은 정치적 억압보다 더 무서운 사회적 압제로 이어질 수 있다."

"다양성은 악이 아니라 선이다."

"국가의 가치는 궁극적으로는 그것을 구성하는 개개인의 가치다."

존 스튜어트 밀
John Stuart Mill

1806~1873년. 잉글랜드 런던 출생. 공리주의자로서 유명한 벤담의 친구이자 철학자, 경제학자인 아버지로부터 영재교육을 받았다. 영국 동인도회사에서 근무한 뒤 하원의원으로서 첫 여성참정권론자가 된다. 세인트앤드루스대학 학장. 66세에 사망.

영국 정치철학의 대가가 말하는 '자유'

『자유론』에는 '위해 원칙'이 깔려 있다. 간단히 말해, 남에게 위해를 가하지 않는 사람은 자신이 하고 싶은 일을 해도 좋다는 것이다.

법률은 그 위해를 방지하기 위해서만 제정되어야 한다. 법률로 인해 누군가의 자유가 침해돼서는 안 된다. 밀은 각자의 행복을 위해 개개인의 자유를 최대한으로 존중하려 했다. 타인에게 위해를 끼치지 않기 위해서는 사람의 자유를 제한하는 법률이 있어서는 안 된다.

밀은 법률 외에도 개인의 자유를 제한하려 드는 것이 있다고 지적한다. 종교와 여론이다. 특히 여론이나 세상의 감시, 즉 다수자에 의한 압제는 정치적인 압제보다 강력하다고 말한다.

"사회는 많은 종류의 정치적 압박보다 더 두려운 사회적 압제가 된다."

세상이 개개인에게 강요하는 것은 논리나 깊이 숙고한 결과에서 나온 윤리가 아니라 '반사회적 감정, 선망이나 질투, 오만이나 분개'에 지나지 않는다.

"여론의 멍에는 강하지만 법의 구속은 가볍다."

실제로 "전 세계적으로도 여론의 힘에 의해, 나아가 법의 힘까지 동원하여 사회의 권력이 개인에게까지 부당하게 확대되는 경향이 점점 커지고 있다".

밀의 통찰은 현대에도 그대로 적용된다.

개인이 '개성'을 최대한 발휘할수록 행복해진다

사회적 압박은 사람을 강제하는 획일적인 사회에 어울린다. 사회적 압박으로 인해 사회는 정체되고 자유는 위축된다. 사회 체계에 어떤 의문도 가지지 않고 순응하는 사람이 많아지고, 각자의 잠재 능력은 제대로 발휘되지 못하며, 국가는 전체적으로 쇠약해진다.

괴짜나 사회 관습에 전혀 구애받지 않고 개인적이고 자유로운 사람이 많을수록, 독창적인 사람들에게 너그러운 사회일수록 사회는 풍요로워진다. 따라서 국가의 역할은 국민을 통제하는 게 아니라 국민에게 자유를 주는 것이다.

밀은 개성적인 사람이 타인에게 이해받지 못한다는 것을 자신의 경험에 빗대어 다음과 같이 변호한다.

> "독창성은 독창적이지 못한 정신을 가진 사람들이 그 효용을 알 수 없는 유일한 것이다."

벤담의 '공리주의'와 무엇이 다른가

일반적으로 밀은 벤담과 같이 공리주의자로서 한데 묶이지만, 두 사람의 공리주의는 질적으로 다르다.

벤담의 공리주의는 "최대 다수의 최대 행복"이라는 경구로만 봐도 알 수 있듯 양으로 측정한다. 한편, 밀의 공리주의는 개인의 삶을 대상으로 한다.

밀은 능력 있는 개성적인 인물이어서 『자유론』은 지금도 유효하다. 사실 이 책의 저자는 한 사람이 더 있는데, 1851년에 결혼한 그의 부인인 해리엇 테일러다. 뛰어난 그녀가 있었기에 밀은 최초로 여성참정권론자가 되었다.

아버지의 교육 방침에 따라 학교에서 정식 교육을 받지 않고 집에서 사교육을 받은 밀은 10대가 되기 전에 고대 그리스어, 라틴어, 유클리드 기하학, 논리학을 체득할 정도로 천재였다. 성장한 뒤에는 각 분야에서 재능을 발휘했고, 영국이 낳은 천재 버트런드 러셀의 대부이기도 했다.

철학자의 한마디

인간의 자유를 빼앗는 것은 폭군도,
악법도 아닌 사회적 습관이다.

059

『아나키에서 유토피아로』
노직

원제 Anarchy, State, and Utopia, 1976년

난이도
5

세금은 필요 없다

"정치철학의 근본 문제는 어떤 형태로든 국가가 존재해야 하는지 여부에 있으며, 이 문제는 국가를 어떻게 조직할 것인가라는 문제에 선행한다. 왜 무정부 상태로 두지 말아야 하는가?"

"[유토피아로서의 최소 국가는] 자신의 삶을 선택하고, (자신이 할 수 있는 한) 자신의 목적과 자기 자신에 대한 관념을 실현해나갈 수 있도록 한다.

로버트 노직
Robert Nozick

1938~2002년. 미국 뉴욕시의 러시아계 유대인 실업가의 집안에서 태어났다. 콜롬비아대학, 프린스턴대학, 옥스퍼드대학에서 공부하고 하버드대학 철학과 교수가 되었다. 63세에 사망.

하버드대학 철학 교수가 시도한 '최소 국가'

『아나키에서 유토피아로』는 현대 미국의 자유지상주의(231쪽 참조)와 입장을 같이하는 노직이 최소정부주의minarchism를 주장한 책이다. 한편, 무정부주의anarchism는 모든 정치적 권력과 권위를 부정하기에, 어떤 국가나 정부든 (군이나 경찰 등의 폭력 장치는) 개인의 자유를 침해하므로 쓸모없다고 여기는 주의다.

최소정부주의는 되도록 국가의 규모를 줄이고 보호를 거절하는데, 개인의 자유를 최대화하기 위해서다. 두 가지 모두 개인의 자유를 중시한다는 공통점이 있다.

자유지상주의의 '유토피아 국가론'

노직은 개인의 자유를 최대화하는 것이 목적이기에 국가의 역할을 "폭력, 도둑, 사기로부터 개인을 보호하고 계약 집행에 한정해야 한다"라고 말한다.

국가가 부의 재분배를 위해 과세한다면 강제노동을 시키는 셈이다. 누구라도, 무엇도 강제해서는 안 되며, 자신의 소유물을 자유로이 이용하는 기본 권리를 침해하는 것이다. 이런 주장은 세금을 납부하기 싫은 기업가들의 호응을 얻었다.

그렇다고는 해도, 국민이 자신의 자유를 위해 서로의 권리를 침해하는 일이 없도록 재산 취득과 이전의 '권원權原'(권한이 아님. 권원은 사실 행위 혹은 법적 행위를 정당화하는 법률상의 원인을 말한다. 예를 들어, 소유권이나 지상권)에 대한 정의는 보호되어야만

한다. '재산의 취득과 이전'이란, 구체적으로 말하면 장사 밑천이 합법적으로 취득한 것인지, 시장에서의 자유로운 거래로 얻은 자산인지를 분명히 하는 것이다.

그 결과, 서로 권리를 보호하기 위해 몇 개의 상호보호협회를 만들자는 아이디어를 내놓는다. 이는 초최소국가의 정의를 구현한 것이기도 하다. 자유지상주의의 입장에 있는 작은 국가를 노직은 유토피아라고 불렀다.

'메타 유토피아론'으로의 전향

10대에 플라톤의 『국가』를 들고 브루클린 거리를 거닐던 노직은 성장하여 마침내 자신만의 국가론을 쓰고 전미 도서상을 수상했다. 이 책의 출간으로 찬반 양론이 들끓으며 '자유지상주의'라는 용어가 알려지고 정착되었다.

그러나 『아나키에서 유토피아로』는 개인의 정치철학과 유토피아를 담고 있어서 현실적이지 않은 부분도 많아 하버드대학의 샌델로부터 비판받기도 했다. 노직이 자유와 연관지어 강하게 주장하는 자기 소유의 권리란 대체 무엇인지 명확하지 않았기 때문이다. 결국 공동체와는 관계없이도 지금과 같은 상황의 자신일 수 있는지, 순수한 자기 소유가 존재할 수 있는지가 문제다.

정치철학에서 과격한 주장을 펼친 노직이지만, 훗날 『무엇이 가치 있는 삶인가: 소크라테스의 마지막 질문』(1989)이라는 에세이를 쓸 무렵이 되자, 연대와 일체감이라는 가치를 표현하기 위해 과세를 적극적으로 인정하는 입장으로 돌아섰다.

『합리성의 본질The Nature of Rationality』(1993)에서 노직은 다음과 같이 반성했다.

> "내가 『아나키에서 유토피아로』에서 제시한 정치철학은 사회적 운명과 배려가 얼마나 중요한지 완전히 무시했다. 따라서 그 책에 쓰인 정치철학은 충분하지 않다."

그는 철저한 자유지상주의에서 벗어나 공동체주의에 가까워졌다.

철학자의 한마디

근로 수입에 대한 과세는 강제노동과 다름없다.

060

『노예의 길』
하이에크

원제 The Road to Serfdom, 1944년

난이도
4

'집산주의'가 자유를 질식시킨다

"여기서 나는 매우 불편한 진실을 말하지 않을 수 없다. 그 진실이란, 사실 우리가 이미 어느 정도는 독일이 걸었던 전체주의의 길을 되밟을 위험에 접어들었다는 점이다."

"토크빌이나 액턴 경이 '사회주의는 예속을 의미한다'고 경고했는데도 그 방향으로 착실히 나아가고 있다."

프리드리히 아우구스트 폰 하이에크
Friedrich August won Hayek

1899~1992년. 오스트리아헝가리제국 빈의 학자 집안에서 태어났다. 보헤미아 귀족 혈통으로, 제1차 세계대전 때 군에 복무했다. 빈대학에서 공부하고 법학과 정치학 박사학위를 취득했다. 런던 정치경제대학을 비롯해 독일이나 오스트리아의 대학에서 교수로 일했다. 1974년 노벨경제학상 수상. 92세에 사망.

노벨경제학상 수상,
현대 '시장자유주의'를 대표하는 책

『노예의 길』이 주장하는 바는 민주주의를 표방하더라도 모든 사회주의는 결국 새로운 형태의 예속을 만들어내므로 위험하다는 것이다.

이때 사회주의는 공산주의, 사회주의, 나치즘, 파시즘을 총칭한다. 이는 모두 같은 뿌리를 가지며, 국가가 시장 경기를 창출하려는 '집산주의collectionsm'다. (혹은 '설계주의constructiusm'라고 해도 좋다.)

집산주의는 국가가 경제에 개입하여 통제 체제를 정비하고 생산수단을 집약화함으로써 중앙집권적 계획경제를 펼치며, 집산주의에 의해 체제를 마련하고 실행하면 계획에 따라 사회를 형성한다.

따라서 개인보다 몇몇 집단의 권리를 승인하고 그들에게 우선권이나 독점권을 주어 경제적으로 경쟁하지 않도록 한다. 그 정합성을 위해 법률이나 규칙이 변경된다. 결국 집산주의의 정치 체제가 사회경제 전체를 통제할 것이다.

하이에크가 생각하는 '국가의 역할'

집산주의 정책이 실행되면 민주주의는 자기 목적화되어 기능을 잃고 껍데기만 남는다. 그러면 개인의 자유보다 공동체의 발전이 우선시된다. 하이에크가 말하는 '자유'란 영미 정치철학자와 같은 의미로, 특정 행위를 할 때 타인으로부터 강제되지 않는 상태다. 여기에는 지배로부터의 자유, 구속으로부터의 자유도 포함된다.

그런데 그러한 의미의 자유가 어느새 잊히고 다른 의미의 자유, 즉 부의 평등한 분배에 의한 빈곤으로부터의 자유가 요구된다. 이를 실현하기 위해서는 국가가 제어하는 집산주의적 정책을 민주주의 국가에서 실시하기도 한다.

그것에 반대하는 하이에크는 초기 자유지상주의자(231쪽 참조) 중 한 사람으로, 국가는 작아야 하고 국가의 개입을 최소한으로 억제하여 시장경제의 자유에 맡겨야 한다고 생각한다.

국가가 어떤 경제 체제든 개인은 자유로운 경제 활동이 가능하다고 생각하기 쉽다. 그러나 직간접적으로 서로 연결된 현대에서는 타자가 제공한 물건이나 서비스에 의존하지 않고는 살아갈 수 없다.

또한 외부의 시스템이 조금이라도 변하면 곧 개인의 생활과 경제가 흔들린다. 따라서 국가에 의한 집산주의적인 경제 계획은 결과적으로 개인의 생활을 통제하는 힘이 있다. 그야말로 국가의 힘에 의해 노예로서의 삶을 강요받는 꼴이다.

일본에서는 현재 진행 중인 노예의 길

하이에크의 시점은 현대에도 유효하여 여전히 지속되고 있다. 예컨대, 일본에서는 국가가 경제뿐 아니라 생활 전반을 장악하고 집산주의의 입장에서 정책을 펼치고 있다. 개인의 생산은 산·관·학 연계에 밀려서, 어떤 일을 해도 허·인가로 엄격하게 제한되어 도망칠 곳도, 자유도 없다. 즉, 정부는 민주주의를 내걸고 파시즘의 압제를 시행하므로 정부와 정치, 경제의 힘만 거대해진다. 일본 국민의 대다수가 느끼는 '폐색감'이나 '중압감'은 이로 인한 것이 아닐까?

과거 정부에는 민주주의를 앞세워 독재 체제를 마련하려는 조짐이 있었다. '모욕죄'처럼 해석이 애매하고 추상적인 신법, 초법규적인 결정에 따라 불만 있는 국민에 압력을 가하거나 감시하는 장치를 많이 두었기 때문이다.

철학자의 한마디

인간은 누구나 완전한 이성을 갖추지 못하며,
'합리적 경제인'이라는 이상형은 현실에 존재하지 않는다.

061

『다중: 제국이 지배하는 시대의 전쟁과 민주주의』

안토니오 네그리

원제 Multitude, 2004년

다국적 기업에 대항하는 새로운 세력을 기다린다

"'제국'이 지배하는 것은 내부 분열이나 계층 구조에 의해 갈기갈기 찢기고, 나아가 끊임없이 전쟁에 시달리는 글로벌 질서다. '제국'에 있어 전쟁 상태는 불가피하며 전쟁은 지배의 도구로서 기능한다."

"다중에 절대 없어서는 안 되는 것은 불복종의 권리와 차이를 구하는 권리다. 다중의 구성은 끊임없이 정통에 불복종하는 가능성에 근거한다."

안토니오 네그리
Antonio Negri

1933~. 이탈리아 파도바에서 태어났다. 마르크스, 스피노자를 연구했고, '노동자의 자율**Autonomia Operaia**' 운동에도 참가했다. 테러 용의자로 몰려 프랑스로 망명. 전 파도바대학 교수.

빈곤과 불평등의 확대
'제국'의 지배에서 벗어나 '모두에 의한, 모두의 통치'의 가능성을 그린 주목할 만한 책

미국 철학자 마이클 하트(1960~)와 함께 집필한 이 책은 '제국'이 출연하는 새로운 세계와 '제국'에 반항하는 '다중'의 출현을 다룬다. 여기서 '제국'은 실재하는 제국주의라는 정치 체제가 아니라, 눈에 보이지 않는 세계를 통치하는 네트워크로 연결된 권력을 말한다.

이런 권력은 특정 국가에 소속되어 있지 않기에 중심이 없고, 인터넷이나 운송 기술을 사용해 국경을 넘어 글로벌 네트워크로 연결된다. 즉, 다국적 기업을 비롯한 G20, IMF, WTO, ICPO, 세계경제포럼 등을 가리킨다. 이런 '제국'이 우리를 매일 관리하고 자본주의에 순응하도록 키운다.

다중은 다수라는 의미로 쓰이지만, 이 책에서는 '제국'의 지배하에 있으면서도 권력에 대항하기 위해 네트워크를 통해 연결된, 국적, 인종, 계층을 초월한 모든 사람을 가리킨다. 다중이라는 표현은 마키아벨리의 저서나 스피노자의 『신학 정치론』(1670)에도 등장했는데, 이성이 없는 군중을 뜻했다. 그러나 네그리가 새로운 용어로서 제시한 다중은 전문 분야를 통해 세계적 네트워크로 연결되어 자본주의의 문제를 해결하려는 사람이다. 따라서 스피노자가 말한 다중보다 훨씬 지적이고 해방된 존재다.

"'다중'은 부르주아나 그 밖의 배타적이고 한정적인 계급 형성과는 대조적이며, 자율적으로 사회를 만드는 능력을 가진다."

네그리는 이런 다중에 의한 새로운 민주주의의 가능성을 꿈꾼 것이다.

지구 규모의 새로운 민주주의로

세계를 지배하는 '제국'은 타고난 실력으로 그 체제를 유지하지 않으며, 다중에 의한 실질적인 생산에 의존할 가능성이 있다. 제국과의 관계로 인해 다중은 주권 통치나 무정부 상태 사이에 존재하고, 그곳에서 새로운 정치의 가능성이 대두된다. 그것이 지구 규모의 민주주의가 되기를 네그리는 기대한다.

다중이 손대는 것은 무엇이든 '공통적인 것common'에 근거한다. 지금까지는 '공'과 '사'라는 대립 구도로 보았지만, 대립을 초월한 '공통적인 것'에 근거한다. 그래서 지금처럼 각국의 개인이나 각 기업이 생산하는 것이 아니라, 세계적 네트워크로 연결된 다중이 유무형의 협동을 통해 생산한다.

이처럼 사회적 관계도, 정치적 의사결정도 '공통적인 것'이 된다. 그래야만 다중에 의한 지구 규모의 새로운 민주주의가 탄생한다. 그것은 절대적 민주주의이며, 구체적으로는 '모두에 의한, 모두의 통합'이다.

노동자 자율 사상

다소 현실적인 유토피아론이라고도 할 수 있는 『다중』은 전 세계적으로 널리 읽히면서 혁신적 내용으로 찬반 양론을 불러일으켰다. 그러나 네그리는 진심으로 세계의 변환을 생각했다. 게다가 그는 노동자 자율 운동에 참가했는데, 그 이론적 지도자이기도 했다.

노동자 자율 운동은 Autonomia Operaia로, 직역하면 '노동자의 자율'이라는 의미다(영어로는 Autonomism). 1960년대 이탈리아 노동자의 공산주의에서 나온 것으로, 정부나 기업 같은 외부 조직에 강제되는 것이 아니라, 각각의 개인이 각자의 규율에 근거하여 살아가자는 정치운동이다. 일종의 반자본주의적 정치를 목표로 하는 자율운동인데, 일반적인 임금노동자 외에 가정부, 학생, 비고용자도 포함된다.

철학자의 한마디

주권과 무정부 중에
양자 택일은 더 이상 존재하지 않는다.

이해를 위한 글 ③ 그리스도교에 대해

그리스도교는 4세기 이후 아르메니아와 로마제국이 국교로 삼았고 유럽을 중심으로 하여 전 세계로 퍼져나간 종교다. 그리스도란 '구세주'라는 의미다.
그 신자는 다음의 것을 믿는다.

- 중동의 나사렛 출신의 예수는 처녀 마리아에게서 태어났다.
- 예수는 인간의 죄를 구원하기 위해 십자가에 못 박혔다.
- 십자가에 의한 사형이 있은 사흘 후 예수는 부활하여 승천했다.
- 예수는 신의 아들로 구세주다.
- 예수는 최후의 심판에 모든 사람을 심판한다.
- 신에게는 세 가지 페르소나가 있는데, 신, 신의 아들 예수, 성령으로, 이를 삼위일체라고 한다.
- 『성경』에는 역사적 사실과 예언(신의 계시)이 기록되어 있다.

이것은 그리스도교 신학에서 나온 것으로, 근대 이전의 그리스도교도들이 모두 이해하고 납득했던 것은 아니다.
근대 이전까지 그리스도교는 태어날 때부터 당연한 습속으로 몸에 익혔다. 『성경』을 읽고 그 내용을 믿으려고 애쓰기보다는 지역 공동체의 한 부분으로 어릴 때부터 자연스럽게 신자가 된다.
원래 『성경』은 히브리어나 그리스어로 쓰였기 때문에 교육받지 않은 서민은 읽을 수 없었다. 그보다 『성경』을 손에 넣을 수가 없었다. 서민은 지역 교회에서 단상에 선 성직자가 입에서 나오는 말을 그저 신의 가르침이라 믿고 따랐다.
모국어로 된 『성경』을 읽기 시작한 것은 루터에 의해 독일어로 번역된 『성경』이 인쇄(1522~)된 이후다. 물론 여전히 글을 몰라 읽지 못하는 사람이 대부분이었다.
유럽에서 그리스도교 신자는 유리했다. 지역의 공동체 구성원으로 갖춰야 하는 최소한의 조건이었기 때문이다. 같은 가치관을 가지지 않고 자유로이 생각하고 독자적인 의견을 말하며 특이한 재능을 발휘하면, 차별을 받거나 최악의 경우에는 마녀사냥의 대상이 될 위험성도 있었다.
그리스도교 성직자들은 세세한 생활 규칙을 만들어 신자들이 준수하도록 했는데, 외설(성교로 쾌감을 얻어서는 안 되고 체위나 성교하는 날까지 정해졌다)이나 악에 물들지 않도록 도왔다. 신자의 생활을 엄격하게 규제하는 반면, 성직자들은 사회적인 특권 계급으로 지위를 이용해 여러 가지 악덕에 물들었다.

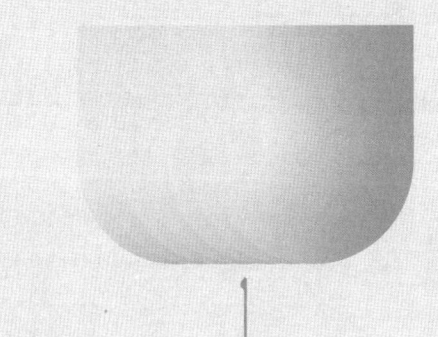

5장
언어에 관한 탐구

『논리-철학 논고』, 비트겐슈타인
『일반언어학 강의』, 소쉬르
『말과 행위』, 오스틴
『목소리와 현상』, 자크 데리다
『말과 사물』, 미셸 푸코

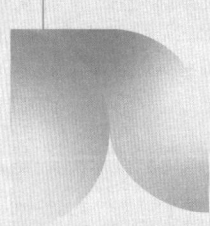

062

『논리-철학 논고』
비트겐슈타인

원제 Tractatus logico-Philosophicus, 1922년

난이도 5

윤리와 미는 말할 수 없다

"명제는 고귀한 사안에 대해 아무것도 말할 수 없다.
윤리는 초월적이다.
말로 표현할 수 없는 것이 존재하는 것은 확실하다.
그것은 스스로 드러난다.
그것이야말로 신비다.
말할 수 없는 것에 대해서는 침묵해야만 한다."

루트비히 요제프 요한 비트겐슈타인
Ludwig Josef Johann Wittgenstein

1889~1951년. 오스트리아헝가리제국 빈의 재벌 가문에서 태어났다. 샤를로텐부르크 공과대학, 영국 맨체스터 공과대학에서 공부했다. 지원하여 종군하며 제1차 세계대전을 경험했다. 중학교와 초등학교 교사를 거쳐 40세에 케임브리지대학에 재입학하고 50세에는 철학 교수가 되었다. 훗날 영국 국적을 얻었다. 62세에 사망.

철학을 부정한 철학

『논리-철학 논고』의 영어 번역본은 76쪽밖에 되지 않는다. 시나 경구처럼 짧은 문장이 이어지는데 문장마다 번호가 매겨져 있다. 전체적으로는 언어의 양상, 언어를 정확하게 사용하는 것의 한계에 대해 서술하고 있다. "철학에서 언어를 사용한 표현이나 토론은 대체 무슨 의미가 있는가?"라는 물음에 대한 답이 바로 이 책이다.

젊은 비트겐슈타인의 주장은 명확하다.

- 철학은 사물을 설명하는 것이다.
- 따라서 모호한 사고를 하는 것이 아니라 그 사고는 기만이나 상상, 제멋대로의 것이 아닌, 사실에 맞는 명석한 것이어야만 한다.
- 그러므로 철학할 때는 모호한 말을 사용해서는 안 된다.

여기서 비트겐슈타인이 말한 '말'이란 평소 사용하는 일상의 말이 아니라, 철학책이나 토론에서 사용되는 '명제'의 단어다. '명제'는 의미 내용의 진위를 평가할 수 있는 한 문장이다. 예를 들어, "그 차는 승차감이 좋다"와 "그 차의 색은 검정이다"라는 두 가지 문장이 있다면, 후자만이 명제이고 전자는 명제가 아니다. 승차감이 좋다는 게 정확히 어떤 의미인지 모호하기 때문이다. 따라서 그 진위를 판단할 수 없으므로, 명제가 아니다. 그러나 차체가 검다고 하면 그 진위는 판단할 수 있다. 따라서 후자의 문장은 명제가 된다.

명제인 문장은 사실에 상응하는 것이어야 한다고 비트겐슈타인은 말하지만, 반드시 그래야 한다고 정해진 법은 없다. 그러나 여기서는 비트겐슈타인을 따라 가정할 때, 과거의 철학을 되돌아보면 이제까지 대부분의 철학에 사용된 문장은 명제가 아니다. "철학에 사용된 말과 문장은 명제로 구성되어야만 한다"라고 비트겐슈타인은 단언하기 때문이다.

결국 철학은 (검증할 수 있는) 자연과학의 명제 이외의 것, 예컨대 신에 대해, 선 등의 윤리, 미 등의 감성에 대해 이야기해서는 안 된다. 그렇지 않다면 애매하고 의미 없는 이야기가 되는 셈이기 때문이다.

비트겐슈타인의 주장은 결국 이제까지의 철학은 애매하고 불명료한 것을 이야기했다는 뜻이다.

빈학단의 결성에 미친 영향

사고와 논리의 명석함을 탐구하는 『논리-철학 논고』의 영향이 널리 확대되면서, 빈대학을 중심으로 하는 논리실증주의파 철학자와 과학자의 집단, 이른바 '빈학단Vienna Circle'(1928~1938)이 성립되어 세를 불렸다.

『논리-철학 논고』의 사고방식은 종래의 관념적인 철학(헤겔의 『정신현상학』이나 하이데거의 『존재와 시간』과 같은 철학)에서 벗어날 것을 촉구한다. 그 외에도 미학, 윤리학, 종교철학, 언어철학의 사고에까지 영향을 미쳤다.

비트겐슈타인이 초기에 『논리-철학 논고』에서 주장한 내용이 완전히 옳다고 하면 수치를 이용한 분석이나 논리 같은 과학적 자세만이 중요하고 의미 있는 것이 되고, 형이상학(형태가 없는 추상적인 것, 윤리, 미, 신앙)에 대한 사고는 모두 경시할 우려가 있다. 실제 현대에서는 그런 경향을 자주 볼 수 있다. 예컨대, 수치나 통계, 경제를 중시하여 인간의 윤리 따위는 고려할 가치가 없다고 여기는 현대 신자유주의자들의 사고가 이에 해당한다.

한편, 비트겐슈타인은 평생을 바쳐 언어 문제에 힘썼는데, 오늘날에도 언어나 표현에 고민하는 사람이 많다. 차별이나 불평등, 법률, 규제, 정치 술수나 배신, 컴퓨터 언어나 암호 등등 현대의 다양한 문제들은 예전의 철학이 다룬 '인간의 이성'과 관계 있는 것이 아니라, 언제나 언어의 의미와 그 범위와 관련 있다.

자신의 주장도 비판한 20세기 최대의 철인

비트겐슈타인은 시골에서 교사로 일하는 동안 『어린이를 위한 사전 Wörterbuch für Volksschulen』(1926)을 쓰고 출판했다. 그가 생전에 출판했던 것은 『논리-철학 논고』와 이 책뿐이다. 그 후 케임브리지대학으로 돌아가 『논리-철학 논고』로 박사학위를 받고, 철학 교수가 되어 학생들을 가르쳤다.

비트겐슈타인은 체면에는 신경 쓰지 않았으며, 누구든 거짓말하는 걸 용서하지 않은 데다 기이한 행동을 하곤 했다. 수업 중에 오랫동안 생각에 잠기거나, 수업이 끝나면 스트레스를 풀기라도 하듯이 미국 서부영화를 보러 가거나, 플란넬 셔츠나 재킷만 입고, 식사는 검소하게 버터와 빵, 코코아만 먹었다고 한다. 그는 자신에게 솔직하고 세속적이지 않았다.

비트겐슈타인은 『논리-철학 논고』의 서문에 이렇게 적었다.

> "이 책의 모든 의의를 다음과 같은 말로 할 수 있다. '본디 말할 수 있는 것은 명료하게 말할 수 있다. 그리고 말할 수 없는 것에 대해 사람은 침묵한다.'"

대학에서 학생들을 가르친 후로 비트겐슈타인은 "명제는 실제의 형상을 그린다"라는 자신의 주장을 비판하기 시작했다. 그리고 1932년 무렵부터는 '언어 게임'이라는 개념을 사용했다.

'언어 게임'의 원어는 'sprachspie'로, '언어유희'라고 번역될 수 있다. '언어 게임'을 한마디로 설명하면 "일상 언어의 의미는 공통의 사회생활에서 저절로 결정된다"라는 것이다. 따라서 매일 끊임없이 변화하는 언어를 철학이 일방적으로 범위를 좁혀 의미를 고정하고 그 범위를 벗어나지 않고 사고하면, 결과적으로 현실에서 벗어난 이상한 이야기가 된다. 언어 게임에 대한 비트겐슈타인의 후기 연구는 『철학적 탐구』라는 원고에 담겼는데, 생전에는 출간되지 않았다.

비트겐슈타인은 철학 연구에서 자신이 틀리지는 않았는지 늘 불안해했다.

063

『일반언어학 강의』
소쉬르

원제 Cours de linguistique générale

난이도 9

언어 자체에 의미는 없다

"요컨대 언어에는 차이밖에 없다."

"언어는 모든 기호 체계와 마찬가지로, 개별 기호들을 서로 구별하는 데 그 바탕을 두고 있으며, 그 구별 자체를 조합해 전체 체계를 구성한다. 여기서 '차이'는 언어의 특질이 된다. 그것이 곧 언어적 가치와 단위를 형성한다."

페르디낭 드 소쉬르
Fredinand de Saussure

1857~1913년. 스위스 제네바에서 학자를 배출한 명문가에서 태어났다. 제네바대학에서 화학과 물리학을 전공했는데, 관심은 언어학이나 철학이었다. 언어학의 중심이던 라이프치히와 베를린에서 유학하고, 1879년 산스크리트어 연구로 박사학위를 받았다. 파리에서 대학 강사로 일하다 제네바대학 특임교수가 되었다. 1907년 일반언어학 강의를 시작했다. 55세에 사망.

'구조주의'를 창조한 근대 언어학의 아버지

『일반언어학 강의』는 소쉬르가 1907~1911년에 제네바대학에서 한 세 차례의 강의를 정리한 것으로, 소쉬르가 세상을 떠난 뒤 출판됐다. 이 책의 내용이 주목을 끈 이유는 그때까지의 언어학의 개념을 초월하여 언어에 대한 완전히 새로운 사고방식을 제시했기 때문이다. 소쉬르 이전에 플라톤『크라튈로스』나 아리스토텔레스의 『숙명론』이 등장한 고대부터 언어에 대한 탐구가 시작되었는데, 기본적인 태도는 사물이나 개념이 먼저 존재하고 그것에 명칭이 붙여졌다는 것이다. 이를 '언어 명명론'이나 '언어 명칭 목록관'이라 부른다.

대상물과 명칭이 어떻게 연관되는지는 각 언어의 역사를 조사해보면 알 수 있고, 그 근원까지 파고들다 보면 사물과 명칭이 일치하는 지점이 등장할 것이다. 달리 말해, 언어의 의미와 명칭에는 알기 어려운 관계가 있고 그 배후에는 역사가 있다.

그런데 소쉬르는 전혀 다르게 접근했다. 언어의 관계성이나 법칙의 요인만을 살펴서, 사용되는 언어의 구조, 시스템을 밝혀 언어를 연구하는 것이다. (이것을 소쉬르가 사용한 용어로 '공시 언어학'이라고 한다. 굳이 역사를 고려하지 않고 현재 혹은 일정 시기의 언어의 법칙성을 탐구하는 방법이다.)

언어는 기회이고, 관계성에서만 의미를 가진다

소쉬르의 공시 언어학에 따르면, 언어는 기호이고 그 기호의 개념이나 의미는 언어(기호)만으로 결정되는 것이 아니라 반드시 다른 언어(기호)와의 관계에 의해 결정된다.

예를 들어, 체스 게임에서 말도 기호다. 각각의 말이 기호로서의 역할만 하므로 다른 사물로 대체되어도 역할을 수행하는 데는 전혀 문제가 없다. 킹을 잃어버려도 단추로 대체할 수 있다. 그 말이 킹인 것은 명칭에 지나지 않는다. 어느 방향으로든 한 칸씩 자유롭게 움직인다는 사실이 킹이 가진 의미(개념)다. 따라서 양복 단추로 대체되어도 똑같다. 킹으로서 부족하지도 과하지도 않으면 자유롭게 움직일 수 있다. 기호에 지나지 않기 때문이다.

언어도 이것과 마찬가지로 어떤 언어든 명칭(말이나 소리의 형태, 시니피앙signifiant)과 개념(의미, 시니피에signifié)으로 이뤄져 있다. 따라서 특정한 개념에 지금과 다른 명칭이 붙여졌다고 해도 불편하지 않다. 그 반대도 마찬가지다.

게다가 언어 각각의 의미는 현실과는 아무 관계도 없다. 전형적인 예로, 오른쪽이라는 현실의 장소는 존재하지 않는다. 오른쪽이라는 개념은 왼쪽이라는 언어와 대조해야만 이해되는 것이다. 즉, 차이만으로 개념이 결정된다.

따라서 소쉬르는 언어에는 차이밖에 없다고 강조했다. 언어는 현실에서 떨어져 자율적으로 존재한다.

인간은 사용하는 '언어'에 의해 만들어진다

물론 나라마다, 지역마다, 시대마다 언어는 변화한다. (어떻게 변화하는지는 알지 못한다.) 예컨대, 일본어의 물水과 영어의 water는 명칭도 다르다. 일본어의 물은 반드시 차가운 물이지만, 영어의 water는 따뜻한 물까지 포함한다.

일본어에서 '좋다'는 동사는 간단한 사전에서는 영어로 like, 독일어로 mögen, 프랑스어로 aimer로 설명하지만, 사실 의미의 범위가 정확히 겹치지 않는다. 이처럼 언어는 장소가 달라지면 일대일로 대응하지 않는다. (따라서 엄밀한 번역은 불가능하다.) 또한 영어의 파랑과 러시아어의 파랑이 다른 것처럼, 색의 명칭과 개념도 언어마다 다르다.

이런 예는 '언어가 세계를 분절한다'는 것을 보여준다. 결국 자신이 사용하고 있는 언어에 의해 세계가 나뉘는 방식이 달라지는 것이다. 그에 따라 가치도 달라진다. 바꿔 말하면, 인간은 자신이 사용하는 언어에 의해 만들어진다.

새로운 연구 수단 '구조주의'를 낳다

소쉬르의 『일반언어학 강의』는 현대 '기호론'의 새로운 토대가 되었는데, 새로운 연구 방법으로서 '구조주의'를 낳았다.

구조주의란 사물을 관계와 관계에서 보고, 지금의 것을 총체적인 체계로서 파악하며, 공통 요소를 형식화하고, 그 요소 간의 상호관계를 검증하는 방법이다. 이런 연구 방식은 대다수 분야에서 응용할 수 있는데, 특히 레비스트로스가 인류학의 연구에 사용한 것으로 유명하다. 그 외에 루이 트롤 예름슬레우, 메를로퐁티, 롤랑 바르트, 라캉, 데리다, 크리스테바, 촘스키의 언어학이나 철학의 방법론에 강한 영향을 주었다.

소쉬르의 생전에 간행된 서적은 한 권뿐으로, 21세에 쓴 『인도유럽어 원시 모음 체계에 관한 논고 Mémoire sur le système primitif des voyelles dans les langues indo-européennes』(1878)였다.

064

『말과 행위』
오스틴

원제 How to do Things with Words, 1962년

난이도 4

언어가 행위를 부추기다

"고대 철학에 깃들든 어떤 상정에 의문을 던지자. (중략) 그 상정이란 (중략) 실제로 고찰되는 모든 경우에 대해 무언가를 말하는say something 것은 항상, 게다가 간단히 무엇인가를 진술하는 데 지나지 않는다는 것이다. 이 상정은 의심의 여지 없이 무자각이고, 또 의문의 여지가 없이 오류다. 그럼에도 철학 분야에서는 언뜻 당연하게 받아들이는 듯 보인다."

존 랭쇼 오스틴
John Langshaw Austin

1911~1960년. 영국 랭커스터의 건축가의 아들로 태어났다. 옥스퍼드대학 베일리얼 칼리지에서 그리스 고전, 아리스토텔레스를 공부했다. 바이올린 연주와 스포츠에 재능이 있었지만 최종적으로 철학을 전공했다. 옥스퍼드대학 출판국 이사, 1952년부터 화이트 기념 도덕철학 교수. 48세에 사망.

'철학을 파괴하는 남자'로 불린 오스틴, '철학과 언어학을 연결한' 명저

『말과 행위』는 오스틴이 1955년에 하버드대학에서 열린 기념 강연을 훗날 편찬한 것이다. '어떻게 언어로 행위하는가'라는 알쏭달쏭한 원제를 가진 이 책에서 다루는 것은 일상의 언어행위론이다.

보통은 발언된 언어는 말에 불과하고 행위와는 관계가 없다고 여긴다. 그러나 언어는 행위와 연관을 맺고, 지금까지 단순한 서술문으로 여겨졌던 것이 행위 그 자체가 된다. 이것을 '행위수행적 발언performative'이라고 오스틴은 말한다.

'나는 이 사람과 결혼합니다'='행위를 수행한다'

결혼식 때 "나는 이 사람과 결혼합니다"라고 말했다고 하자. '나'가 어떤 사람과 결혼식을 올리고 있다, 두 사람이 결혼하고 있다는 사실을 보고하는 서술일 뿐이라고 할 수는 없다.

예를 들어, "나는 이것에 걸었다"거나 "이 시계를 네게 준다"는 말은 마찬가지로 행위수행적 발언이다. 결국 발언한 사상이 행위가 된다. 물론 그러려면 조건이나 상황이 그에 따라야 한다. 난폭한 언어를 던지는 것 또한 언어상의 야만적인 수식어라기보다는, 현실의 상대에게 폭력을 휘두르는 셈이다.

그렇다면 "네 뒤에 소가 있다"라는 발언은 어떨까? 이것은 목가적인 정경을 이야기하는 서술문일까? 어쩌면 위험하니 지

065

『목소리와 현상』
자크 데리다

원제 La voix et le phénomène, 1967년

난이도 9

차이만이 의미가 있다

"이데아적 대상은 모호한 대상 중에서도 가장 대상적이다. (중략) '이데아적–존재(이데아적인 것)'는 세상의 밖에서는 아무것도 아니다."

"우리는 의미, 이데아성, 대상성, 진리, 직관, 지각, 표현이라는 개념의 조직적 연대를 통감했다. 이 개념의 공통의 모태는 현전現前으로서의 존재[6]다."

6. 확실하다고 인정받는 것. 현전성이라고도 한다. (311쪽 참조)

자크 데리다
Jacques Derrida

1930~2004년. 프랑스령 알제리의 엘 비아르에서 태어났다. 유대계 프랑스인으로 전후 유대인 차별을 겪고 프랑스의 고등사범학교에서 푸코의 강의를 들었다. 하버드대학에 유학했고, 고등사범학교 철학 교수를 역임했다. 미국의 각 대학에서 가르쳤다. 74세에 사망.

'읽기'란 무엇인가
지금까지의 사상을 '탈구축'하는 방법론

『목소리와 현상』은 에드문트 후설의 『논리 연구』를 데리다가 번역하면서 쓴 서문으로, '후설 현상학에서 기호 문제에 대한 입문'이라는 제목이었다. 이 서문에는 후설의 철학에 대한 비판을 담고 있다. 후설의 현상학은 '순수의식' 같은 근원, 달리 말해 확고한 진리 혹은 진짜가 존재한다는 것을 전제로 논리가 전개되지는 않는다는 것이다.

데리다는 후설뿐 아니라 플라톤 이래로 다수의 철학자가 그렇지 않았을까 의심한다. 철학은 진리가 어딘가에 있다는 전제로, 그 진리에 다가가려고 노력한다. 진眞의 방향으로 다가가는 것이다. 그런 철학이 진인 것처럼 꾸며진 것은 아닐까?

'동일성'과 '이항 대립'

철학에서는 옛날부터 논리를 이용했는데, 그 논리의 기초가 '동일성'과 '이항 대립'이다. 이 두 가지는 보통의 논리에도, 철학의 논설에도 사용된다. 동일성에 의해 "~는 ~이다"라고 결정되는 동시에 "~는 ~이 아니다"라는 사실도 얻을 수 있다.

이항 대립은 이런 식으로 두 개념이 대립하는 상태다. 진짜와 가짜, 생과 사, 정상과 이상, 지성과 감성, 선과 악, 영혼과 육체, 서양과 동양, 일반과 특수, 주관과 객관이라는 식으로 이항 대립이 되는 개념은 무수히 존재한다.

대립하는 이상, 반드시 A 혹은 B라고 결정된다. A도 B도 아닌 것은 있을 수 없고, A이기도 B이기도 한 것도 있을 수 없다. (이처럼 이항 대립의 중간은 없다는 것을 논리학으로는 '배율排律'이라고 한다.)

그러면 사물은 모두 확실히 나뉘고 독립적인 듯한 인상을 준다. 그런데 이항의 개념은 실제로는 서로 이질적이지 않다. 서로에게 의존하지 않으면 각각의 의미를 유지할 수 없기 때문이다.

예를 들면, '어두운 것'은 '밝지 않다'는 식으로밖에 그 의미를 정의할 수 없다. 이것으로는 사물의 의미를 정의하려고 해도 실제로는 정의하지 않는 셈이 된다. 결국 의미는 이항 대립의 논리에서 태어나지 않는다. 상대의 진(진실)이나 위(거짓)가 없다면 자신의 진위가 무엇인지 알 수 없다.

'입에서 나오는 말'과 '쓰는 말', 어느 쪽을 신뢰할 수 있는가?

나아가 이항 대립은 어느 한쪽이 우위에(혹은 진실의 위치에) 놓이는 것이 보통이다.

언어에 대한 이항 대립도 '말하는 언어parole'와 '쓰는 언어écriture'가 그 이항이 되는데, 음성언어인 파롤이 문장인 에크리튀르보다도 우위에 있다고 (유럽에서는) 여겼다. 소리내어 말하는 것만이 인간의 직접적인 언어이고, 신뢰할 만하기 때문이다. 한편, 에크리튀르는 글로 쓰는 단계에서 가공된다고 여겨서 신뢰할 만하지 못하다고 보았다.

새로운 철학적 자세를 지향했던 후설은 현상학에서도 이러한 입장을 고수했다. 데리다는 이 점을 비판했다. 후설이 "현상학은 모든 원리의 원리가 되는 충실한 근원적 직관에 대한 의미의 현전, 혹은 현전성을 모든 가치의 원천이자 보증자로 삼는다"라며 비판한다.

여기서 '현전성'이란, 지금 눈앞에 있어 생생한 것이라는 의미다. 따라서 목소리를 내는 파롤에는 명확하게 현전성이 있다. (일본에서도 '살아 있는 목소리(육성)'이라고 표현하고 특별히 여긴다.) 그리고 현전성에 높은 가치를 매기는 태도를 음성 중심주의라고 말한다. (소크라테스도 음성중심주의자였기 때문에 책을 쓰지 않았다.)

데리다가 서양 철학을 관통한 음성중심주의 사고를 비판한 이유는 음성중심주의 자체가 모순을 품고 있기 때문이다. 일반적으로 파롤은 생생한 진실 그 자체이고, 나중에 냉정하게 정돈된 파롤의 내용이 에크리튀르라고 여긴다. 결국 에크리튀르는 목소리와 일치하지 않는 열화한 복제, 거짓에 지나지 않기 때문에 가치가 떨어진다는 것이다.

그러나 데리다는 목소리를 원전으로 볼 수는 없다고 여겼다. 그 사람의 목소리로 말한 언어는 사실을 과거의 언어에서 끌어낸 것, 지금 이곳에서 사용하기에 적당하다고 판단된 과거의 누군가의 말이나 에크리튀르에서 잡은 내용에 지나지 않기 때문이다.

원래 언어는 모두 기존의 언어를 복제한 것이다. 이렇게 생각하면 파롤과 에크리튀르의 경우 이항 대립의 진위나 우열은 원래부터 존재하지 않았다는 것을 알 수 있다.

이외에도 유럽 특유의 이항 대립으로 중요하게 여겨진 것으로서 남성적인 것, 논리적인 것, 자아와 목적을 가지고 나아가는 것 등이 있다. 물론 그러한 가치관에서 확고한 근거는 찾을 수 없다.

의미는 '차이'에서 나온다

이런 식으로 지금까지의 철학이나 문헌을 다시 살피고, 서양에서 구축된 것을 해체하고 기존의 가치에서 벗어나며, 그 안에 있는 이항 대립의 위계질서를 무너뜨리는 것을 데리다는 '탈구축Déconstrucion'이라고 말했다.

탈구축에 의해서 사물은 해체되고 기존의 일반적인 의미는 옅어진다. 그리고 다시금 다른 여러 가지 의미를 낳은 계기와 상황을 만든다. 앞서 살펴보았던 것처럼, 원래 이항 대립의 개념은 서로에게 의존해서 각자의 의미가 돋보이게 하는 것이라 각각의 개념이 가진 고유 의미는 처음부터 없었다.

그러면 의미는 어디서 생긴 것일까? 데리다는 여러 가지 '차이'에서 의미가 생성된다고 말한다. '~는 ~이다'라는 동일성과 차이는 이항 대립의 관계다. 차이는 '~는 ~이다'라는 식으로 단정하지 않고 온갖 상황에 의한 엇갈림(차이)에 영향을 받으면서도, 그때마다 확정적이지 않은 의미가 생겨난다.

이것을 쉽게 이해하기 위해서 음악 연주에 비유해보자. 쇼스타코비치의 심포니 5번 제4악장을 연주할 경우, 지휘자가 번스타인과 로스트로포비치일 때는 크게 다르다. 지휘자가 곡에 어떤 의미를 만들어내는 것은 아니다. 단지 상황에 따른 차이의 효과가 각각의 청자에게 그때그때 의미를 가진다. 거기에는 청자의 개인적 상황까지 차이로서 더해진다.

문장(에크리튀르)의 경우도 마찬가지라서 음독하는지, 묵독하는지, 어떠한 상태로 읽는지, 또는 누군가가 읽는지, 어떤 언어로 읽는지, 어떤 목소리로 읽는지 등의 차이가 각각 다른 효과를 가져온다.

한편, 지각되지 않는 차이도 무수히 많다. 문장은 여러 가지 '차이로 된 직물'과 같은 것이고, 저자의 의도가 어떠하든 그 문자의 의미는 다시금 '결정'되는 것이 없다. 차이가 효과를 초래하는 작용 자체를 데리다는 '차연差延, différance'이라는 조어로 표현했다.

인생도 평가도, 차이로 가득한 데리다

지금까지의 보편적인 개념의 이항 대립을 한 번에 해체하겠다는 발상은 니체에게 영향을 받은 것이다. 니체는 『도덕의 계보』에서 "약자의 르상티망에 의해 악이 무엇인지 결정되고, 그 악과 대립하는 것이 선이라 정해진다"라고 말한다. 데리다는 선악이 결정되는 과거의 이항 대립이 자기 편의적인 것임을 자각했다.

전체적으로 보면 경우와 시대가 데리다의 차이와 차연의 사상을 형성해왔다고도 말할 수 있다. 데리다는 프랑스의 영토였던 알제리의 북쪽 해변인 엘 비아르에서 태어났다. 알제리는 1830년 프랑스의 출병에 의해 식민지가 됐는데, 1954년부터 프랑스군과의 전쟁이 시작된 결과, 1962년에 독립했다. 그런데 알제리의 독립을 계기로 가까이에 살던 유럽인들이 탈출했기 때문에 데리다는 고향 사람들을 잃은 듯한 감각에 휩싸였다.

1930년에 태어난 데리다는 5대 위 선조부터 유대계 프티부르주아였는데, 프랑스인으로서의 인식을 가지고 있으면서도 프랑스인이 아니었고, 그렇다고 토착 알제리인도 아니었다. 9세에 제2차 세계대전이 시작되었는데 알제리 내부에서는 전투가 일어나지 않았다. 그러나 나치 사상의 영향을 받아 1942년에는 인종차별법이 마련되었다.

이런 환경에서 데리다는 노골적으로 차별받으면서도 유럽인이라고 인식하며 살아갔다. 축구 선수가 되는 게 꿈이었던 19세의 데리다는 유명한 소설『이방인』을 쓴 알베르 카뮈(1913~1960)가 라디오에서 이야기하는 것을 듣고 철학에 매료되었다고 한다. 그리고 프랑스에서 철학을 시작했다. 확실한 것은 어디에도 없다는 것을 온몸으로 실감하며 살아왔기에 차연의 사상을 낳았던 것이다.

차이를 기초로 한 데리다의 탈구축 사상은 급속히 유행하여 문학, 연극, 건축 등 다방면에서 세계적으로 영향을 미쳤다.

물론 데리다의 사상이나 표현에 반대하는 사람도 적지 않았다. 이민자로 성립된 미국은 이미 다양성이 있어서 데리다의 사상이 특별히 필요 없다거나, 데리다는 허튼소리가 많고 애매하게 설명한다거나, 수식어가 많고 엄밀하지 않다거나, 학문이나 진리를 공격하고 있다는 것이다.

그러나 데리다로 인해 서양 철학이 믿고 있던 '보편성'의 근간이 무너졌다. 게다가 데리다의 사상은 차이나 다양성의 중요성을 지적하고 차별이나 억압이 없는 사회를 지향했다. 다만 이제는 다양성이나 차이가 서로 다투는 상황이 되었다.

철학자의 한마디

눈의 본질적인 역할은 보는 게 아니라
눈물을 흘리는 것이다.

066

『말과 사물』
미셸 푸코

원제 Les mots et choses, 1966년

난이도 8

말 하나로 바꾸는 세계

"18세기 말 이전에 '인간'이라는 것은 실존하지 않았다. (중략) '인간'이야말로 지知라는 조물주가 불과 200년 전에 자신의 손으로 빚어낸, 가장 최신의 피조물에 불과하다."

"인간이 그곳에서는 최초의 발견이다."

미셸 푸코
Michel Foucault

1926~1984년. 프랑스 푸아티에의 상류 계급인 외과의사의 아들로 태어났다. 『광기의 역사』로 철학박사 학위를 받았다. 그 외에 심리학, 정신의학의 학위를 받았다. 파리 제8대학 철학과 학장. 콜레주 드 프랑스(국립특별고등교육기관) 회원, 사고체계사 교수. 57세에 사망.

'인간의 종언'을 예언
참신한 역사관으로 요즘 사람을 매료시키는 혁명적 사상서

부제가 '인문과학의 고고학'인 『말과 사물』은 시대마다 '인식episteme'이 다르다고 주장한다. 에피스테메는 푸코가 그리스에서 빌려 온 용어로, 학문을 성립시키는 힘을 가진 그 시대에 고유한 지식의 틀, 인식 체계를 말한다. 사물을 받아들이는 방식과 그로부터 파생한 가치관이 시대마다 다르기에 세계가 어떻게 보이는가가 달라진다. 그렇다면 구체적으로 어떤 에피스테메가 있었을까?

16세기 말까지 중세와 르네상스시대에는 닮은꼴이 에피스테메의 토대였다. 예컨대, 뇌의 형태와 호두가 닮아서 호두가 두개골의 상처를 고친다고 여기고, 눈의 밝기는 태양이나 달의 밝기와 같다고 여겼다. 당시는 현대와 매우 달라서 사물과 말의 연결이 명확했다. 사물과 연결되어 있지 않은 말은 없었다. 따라서 기록, 관찰, 우화에 명확한 구별은 있을 수 없다. 공상과 사실에 경계가 없기 때문이다.

스페인 작가 세르반테스가 쓴 소설 『돈키호테』(1605~1615)의 주인공 돈키호테는 물레방아를 용이라고 생각했는데, 그 이유는 날개라는 유사성이 있어서였다. 따라서 돈키호테라는 남자는 이야기와 현실의 구별이 되지 않는 전형적인 중세인이다.

17세기 중반부터 19세기까지 고전주의시대에는 분석과 계산, 말에 의한 질서가 에피스테메의 토대가 된다. 이 시대에는 이제까지의 언어와 사물 간의 강한 연결이 사라져 차이에 주목하지 않게 되었다. 따라서 말은 현실의 사물에 항상 대응하지는 않으며, 사고가 사물을 질서정연하게 만드는 도구가 된다. 그러면서 일반 문법, 박물지(눈에 보이는 표지만으로 분류), 부의 분석이 발달했다.

일반 문법, 박물지, 부의 분석은 근대(19세기 이후)가 되면 문헌학, 생물학, 경제학으로 대체된다. 말 그 자체가 현실에 존재하는 사물에서 떨어져 나와 독립했기 때문이다. 경제학의 발달로 알 수 있듯이, 시장에 유통되는 화폐 자체의 작용과는 다른 차원에 있는 경제 구조라는, 눈에 보이지 않는 사정을 말로 하는 에피스테메의 시대가 되었던 것이다. 에피스테메의 변화는 급격히 일어난다고 푸코는 말한다. 『말과 사물』의 후반부에서 눈에 띄는 것은 인간이라는 개념이 근대의 발명이라는 주장이다. 평소에 인간이라는 말을 많이 사용하지만, 사실 그런 개념은 없다.

근대 이전에 존재했던 것은 혈통, 신분, 지위, 출신지, 직업 등으로 나뉜 크고 작은 사람들뿐이었다. 그러나 근대에는 에피스테메에 의한 추상화로 사회생활을 지탱하는 노동, 언어, 생명이 두드러지고 '인간'이나 생명과학, 심리학, 인류학이라는 개념이 생겨났다. 어쩌면 다음 세대에는 인간이라는 개념이 사라질지도 모른다.

빵처럼 팔린 베스트셀러

『말과 사물』은 풍부한 지식과 유려한 문장이 가득한 책으로,

《익스프레스》의 주간 베스트 5위 내에 들어가고 초판은 1주도 되지 않아 품절되어 '빵처럼 팔렸다'(1년간 2만 3000부)고 평가되었다.

그 외에도 푸코가 쓴 책은 출간될 때마다 선풍적인 화제를 불러일으켰다. 각 책의 키워드이자 인상적인 용어였던 '고고학', '에피스테메', '생명권력', '생명정치'(생명과 죽음을 관리하는 정치)는 덩달아 유명해졌다.

그는 문제아로 여겨졌다. 어릴 때부터 힘든 삶을 살며 자살미수까지 일으켰던 푸코는 결국 동성애자임을 인정했다. 그의 개성과 역사를 보는 새로운 관점은 그 자신을 포함해 사람들을 다양한 삶으로 해방시켰다.

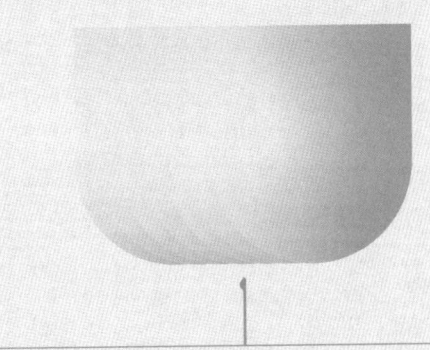

6장
과학과 방법에 대하여

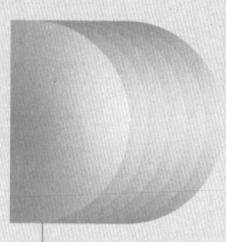

『신기관』, 프랜시스 베이컨
『방법서설』, 데카르트
『엄밀한 학문으로서의 철학』, 후설
『민주주의와 교육』, 존 듀이
『정신분석입문』, 프로이트
『새로운 과학 정신』, 가스통 바슐라르
『정상적인 것과 병리적인 것』, 조르주 캉길렘
『암묵적 영역』, 마이클 폴라니
『생각에 관하여』, 길버트 라일
『생각에 관한 생각』, 대니얼 카너먼

067

『신기관』

프랜시스 베이컨

원제 Novum Organum, 1620년

난이도 5

편견은 네 가지가 있다

"사람들은 이야기함에 따라 단단히 결속되는데, 말하는 언어는 일반인의 이해력에 따라 결정된다."

"인간의 지성은 한번 이렇다고 결정했기에 (그것이 승인되었다고 믿기에, 혹은 자신의 마음에 들어서) 다른 모든 것을 지지하고 그것에 합치하도록 한다."

프랜시스 베이컨
Francis Bacon

1561~1626년. 잉글랜드 런던에서 태어난 자작. 케임브리지 대학 크리니티 칼리지에 들어갔지만, 졸업하지 않았다. 런던의 그레이법학원에서 법률을 공부했다. 정치가, 법학자, 철학자. 65세에 사망.

17세기 학문과 기술의 혁신을 이끈 위대한 사상가 '귀납법'을 강조하다

번호를 매긴 짧은 문장을 모아 정리한 『신기관』은 베이컨이 쓴 (미완의) '위대한 건설Instauratio Magna'의 2부에 해당한다. 베이컨은 자연에 대한 새로운 지식을 발견하는 방법론을 쓰는 것이 목표였다. 『신기관』은 '새로운 도구'로 번역되는데, 베이컨은 자신의 책이 누구나 정확한 원을 그리게 해주는 컴퍼스 같은 것이라고 말한다.

스스로는 자신이 매우 참신한 시점을 가지고 있다고 굳게 믿고 있었던 듯하지만, 실제로는 코페르니쿠스(1473~1543)를 무시했다. 그러나 현실을 관찰하는 것을 중시하여 실증적으로 사물을 탐구하려는 귀납법(개개의 사실에 공통하는 일반적인 요소나 법칙을 구하는 방법)을 강조했다는 면에서, 중세에서 근대로 넘어가는 선구적인 서적이었다.

네 가지 편견으로 분류된 '인간의 약함'

이 책에서 가장 유명한 내용은 진리 탐구를 할 때 피해야 하는 '네 가지 이돌라Idola'다. 이돌라란, 환영이나 우상을 뜻하며 아이돌의 어원이기도 하다. 여기서는 잘못된 이해로 인간을 이끌고 가는 편견 혹은 선입견이라는 의미로 사용된다.

■ **종족의 이돌라**: 인간에 있는 고유의 편견, 무엇이든 인간의 감

각으로 판단하는 데서 오는 편견. 예를 들어, 사물을 인간에 빗대거나 비교하여 판단하거나, 착각을 포함한 감각을 그대로 사실로 여긴다.
- **동굴의 이돌라**: 개인의 버릇이나 습관, 그 사람이 영향을 받아온 교육이나 인물이나 책 또는 개인적인 경험에서 생겨난 편견.
- **시장의 이돌라**: 다른 사람과의 교제에서 생겨난 편견. 상대의 독특한 말의 사용 방식, 의미에서 지성이 뒤틀리거나 혼란스러워진다.
- **극장의 이돌라**: 특정 철학이나 주의, 사상에 영향을 받아 생겨난 편견.

'셰익스피어=베이컨설'과 세상의 평판

셰익스피어와 베이컨이 동일 인물이라는 설이 있었는데, 셰익스피어에게는 학식이 없고 점성술 등을 믿었으므로 사실이 아닐 것으로 본다.

베이컨의 세계에 대한 관점은 근대 과학을 발전시키는 데 조금은 도움이 되었다. 그러나 그는 수학을 모르는 중세인 데다 지위와 금전과 사치를 좋아하는 세속적인 사람이기도 했다.

베이컨이라는 인물상은 천박하고 비열한 면이 있고, 잔혹함과 진보적인 인간 사이를 오간다. 베이컨을 비롯해 그의 사고방식도 중세와 근대의 틈바구니에 있었다.

068

『방법서설』
데카르트

원제 Discours de la méthode, 1637년

난이도 3

정말로 확실한 것은 무엇인가

"나는 곧 깨달았다. 이처럼 모든 것은 거짓이라고 생각하는 사이에도 그렇게 생각하는 나는 필연적으로 무엇이어야만 한다고. 그리고 '나는 생각한다, 고로 나는 존재한다'라는 이 진실은 회의론자가 어떠한 터무니없는 것을 상정해도 동요하지 않을 만큼 견고하고 확실하다는 사실을 인정했기 때문에, 나는 이 진리를 내가 추구했던 철학의 제1원리로서 이미 안심하고 받아들일 수 있다고 판단했다."

PHILOSOPHER

루네 데카르트
René Descartes

1596~1650년. 부르봉왕조 프랑스의 중부 라에의 부르타뉴 고등법원 평정관의 집안에서 태어났다. 관료 귀족의 신분, 푸아티에대학에서 법학 학위를 받았다. 네덜란드군에 들어가 물리과 수학을 연구했다. 스웨덴 여왕에게 초대되어 스톡홀름에서 철학 강의를 했을 때 감기에 걸려 53세에 사망.

"나는 생각한다, 고로 나는 존재한다!"
근대 철학의 아버지가 '진리를 발견하는' 방법

17세기의 학문 습관으로서 논문은 라틴어로 쓰는 것이 일반적이었는데, 데카르트는 일반인들도 널리 읽을 수 있도록 프랑스어로 썼다. 『방법서설』은 500쪽에 이르는 논문의 서문이다.

문장은 평이한 에세이풍으로 자신이 지금까지 배운 학문에만 매달리지 않고 좀 더 확실하고 새로운 사고 방법을 찾으려는 관점을 분명히 한다. 그때까지의 철학 관념이나 학설에 전혀 의존하지 않는 명증성明證性, 분석, 종합, 열거의 네 가지 규칙을 설명한다. 이는 데카르트의 전문 분야인 기하학을 철학 사고에 응용한 것이다.

명증성이란, 자신이 인식한 것이 아닌 한 참으로 받아들일 수 없다는 것이다. 그렇지 않다면 무심코 속단하거나 선입견에 현혹되기 때문이다.

의문스러운 것은 '불확실함'
마지막에 남는 것이 '참'

스스로 결정한 규칙에 따라서 데카르트는 무엇이 진짜로 확실한 것인지 생각하고 결론을 내렸다. 그것이 그 유명한 문구, "나는 생각한다. 고로 나는 존재한다"였다.

이 문장의 논리는 다음과 같다. 자신이 본 것, 경험한 것은 아무리 확실하다고 생각해도 불확실할 가능성이 있다. 자신의 지각을 비롯한 모든 것은 착각일지도 모른다. 어쩌면 현실의 모든 것이 꿈일 가능성조차 있다. 그런 식으로 온갖 것을 의심할 수 있지만, 단 한 가지 의심할 수 없는 것이 남는다. 바로 자신이 의심하고 생각한다는 사실이다. 따라서 자신의 실존만이 확실하다고 증명되며, 그것만이 진리라고 데카르트는 말한다.

단, 데카르트의 사고법에 허점이 있다면, 생각하는 내가 아니라 사고만이 의심스러운 것이 아닌지 의심하지 못했다는 것이다.

또한 데카르트가 '생각한다'고 말할 때, 문제에 대해 정리된 사고만이 아니라 온갖 마음의 작용도 포함해 넓은 의미를 다룬다. 그 결과, '데카르트적 이원론'이라는 것이 등장한다. 이 세상에는 정신과 같은 비물질적 실존과 육체와 같은 물체적 실존의 두 가지가 있다는 것이다. 인간은 이 두 가지가 조화를 이룬 것이지만, 정신은 사람의 내부에 있어서 육체를 조종하는 것이 아니다. 정신과 육체는 뇌의 하부에 있는 송과선(현대 의학에서 말하는 송과체)에서 종합된다.

그러자 철학의 새로운 문제, 즉 마음과 몸은 어떻게 연결되는가라는 심신 문제가 생겨났다.

위대한 영향과 기묘한 신의 존재 증명

데카르트는 생활비를 벌기 위해 개신교와 가톨릭의 두 군대에 속해 지내며 사고할 시간을 만들었다. 그의 철학은 많은 사람에게 영향을 주고 논쟁, 비판, 칭찬을 불러일으켰다. 철학계에서는 홉스(249쪽 참조), 버클리(158쪽 참조), 스피노자(152쪽 참조)의 사고방식에 자극을 주었다.

그런데 신의 존재 여부에 대해서는 데카르트는 적당히 물러서는 태도를 취한다. 자신의 내면에는 완전한 존재에 대한 관념이 있는데, 불완전한 자신 안에 완전한 관념이 있는 것은 이상하다. 만약 완전한 관념이 있다면 완전한 신에 의해서 그 관념이 아로새겨져 있어야만 한다. 따라서 신은 존재한다는 것이 데카르트의 입장이다.

데카르트가 일부러 덧붙였듯, 신의 존재를 증명한 것은 그리스도교회로부터 유물론자로 여겨져 화형에 처해지지 않으려는 의도였다.

철학자의 한마디

좋은 정신을 가지고 있는 것만으로 충분하지 않으며,
중요한 것은 그것을 잘 사용하는 것이다.

069

『엄밀한 학문으로서의 철학』
후설

원제 Philosophie als strenge Wissenschaft, 1911년

난이도
6

여하튼 생각을 멈춰라

"칸트는 단지 좋아서 철학을 배울 수는 없다고 말한다. 그저 즐거움으로 철학한다는 것은 철학을 비학문적인 것으로 만드는 셈이 아닌가? 이야말로 철학의 비학문성을 고백하는 것이 아니고 무엇이겠는가?"

"여기에는 개념적으로 명확히 규정되고, 그 의미에 따라 충분히 해명된 문제도, 방법도, 이론도 아직 존재하지 않는다."

"철학은 아직 학문이 아니다. 철학은 학문으로서 아직 시작도 하지 않았다."

PHILOSOPHER

에드문트 구스타프 알브레히트 후설
Edmund Gustav Albrecht Husserl

1859~1938년 오스트리아제국 프로스테요프(모라바)의 유대계 제분업자의 아들로 태어났다. 수학 박사학위를 받았는데 프란츠 브렌타노의 수업을 듣고 전공을 철학으로 바꾼다. 프라이부르크대학 철학과 정교수에서 물러난 뒤 나치에 의해 활동의 제약을 받는다. 79세에 사망.

현상의 창시자,
20세기 학문과 정치, 예술에 영향을 미친 명저

후설은 철학을 아직 학문이라 부를 만한 것이 아니라고 말한다. 학문이라면 어디에서든 가르치고 배울 수 있을 것이다. 그러나 철학은 실제로는 그럴 수 없다. 철학으로는 한 가지의 기본적인 개념, 사정에 대해서도 객관적인 의미가 결정되지 않고, 연구할 때도 공통적인 방법이나 수순, 이론이라는 것이 없다. 수학자였던 후설은 철학도 수학처럼 정해진 규칙이나 방법을 통해 기초를 다져야 한다고 말했다.

그러기 위해 맨 먼저 온갖 불확실한 요소, 애매한 것을 없애지 않으면 안 된다. 고정관념, 예단, 습관이 되어버린 단점, 독단 혹은 억측(기대, 상상, 추측 등에 의한 견해) 등이다.

예를 들어, 세계가 신에 의해 창조되었다는 전제에서 사물을 바라보면 처음부터 고정관념이나 예단에 빠진다. 확실한 근거나 사실이 없기 때문이다. 근거가 없다면 광신도는 따르겠지만, 한편으로 누구나가 이해할 수 있는 학문은 나올 수 없다.

이런 식의 '자연적 태도'로 인해 외부 세계에 있는 존재나 성질을 인정하는 일이 많은데, 학문으로서 철학을 배우는 사람이라면 자연적 태도를 버려야 한다고 후설은 주장한다.

철학을 학문하기 위한 '판단중지'

자연적 태도를 그만두기 위해 후설이 제안한 기본 태도는

'판단중지'다. 눈앞에 존재하는(보이는) 것에 대해 생활방식에 의해 판단하지 않는다. 자신의 무엇을, 어떻게 인식하는가를 자각해야 한다.

사물뿐 아니라 지금까지 빈번히 사용해온 말에 함유된 개념의 의미나 가치에 대해서도 판단중지가 필요하다. 예를 들어, 어떤 문서나 하나의 행위를 정의로 볼지 말지의 경우가 있다. 자신이 생각하는 정의의 개념을 끄집어낼 것이 아니라, 먼저 정의에 대한 모든 판단을 중지하고 정의라 불리는 개념이 어떤 조건이라면 성립하는가 하는 토대에서 시작할 필요가 있다는 것이다.

그 토대가 없다면 철학은 학문이 아니라고 후설은 말한다.

'현상학'이라는 발상과 사고 습관의 수정

후설은 '현상학'을 시작한 사람으로 알려져 있다. 그러나 현상학이란 현상을 연구하는 것이 아니라, 경험에서 어떻게 세계에 대한 지식을 얻을 것인지 분석, 탐구하는 철학이다.

만년의 후설은 철학을 엄밀한 학문으로 만들겠다는 꿈이 무너졌다고 한탄했다. 현상학은 생명과학, 사회학에 공헌한 것 외에도 셸러, 사르트르, 메를로퐁티 등 많은 사상가에게 큰 영향을 주었다.

그런데 판단중지는 일상생활의 범위에서 무언가에 대해 생각하거나 발신하거나 할 때도 응용할 수 있다. 인상이나 선입견, 그날의 기분, 평소의 습관, 알고 있는 전례에 따라서 가치나 의미, 효과를 과거의 것처럼 판단하려고 하는 것이다.

평소 대다수 사람은 세상의 가치판단에 자각 없이 따른다. 그런 상태로 사물의 선악, 원인, 결과를 멍하니 결정하고 만다. 일단 판단을 멈추면, 막다른 곳에 이르렀다고 생각했던 사항에서도 많은 가능성을 발견할 수 있다. 그 가능성은 문제의 새로운 해결책이나 해소책을 낳는다. 이렇게 생산적인 가능성으로 연결되도록 판단중지를 하려면 세상에 가득한 가치관이나 사물을 바라보는 시점에 머무르지 않도록 새로운 삶의 방식이 필요하다.

철학자의 한마디

의식은 늘 무언가에 대한 의식이다.

070

『민주주의와 교육』
존 듀이

원제 Democracy and Education, 1916년

난이도
6

끊임없는 변화야말로 교육이다

"생활이란 환경으로의 작용을 통해서 자기를 갱신해가는 과정이다."

"민주주의는 단순한 정치 형태가 아니라 그 이상의 것이다. 결국 그것은 먼저 고통스러운 생활의 양식, 연대적인 공동 경험의 격식이다."

존 듀이
John Dewey

1859~1952년. 미국 버몬트주 벌링턴에서 식료품점을 운영하는 집안에서 태어났다. 버몬트대학을 졸업한 후에는 교사를 하고, 훗날 존스홉킨스대학에 들어가 박사학위를 받았다. 30세에 미시간대학의 교수가 되었다. 시카고대학, 콜롬비아대학에서 가르쳤다. 시카고대학 부속실험학교를 창설. 1905년 미국 철학회 회장에 취임한다. 92세에 사망.

아이들은 무엇을 위해 '학교에서' 배우는가?
배움의 본질을 묻는 '교사의 바이블'

듀이가 쓴 교육론 『민주주의와 교육』의 저변에 흐르는 것은 인간의 성장과 사회에 대한 듀이의 철학적 인간관이다.

인간의 생활이란 주변 환경에 대한 작용에 의해 자신을 그때마다 새롭게 변화시켜가는 과정, '갱신의 연속'이다. 이 경우 '생활'이란 일상의 잡다한 것뿐 아니라, "관습, 제도, 신앙, 성패, 휴양, 직업" 등을 포함하여 인간의 '인생' 전체를 가리킨다. 따라서 살아가는 한 무엇을 경험하든 보고 듣고 생을 갱신하는 셈이다. (실제 그렇게 되면 안전하게 살아가는 것이 가능하다.) 그리고 넓은 의미에서의 교육도 자기 갱신, 결국 성장을 촉진시키는 일이라 할 수 있다.

학교에 대해서도 현실의 문제에 대처하는 방법이나 지식을 교사에 의해 가르치는 장치를 가진 장소, 또한 사회에 나가기 전에 준비하는 장소라고는 하지 않는다. 학교 자체가 이미 작은 사회이고, 학교에 있는 사람들은 축소된 사회 집단이다. 작은 사회에서 사람은 각각 자신의 생을 갱신하고 인간으로서 성장해간다. 따라서 학교는 경험에 의해 성장해가는 사회적 장소가 된다.

"교육 과정은 연속적인 재편성, 개조, 변경의 과정이다."

여기서 말하는 '재편성, 개조, 변형'이란 자기 변화, 자기 성장을 의미한다. 예를 들어, 학교에서 운동장, 작업실, 강당, 실험실 등의 환경에서는 서로 여러 가지를 교섭하거나 통신하거나 설득하거나 협동하는 작용을 통해 각자가 (적절한 갈등을 품은 채) 스스로를 바꾸고 성장해간다.

청소년은 미성숙하기에, 지식이 적기에, 아직 사회인으로서 행동하지 않기에 개조가 필요한 것은 아니다. 어떤 연령이든 자신을 바꿔갈 필요가 있다는 의미에서 '교육 적령 단계'에 있다고 듀이는 말한다.

여러 자극이 있기에 사람은 비로소 성장한다

성장하는 장소로서 학교는 작은 사회다. 교육이 이뤄지는 작은 사회는 민주적 공동 사회이기도 하다. '외적 권위'(왕족이나 귀족, 부족이 주장하는 상대적 권위나 지위, 계급)에 근거한 원리를 부정하고 개인으로서 연대하고 공동으로 생활하기 때문이다. 서로 다른 의견이나 생각을 존중하고 시행착오를 거치면서 타협의 길을 모색하는 경험은 민주주의의 실천 그 자체가 된다.

그러나 집단 내에서만이 아니라 활동은 외부로도 확산된다. 다른 집단과 다양하고 자유로운 접점을 가짐으로써 능력이 더욱 해방되고, 자신들과는 다른 다양한 가치관에 마음을 연다. 하나의 이상이나 가치관에 이끌려가지 않는 한, 서로 신뢰하기에 민주적이다.

이 책에서 말하는 민주주의란 과거 황제나 귀족제에 대항하며 탄생한 유럽적인 통치 원리로서의 자유지상주의적 민주주의가 아니다. 다양한 사람이 공통의 관심에 이끌려 자유롭게 교류하고 협동하며 풍부한 경험을 하는, 다시 말해 공동체 자치를 본질로 하는 자세를 가리킨다.

듀이가 생각하는 교육이란 민주적인 장소에서 자기 변화 및 개조로, 살아가기 위한 활동 자체를 의미한다. 그것은 자기실현의 과정이며, 살아 있는 한 그 과정이 내내 계속된다.

'도구주의' 사상이란

듀이는 『민주주의와 교육』, 『학교와 사회』, 『다윈이 철학에 미친 영향The Influence of Darwin on Philosophy』, 『윤리학』, 『확실성의 탐구The Quest for Certainty』, 『인간성과 행위』 등 많은 저서가 있고 철학의 모든 영역에 손을 댔다.

그는 행동력도 있어서, 1896년에는 자신의 교육론을 실천하는 '시카고대학 부속실험학교'(최초의 학생은 16명으로 교사는 두 명이었다. 2년 뒤에는 82명으로 늘었다)를 세웠다.

미국에서는 『민주주의와 교육』은 교사의 정석으로 불리고, 그 교육론에 영향을 받지 않은 학교가 없을 정도였다. 『민주주의와 교육』은 베스트셀러가 되어 중국어나 아라비아어, 튀르키예어 등으로도 번역되었다.

듀이의 사고방식에 찬성하는 사람이 많았다. 콜롬비아대학의 제자로 훗날 좌파 지식인이 된 랜돌프 실리먼 본도 그중 한 사람이었는데, 듀이가 제1차 세계대전에 미국의 군비 확산을 인정하자 강하게 반대했다.

듀이의 사고방식이 가지는 큰 특징은 관념, 개념, 지식 등을 도구로 보는 것이다. 이는 일반적으로 '도구주의instrumentalism', '기구주의' 혹은 '실험적 경험주의'나 '경험적 자연주의'로 불린다. (단지, 과학철학에서 사용되는 도구주의와는 완전히 다르다.) 도구주의란 관념, 개념, 지식이 현실의 문제를 해결하기 위한 도구로 이용된다는 사고방식이다.

관념이나 지식의 본질을 철학으로 추구하는 태도, 예컨대 신이란 무엇인지, 존재란 무엇인지, 역사란 무엇인지 등 형이상학적인 것을 추구하는 태도에 대한 비판이기도 했다. 상상된 관념을 추구한들 의미 있는 것은 얻을 수 없기 때문이다. 관념이나 지식은 도구로서 이용해야 한다. 관념이 도구가 되는 이유는, 관념(혹은 인식하는 방법)을 사용함으로써 환경(문제의 대상)을 변화시킬 수 있고, 그래야 문제가 지금까지와는 달리 해결되기 때문이다.

그렇다면 이론과 실천, 사고와 행동이라는 식으로 양분할 수 없다. 사고는 문제를 해결하려는 사태가 되고 나서 시작했기 때문에 그 자체가 이미 문제 해결로 나아가는 행동이 된다. 사고는 관념으로서 부유하면서 존재하고 있지 않으니, 사고도 도구인 것이다.

이러한 도구주의가 도움이 되는 것은 세계가 항상성을 잃고 안정되어 있지 않기 때문이다. 만물은 계속 변화하고, 그때마다 갖가지 문제가 발생한다. 따라서 그 문제에 눌리지 않기 위해 주변의 것을 문제 해결 절차를 위한 도구로서 이용해야 한다.

하나씩 문제를 해결할 때마다 사물의 의미는 변화하고, 그것에 관여한 자신도 변해간다. 그러한 상황, 절차 전체를 듀이는

'교육'이라고 부른다.

성인이 되어서도 교육이 필요하다고 주장하는 이유는 인생과 사회가 늘 문제를 만들어내며, 이를 매일같이 해결하고 자신도 변화하지 않으면 살아남을 수 없기 때문이다.

> **철학자의 한마디**
>
> 아이의 교육은 과거의 가치를 전달하는 것이 아니라, 미래의 새로운 가치를 창조하는 데 있다.

071

『정신분석입문』
프로이트

원제 Vorlesungen zur Einführung in dei Psychoanalyse, 1917년

난이도 5

무의식이 사람을 움직인다

"정신분석 중 세간에 환영받지 못하는 첫 번째 주장은 심적 과정으로 그 자체는 무의식적이고 의식적 과정은 심적 활동의 그저 개개의 작용으로 부분에 지나지 않다는 것이다."

"정신분석은 성적인 욕구 흥분이 인간 정신의 최고의 문화적·예술적인 유례에서 사회적 창조에 대해 경시할 수 없는 큰 공헌을 이루어왔다고 주장하는 것이다."

지그문트 프로이트
Sigmund Freud

1856~1939년. 오스트리아제국 프라이베르크(현재 체코)의 유대인 포목상의 아들로 태어났다. 빈대학에서 물리, 의학을 배우고 파리로 유학하여 히스테리를 연구했다. 서른 이후로 빈에서 일반 개업의로 치료 경험을 쌓으면서 자연연상법에 의한 치료법을 개발하고 이를 '정신분석'이라 이름 붙였다. 모르핀에 의한 안락사를 선택하여 83세에 사망.

'의식은 빙산의 일각'
정신분석 창시자의 대표적 책

『정신분석입문』은 빈대학에서 1915~1917년의 겨울학기에 의사와 일반인을 대상으로 열린 프로이트의 강의를 편집하여 출판한 것이다. 그 내용을 간단하게 정리하면 다음과 같다.

- 신경증은 환자의 무의식중에 감춰져 있었던 것이 일그러진 형태로 나타난 것이다.
- 자면서 꾸는 꿈에는 억압에 의해 감춰진 현실, 무의식의 원망이 다른 형태가 되어서 나타난다. 대부분은 성적인 것이다.
- 성적인 대상으로 향하는 에너지를 '리비도'라고 이름 붙였다. (이것이 자기에게 향한 경우 나르시시즘이 된다.)
- 어떻게 해도 '리비도'를 만족시키지 못한 채 억압이 이어지면 히스테리 등의 신경증이 되기 쉽다. (신경증은 대리만족이다.)
- '리비도'를 해방하면 신경증이 낫는다.
- 그 해법이란 '자유연상법' 등으로 '리비도'의 갈등을 해소하는 것이다. (결국 신경증에 감춰진 의미를 본인이 이해했을 때 억압이 사라진다.)

프로이트의 정신분석의 학설 중심에 놓인 것은 '무의식'의 중요한 역할이고, 거기서 발생한 신경증의 요인으로서의 성욕(리비도), 그 성욕을 억압하는 복잡한 메커니즘이다.

'오이디푸스 콤플렉스'의 제창자

그가 만들어낸 인상적인 용어 가운데 가장 유명한 것은 '오이디푸스 콤플렉스'다. 이것은 유아가 어머니를 사랑의 대상으로 선택하고 그 한편으로 아버지에 대해서는 적의를 품는 강한 정신 상태를 의미한다.

오이디푸스는 고대 그리스의 시인 소포클레스의 비극 『오이디푸스왕』(기원전 427)에 나오는 테베의 왕을 독일어식으로 발음한 것이다. 오이디푸스 왕은 아버지를 죽이고 어머니와 결혼하여 아이를 낳았다. (덧붙여 프로이트에게는 그리스의 골동품을 수집하는 취미가 있었기 때문에 고대 그리스의 극본에서 이름을 빌린 것으로 보인다.)

콤플렉스란 무의식중에 감춰진 강한 감정을 포함한 많은 감정의 복합체로, 이것이 강해지면 행동이나 증상으로 나타난다.

또한 어떠한 경우라도 무의식은 끊임없이 쾌감을 추구하는 쾌감원칙에 따른다. 이것이 어떤 사정으로 방해받으면 증상이 나타난다.

무의식이 쾌감원칙에 따른다는 프로이트의 기반에 있는 이 사고는 쇼펜하우어의 철학에서 영향을 받았다. 쇼펜하우어는 『의식과 표상으로서의 세계』(390쪽 참조)에서, 세계는 '의지'의 지향에 의해 움직인다고 말한다.

정신분석의 유행과 문화적 확산

프로이트는 무의식의 작용(의식되지 않는 메커니즘)에서 인간을 재차 파악하는 '정신분석'이라는 학문을 '창조'하고 체계를 세웠다.

그때 사용된 새로운 표현, 예컨대 분석, 무의식, 욕동, 초자아(양친과의 관계에서 생긴 양심 같은 것으로, 자아보다 우위에 서서 자아가 행하는 것을 확인한다), 감정전이, 퇴행이라는 여러 개념이 다른 분야, 예컨대 자크 라캉 등의 철학에도 응용되었다. 그러나 정말로 인간의 내부에 무의식의 세계가 있는지는 알 수 없다. 또한 프로이트의 가설에는 성욕이 강조되어서 당시부터 많은 반발이 있었다. 그래도 한때는 프로이트의 정신분석에 의한 치유가 주류를 이루면서 정신분석은 문화가 되었다.

철학자의 한마디

힘은 당신의 약점에서 나온다.

072

『새로운 과학 정신』

가스통 바슐라르

원제 Le Nouve Esprit Scientifigue, 1934년

난이도 8

과학의 발전은 비연속적이다

"데카르트의 방법은 환원적reductive이다. 그것은 어떻게 봐도 귀납적inductive이지 않다. 이 같은 환원은 분석을 왜곡하고 객관적 사고의 확대 발전을 방해한다."

"과학적 정신이란, 본질적으로 지知의 수정이고 인식 틀의 확대다. 이 정신은 자신의 과거를 심판하고, 유죄 판결을 내린다."

가스통 바슐라르
Gaston Bachelard

1884~1962년. 프랑스 공화국 바르 쉬르 오브에서 태어났다. 공립 중고등학교를 마친 후 우체국에서 8년 넘게 일했다. 제1차 세계대전에 징병되어 전선에서 싸웠다. 소르본대학을 졸업하고 물리와 화학 교사가 된다. 38세에 철학 교수 자격을 취득하고, 디종대학 교수가 된다. 문학박사 학위를 받았다. 소르본대학에서 과학철학을 가르친다. 프랑스 학예 대상 수상. 시론도 다수 썼다. 78세에 사망.

획기적 과학적 발견은 돌연 나타난다
프랑스의 과학철학서가 말하는 과학적 지식 획득 방법

『새로운 과학 정신』은 바슐라르가 50세 때 출판된 책이다. 새로운 과학적 발견이 과학의 역사적인 종합이나 논리의 연결을 바탕으로 등장한 것이 아니라, 과거와 단절된 상태인 새로운 지점에서 돌연 나타난다는 주장이다. 물론 그러려면 과학자가 세상의 인식, 일상의 평범한 인식과 인연을 끊고 사물을 보아야 하고, 창발創發(물리학 용어로 예측을 뛰어넘은 혁신을 말한다) 해야만 한다. 백열전구의 발명도 그런 사례 중 하나다. 그전까지는 조명을 켜려면 무엇인가를 태워야 한다는 게 일반적이었다. 그러나 새롭게 발명된 백열전구는 종래의 연소 기술과 달리 비연소 기술에서 나왔다.

또한 20세기에 태어난 아인슈타인의 상대성이론과 같은 새로운 과학적 발견은 그때까지의 (뉴턴과 같은) 과학의 지식을 수정하고, 그제껏 없던 식으로 세상을 완전히 새롭게 인식한 것이었다. 과거에는 속도는 질량의 함수라는 뉴턴의 지식이 과학적 진리로 여겨졌다. 그러나 그 지식은 지구에서만 유효한 것이었다. 우주 규모로 생각하면 아인슈타인의 과학에서는 질량이 속도의 함수가 되었다.

이런 지식의 혁신을 바슐라르는 "인식론적 단절이 있다"라고 표현했다. 결국 종전의 과학과 세계의 인식 방식이 전혀 다른 지식이 탄생한 것이다.

푸코의 현대 사상으로 이어지는 '인식'에 대한 철학

이런 과학의 발전은 발전의 연속이라 할 수 없는, 비연속적인 것이다. 그러나 종전의 과학을 완전히 부정하는 이질적인 것이 생겨났다기보다는, 새로운 과학이 이전 과학의 법칙을 새롭게 포용한 것이다.

비유적으로 말하면, 새로운 발견을 한 과학의 그릇이 더 큰 셈이다. 따라서 비유클리드 기하학은 이전의 유클리드 기하학을 포함하고, 비라부아지에 화학은 라부아지에 화학(연소 이론이나 질량 보존의 법칙 등)을 포용한다. 뉴턴의 과학과 아인슈타인 과학을 비교하면 아인슈타인의 과학이 크고 그중 일부에서만 뉴턴의 과학이 유효하다.

과학의 옛것과 새로운 것을 결정하는 창의적 토대에 있는 것은 세계 인식의 차이다. 그래서 바슐라르는 다른 논문에서 물리학의 인식론적 역사에 대해 많은 글을 남겼다. 이런 식으로 과학적 지식을 재료로 하고는 있지만, 그때마다 구성과 인식이 달라지기 때문에 바슐라르가 하는 것은 철학이 된다. 여기에 프랑스 독자의 철학인 과학인식론epistemology이 탄생하고 푸코 등의 현대 사상으로 이어진다.

산전수전 겪은 과학자

대학에서 제자들을 가르쳤던 바슐라르이지만, 사실은 정규 대학 교육을 받지 않고 작은 마을에서 소소하게 담배와 신문을 팔던 장사꾼의 아들로 태어나 29세까지 우체국 직원으로 일하면서 독학으로 수학의 고등지식을 익혔다. 전쟁이 시작되자 병사로 전선에 나갔다가 35세에 귀국하여 중등학교에서 물리와 화학을 가르치는 교사가 되어 46세까지 계속된다. 그리고 46세에 디종대학에 취직하고 56세에는 초청받아 소르본대학에서 가르쳤다.

30세에 초등학교 교사와 결혼하여 딸 하나를 두었다. 아내는 바슐라르가 35세일 때 세상을 떠났는데, 그 후 재혼하지 않고 홀로 딸을 키웠다.

그는 과학철학과 병행하여 『불의 정신분석』, 『꿈꿀 권리』 등 이마주 연구를 중심으로 한 시학, 예술론도 다수 집필했다. 왜 시나 예술일까? 인식을 새롭게 하여 세상을 받아들인다는 점에서 과학과 시작은 공통점이 있고, 인간의 창조적인 사고작용을 총괄적으로 파악할 수 있기 때문이다.

게다가 바슐라르는 과학 연구로 인한 피로감을 해소하는 가장 좋은 방법은 수면 중에 물 꿈을 꾸는 것이라고 했다.

철학자의 한마디

상대성이론의 천문학은 어떤 방법을 써도
뉴턴의 천문학에서 벗어날 수 없다.

073

『정상적인 것과 병리적인 것』

조르주 캉길렘

원제 Le normal et le pathologique, 1966년

난이도 7

정상은 정말 정상일까?

"이상은 우선 의식 안에 기능의 작용을 방해하는 것, 불쾌하게 하는 것, 유해한 것이라는 형태로 느껴지고 비로소 과학에 의해 인식된다."

"건강의 남용은 실제로는 건강하게 인정받을 수 있는 가치를 보여준다."

"병리적 상태는 그것이 생명의 규범성과의 관계를 보여주는 한 당연히 정상적인 것일 수 있다. (중략) 그리고 병적인 상태도 역시 하나의 인생을 살아가는 방식이다."

PHILOSOPHER

조르주 캉길렘
Georges Canguihem

1904~1995년. 프랑스 공화국 카스텔노드리의 유복한 농가에서 태어났다. 파리의 앙리4세고등학교에서 알랭의 수업을 듣고, 고등사범학교에서는 사르트르와 폴 니잔과 동급생이었다. 바슐라르에게 가르침을 받고 철학을, 나중에는 의학에 힘을 쏟는다. 이 책의 1부는 1943년의 의학박사 학위를 받은 논문이다. 바슐라르의 뒤를 이어 파리대학 과학사, 기술사연구소 소장을 지냈다. 91세에 사망.

'프랑스 과학인식론'의 진수

『정상적인 것과 병리적인 것』은 정상과 병리의 범주를 나누어 분석한 것이다. 인간이 병에 걸리거나 병에 걸리지 않는 상태에 대해 명확하게 구분하고 판단할 수 있는지, 새로운 판단 기준을 설명한다.

일반적으로는 사람이 건강하지 않은 상태를 이상이고 병이라고 본다. 건강은 생을 지속하는 것이고, 병은 죽음 쪽으로 얼굴을 돌린 상태다. 결국 정상과 병리는 상반한 것이다.

그러나 캉길렘은 이런 생각에 의문을 던지고, 병도 사람이 살아가는 방식이라고 보았다. 건강이 생이듯, 병도 생의 한 모습이다. 병을 포함해 이상한 상태를 피해야 한다고 볼 필요는 없다는 것이다. 정상으로 보는 건강한 상태(생리적 상태), 그와 달리 이상으로 보는 병에 걸린 상태(병리적 상태)는 명확히 선을 그을 수 없다. 달리 말하면 객관적으로 평가할 수 없다.

지금까지는 병인지 아닌지, 수량적으로 파악하고 판단했다. 그리고 통계적 평균치에서 벗어난 상태를 병으로 보았다. 예를 들어, 혈당은 혈액에 일정량이 들어 있지만, 그 양이 많아지면 당뇨병이라고 판단하는 것과 같다. 당뇨병과 건강한 정상인의 경계는 애매하지만, 신체의 정상과 이상은 의학의 측면에서 인식할 수 있다.

정상과 이상이라는 판단에는 정상은 좋은 것이고 이상은 좋지 않은 것이라는 가치판단이 개입한다.

'건강'은 존재하지 않는다

일반적으로 정상이란 노멀normal하다는 의미다. 건강한 상태가 정상이고, 정상이 아닌 상태는 이상(불균형이나 부조화)이며 병에 걸린 것이다. 그런데 정상이라는 말을 그런 상태여야 한다는 의미에서 보면 '규범'이 된다. 규범은 가치(추상 관념)를 포함하고, 사실에서만 비롯한 것은 아니다. 결국 건강이란 사실적인 존재에 대한 개념만은 아니라는 말이다. 요컨대 건강이란 규범의 개념이고 사람들이 머릿속에 떠올리는 이념이다. 이 이념에 신체의 상태가 일치하여 담기면 건강하다고 여긴다.

이런 가치 개념을 신체장애가 있는 사람이 가질 경우, 빨리 달릴 수 없는 사람이라면 이것이 심신에 있어 여러 가지 장애 중 하나가 된다.

여기서 캉길렘은 규범이라는 말을 새로운 입장에서, 새로운 의미로 사용하기 시작한다. 사람이 살아가는 능력에서 나온 창조성이라는 의미에서 사용한 것이다. 병을 창조성으로 보면, 질환은 죽음이 아니고, 질환 또한 생명의 일부다. 신체에 장애를 가진 사람도, 건강한 사람도 살아 있는 사람이다. 살아 있는 이상, 모두 살아 있는 몸이다. 모두 자신이 놓여 있는 환경에 적합하게 살아 있기에 생명으로서 정상이다.

캉길렘은 새로운 의미의 규범이라는 말을 사용하여 다음과 같이 단언한다.

"그것 자체가 정상인 사실, 또는 그것 자체가 병리적인 사실은 존재하지 않는다. 이상이나 돌연변이가 그 자체로 병리적인 것은 아니다. 그것들은 생명에 대한 다른 가능한 규범이다."

따라서 기형이라도 환경에 대해 자신의 규범을 사용하여 대응하며 살아가면 정상이라고 말할 수 있다.

건강은 매일 '갱신'되기 어렵다

캉길렘이 말하는 '생명에 대한 가능한 다른 규범'이란 무엇인가? 의학적인 가치 개념의 규범이 아니라, 각각의 생명이 지닌 각각 다른 규범이다. 생명의 규범이란 새로운 생명 규범을 창조하여 새로운 평형 상태를 만드는 것이다. 달리 말하면, 자기 보존을 위해 조정하는 (신체적인) 작용이야말로 생명 규범인 것이다. (물론, 본인이 자각하거나 의식할 수 있는 것은 아니다.)

예를 들어, 신체장애가 있다면 운동선수처럼 빨리 달릴 수는 없겠지만, 조금이라도 걸을 수 있다면 이 역시 개인적인 생명 규범이라고 할 수 있고, 새로운 평균 상태의 창조다. 자신의 몸에 이렇게 변이를 일으킬 수 있는 것이 건강이라는 상태다.

따라서 건강이란 공적인 기준이 아니다. 지금의 상태에 적응한 새로운 평형 상태가 건강이다. '장거리 주자의 규범은 단거리 주자의 규범이 아닌' 것처럼, 자기 자신의 이전의 규범에 따라서, 또는 자신의 연령에 따라서 규범을 바꿀 수 있다면 건강한 것이다. 자신이 노화했을 때 노화한 규범의 상태가 되면 건강하다. 그 규범을 타인이나 자신의 장년기와 비교한들 의미가 없다. "(그 사람의) 건강은 시작된 파괴 위에서 (그 사람이) 회복한 균형"이기 때문이다.

철학의 재료로서의 '의학'

프랑스의 의학계, 철학계를 동요시킨 『정상적인 것과 병리적인 것』은 질환이나 장애는 건강에 필요한 규범을 창조하도록 재촉하는 자극이고, 우리의 몸은 건강의 규범을 창조하는 뛰어난 시스템이라고 주장했다.

또한 현대에서 늘어난 성동일성 장애의 문제에도 새로운 관점을 제공했다. 지금까지 인간을 기계로밖에 보지 않는 사람이 던져준 세속적인 가치 개념은 무의미한 차별이나 콤플렉스를 낳았을 뿐이다.

우리가 눈을 뜨고 신선한 관점으로 생각하는 방법을 가지도록 이끌어주는 캉길렘의 철학은 '의학철학' 또는 '과학인식론'으로 불린다. 캉길렘이 스승이라 공언한 과학철학자 바슐라르(345쪽 참조)의 흐름을 따른 것으로, 훗날 푸코의 『광기의 역사』나 젊은 피에르 부르디외로 계승되었다.

캉길렘은 21세에 알랭의 수업을 듣고 알랭이야말로 진정한 철학자라고 여기고 신봉했다. 그런데 이미 철학을 가르치던 캉길렘이 32세가 되어서 의학 공부를 시작하여 의학박사 학위를 받았던 것은 의학에 대한 문제의식이나 관심 때문이 아니다. 그가 의학을 공부한 것은 철학을 하기 위해서였다. 철학하는 재료는 익숙하지 않은 편이 적합하다고 믿었기에, 재료로서 익숙하지 않은 의학을 선택했다.

또한 캉길렘은 집필한 저서가 적다. 단독적인 주제를 다루는 것은 과학인식론인 『17~18세기 반사 개념의 형성Die Herausbildung des Reflexbegriffs im 17. und 18. Jahrhundert』(1955)뿐이다.

074

『암묵적 영역』
마이클 폴라니

원제 The Tacit Dimension, 1966년

난이도
7

재능 이상의 뛰어남의 비밀

"과학이나 예술의 천재가 가지는 암묵적인 힘."

"결국 그것은 과학자가 발견 활동에 종사할 때 그에게 문제가 보이는 경험이다."

"외계에 대한 우리의 모든 지식에서 그 궁극적인 장치는 우리의 신체다."

마이클 폴라니
Michael Polanyi

1891~1976년. 오스트리아헝가리제국 부다페스트에서 유대계 가정에서 태어났다. 의사, 물리화학자, 과학철학자, 나치 박해에서 도망쳐 영국으로 망명. 옥스퍼드대학 주임연구원을 역임. 아들인 존 폴라니는 1986년 노벨화학상 수상. 84세에 사망.

희대의 천재 과학자, 지식의 수수께끼를 파헤치다

　말로 설명할 수 있는 지식, 그래서 가르칠 수 있고 타인에게 배울 수 있는 지식을 일반적으로 '형식지'라고 부른다. 말로 하는 지식, 학교 같은 곳에서 배우는 지식의 대부분이 형식지다. 신체가 있기에 얻을 수 있고, 생각을 거듭하지 않아도 일종의 감으로 일을 어렵지 않게 해낼 가능성이 있는 수준의 지식을 '경험지' 혹은 '신체지'라고 부른다.

　폴라니가 생각한 '암묵지'는 경험지나 신체지에 감춰져 있다. 그러나 무의식에 숨어 있는 특별한 능력 같은 것은 아니다. '암묵지'는 사람이 무언가에 관여하면서 자신의 신체를 통해 이를 경험으로서 받아들일 때 각별한 노력도 저항도 없이 획득하는 지식이다. 도저히 일반적인 언어로는 설명할 수 없고, 또한 그 개인에게만 속해 결코 밖으로 드러나지 않는다. 과학적 발견에는 과학자에게 있는 '암묵지'가 작용한다고 폴라니는 말한다. 어떤 것에 대한 특별한 기능이나 수완을 가진 사람, 수련자나 '명인'에게도 '암묵지'가 있는데, 주위 사람이 보면 매우 두드러지기 때문에 일반적인 기능을 훨씬 능가하는 특별한 재능이 주어진 듯 보이기 쉽다.

　그러나 특별한 재능이 아니라, 관여하는 대상에 '깃드는dwell in' 태도다. '잠입하다'라는 뜻을 가지고 있는데, 깊이 깃든다거나 자리를 잡고 앉아서 익힌다는 뉘앙스도 있다. 그러므로 암묵지는 관여한 것에 깊이 일체화하는 것이다.

이렇듯 '암묵지'는 개인적인 것이기 때문에 객관적으로 표현할 수 있는 지식이 아니다. 그래서 매뉴얼화할 수도 없고, 가르칠 수도 없다. 또한 '암묵지'의 획득 방법은 사람에 따라 다르고, 같은 사람이라도 경우에 따라 다르다.

생활 속의 '암묵지'

눈부신 발견이나 발명을 하는 과학자뿐 아니라, 평범한 사람도 생활하면서 제각기 '암묵지'를 사용한다. '암묵지'가 없으면 일상생활이 어렵다. 예를 들면, 자전거를 타거나 우정이나 애정을 키워가는 데도 알게 모르게 '암묵지'가 작용한다. 타인을 아는 것, 자신의 인생을 아는 것, 일을 해내는 것도 '암묵지'가 작용한다. 외국어를 습득하고, 누군가와 사귀는 경우에도 '암묵지'는 우리를 돕는다.

'암묵지'는 탐구해도 알 수 없지만, 감촉이나 분위기를 자기 자신(신체)은 잘 안다. 술 담그는 장인이 좋은 술을 담글 수 있는 것도 '암묵지'가 작용하기 때문이다. 논리나 수순에 따라 적용하는 것이 아니라, 오감이 있는 신체가 작용한다.

하지만 매몰되거나 일체화되는 것이 '암묵지'에 이르는 길이기 때문에 부버가 말하는 '나-너'(143쪽 참조)의 관계와는 일치하지 않을 수 있다. 관계를 맺었다고 해도 '나-그것'의 관계에 머무르는 한, 대상은 형식지에 머무를 뿐이다. 대상과의 관계가 '나-너'로 전환될 때 비로소 '암묵지'가 생긴다고 폴라니는 설명한다.

"사람의 마음을 아는 것과 과학적 연구를 행하는 것의 사이에는 구조적인 유연성이 있다."

또한 일본의 일부 경제학자는 '암묵지'를 누구나 이해할 수 있는 형식지로 전환하는 기술이 존재한다고 주장하지만, 이는 폴라니가 말하는 '암묵지' 개념과는 전혀 다른, 매우 피상적이고 수준 낮은 해석이다.

철학자의 한마디

과학은 관찰의 확정이고, 기술은 제작의 확장이며,
수학은 이해의 확장이다.

075

『생각에 관하여』
길버트 라일

원제 On Thinking, 1979년

난이도 5

사고는 개구리처럼 도약한다

"왜 나는 당신에게 주어진 사고 능력이 아니라, 오직 내게 주어진 사고 능력으로만 사유할 수밖에 없는가? 어째서 모차르트가 이마누엘 칸트의 사유를 대신 떠올리거나, 그 반대의 일이 일어나는 일은 없는가?"

길버트 라일
Gilber Ryle

1900~1976년. 영국 브라이튼에서 태어났다. 옥스퍼드대학에서 철학, 고전학을 배웠다. 철학자 비트겐슈타인과 교류했고, 제2차 세계대전에서는 첩보 장교, 아리스토텔레스협회 회장, 웨인플리트 형이상학 철학 교수. 철학지 《마인드》의 편집자. 오스틴과 나란히 옥스퍼드의 분석철학 일상언어학파의 수장. 76세에 사망.

'심신 이원론'을 통렬히 비판한 일상언어학파의 대표적 인물, '생각한다는 것'은 무엇인가?

 사고란 무엇인가? 지금도 알려지지 않은 개념이다. 데카르트는 마음이나 영혼이 사고한다고 생각했지만, 마음이나 영혼은 물질과는 다른 것이라 어떻게 그런 것이 물리적인 신체에 들어 있는지 설명할 수 없었다.
 현재는 사고를 정보 처리로 보기도 하는데, 사고라는 행동을 좁은 범위에서 바라본 것이다. 컴퓨터가 아닌 인간의 사고는 매우 복잡하고 미묘하기 때문이다.
 라일은 유머로 가득한 일상적 표현으로 『생각에 관하여』를 썼는데, 문제 해결을 위해 사고할 때, 혹은 무엇이 사실인지 생각해낼 때, 대체 무엇이 일어나고 있는지 일반적인 경험을 토대로 설명한다.

- 사고는 자신과의 대화 같은 게 아니며, 말만 사용한다고 단정할 수도 없다.
- 특정 기술이나 기능을 사용하는 것이 아니다.
- 합리적이지 않다. (사고하면서 시간성과 모순을 무시하고, 많은 요소를 자유롭게 재편성한다.)
- 과거의 루틴 등 경험을 새로운 생활에 적용한다.
- 한 걸음씩 정해진 단계를 거치지 않는다. (연역적인 사고를 하지 않는다.)

- '자연의 제일성'에 사로잡히지 않고 생각한다. (귀납적인 사고를 하지 않는다.)
- 사고할 때는 새로운 상황이나 문제에 만감하게 대응한다.
- 사고할 때는 "가능한 실마리, 단서, 시사, 질타, 연습문제, 자극 등을 실험적으로 스스로에게 안겨주"어서 언제나 시행적이다. 결국 끊임없이 재고하고 시행착오가 이뤄진다.

연역 사고라는 말이 있듯이 사고는 논리적이고 연역적인 것이라고 여기는 사람들이 많다. 그러나 라일은 부정한다. 문제 해결을 위한 사고는 상도, 틀에 박힌 방식, 정해진 수법을 고집하지 않기 때문이다. 전례주의적인 사고방식으로는 새롭게 발생한 문제를 도저히 해결할 수 없다.

연역은 무엇에 사용될까? 주로 타인에게 논증해 보일 때, 순서를 밟아서 설명할 때, 타인을 설득할 때 사용한다. 한편, 귀납적인 사고는 발견할 때 사용한다. 귀납적으로 사고할 때는 끊임없이 시행착오를 거치면서 자유로운 생각을 중심으로 힘을 발휘한다.

사고는 기존의 단계를 차근차근 하나씩 밟지 않고 불시에 도약하기 때문에, 이를 "일종의 말타기 놀이"라고 표현한다. 또 이를 두고 "전차를 타지 않고 버스를 타는 것"에 비유하기도 한다. 이는 이미 깔려 있는 논리의 궤도를 따라가지 않고 새롭게 길을 만드는 사고방식이라는 뜻이다.

따라서 교조주의적인 사람이나 생각이 경직된 사람이 아니라 늘 자유롭게 태도를 바꿀 수 있는 사람이 유연히 사고한다.

'마음은 기계 속 유령이다'

『마음의 개념』(1949)에서 길버트 라일은 데카르트 이래 서양 철학의 큰 흐름이 된 '심신 이원론'은 범주의 오류라고 말한다. '기능지'와 '사실지'를 혼동하기 때문이다.

'사실지'란 어떤 것이 어떠한 상태인지를 아는 지식이다. 예를 들어, 공을 보고 단단한 야구공이라는 것을 아는 것이 사실지다. 반면, '기능지'는 무엇을 할 수 있는지를 아는 지식으로, 그 공을 던질 수 있는 능력이다. 이 경우, 단단한 공을 던질 수 있는 사람이라 해도 그 공이 단단하다는 사실을 명시적으로 알지 못할 수 있다. 따라서 기능지는 단단한 공을 던질 수 있는 사람의 마음속에 있다고 말할 수 있으며, 이로 인해 기능지는 종종 사실지로 오인되기도 한다.

따라서 정신이 신체에 깃들었다거나, 신이 내면에 있다고 보는 심신 이원론의 사고방식은 정신과 신체를 별개의 실체로 간주하는 오류를 범한다. 이런 점에서 심신 이원론은 잘못 제기된, 거짓 철학이라고 할 수 있다. 라일은 이런 오류를 조롱하듯, 심신 이원론이 전제하는 마음의 개념을 '기계 속의 유령'이라 부르며 비판했다.

라일이나 오스틴(304쪽 참조)은 비트겐슈타인의 분석철학에 영향을 받았다. 라일은 1940년대에 옥스퍼드대학을 중심으로 영미철학계에서 활약하고, 일상의 언어로 철학 문제를 생각하는 '일상언어학파'의 1인자가 되었다.

076

『생각에 관한 생각』
대니얼 카너먼

원제 Thinking, Fast and Slow, 2011년

난이도 3

때로는 천천히 생각하라

"시스템1은 극히 적은 정보만으로 결론을 도출하며, 그 결론이 얼마나 크게 비약하는지도 알 수 없다. '눈으로 본 것이 전부'라는 인식에 따라 손안에 있는 정보만을 문제로 삼는다. 다만, 그 결론이 이치에 맞기만 하면 스스로 타당하다고 믿는다."

대니얼 카너먼
Daniel Kahneman

1934~. 영국 통치령 팔레스티나 텔아비브에서 태어났다. 미국과 이스라엘 국적을 가졌다. '전망 이론'(불확실성 아래서 의사결정하는 모델)으로 2002년 노벨경제학상을 수상했다. 프린스턴대학 명예교수.

'행동경제학'을 세계에 널리 알린 대표작

일반인을 대상으로 쓴 『생각에 관한 생각』은 심리학에서의 '이중 과정 이론'에 새롭게 해석을 덧붙여 인간의 인지적 착각에 대해 서술한 것이다. 그 핵심이 되는 이중 과정 이론은 사고가 어떻게 두 가지의 다른 과정을 거쳐 생겨나는지 설명하는 것이다.

카너먼은 두 종류의 사고 과정을 '시스템1'과 '시스템2'로 나누어 성질과 차이를 명확히 밝히고, 인지적 착각에 의해 일어나는 오류에 대해 전문가가 아닌 사람도 알 수 있도록 쉽게 설명했다.

시스템1은 직감이나 감정에 따라 판단이 이뤄진다. 시스템2는 숙고를 거듭한 후 판단을 이끌어낸다. 두 시스템의 특징은 다음과 같다.

- **시스템1**: 무의식적이고 판단이 빠르다. 직감적, 감정에 좌우된다. 노력을 필요치 않는다. 자동적으로 의식하고 멈출 수 없다. 기억이나 경험에 영향을 받는다.
- **시스템2**: 판단까지 시간이 걸린다. 윤리적(추상적) 혹은 통계적으로 생각한다. 의식적으로만 생각한다. 에너지와 집중이 필요하다.

시스템1은 순간의 판단(위험을 알아차린다, 감이 작용한다, 인상을 받는다, 돌발적 발상 및 연상 등)이고, 시스템2는 곰곰이 생각한 뒤에 나오는 판단이다. 잘못이나 착각을 많이 일으키기 쉬운 것은 시스템1이지만, 느린 사고인 시스템2를 사용하면 수정할 수 있다. 그렇지만 문제에 대한 지식이나 능력이 부족하면 시스템2도 오류를 일으킨다. 물론 두 시스템은 뇌 안에서 특정한 부위에 나뉘어 있는 것은 아니고, 판단에 대한 일종의 비유적인 표현이다.

'빠른 사고'와 '느린 사고'의 장단점

사고 시스템이 빠지기 쉬운 판단의 버릇이 있다. 예컨대 시스템1은 자신이 눈으로 본 것이 사실이라고 믿어버린다. 목격담이 사실과 다른 경우라든가, 영상을 잘라냄으로써 사실이 변조되는 경우가 그렇다.

시스템1의 큰 오류 중 하나는 문제의 주변에 있는, 어쩌면 주된 주제인 듯 보이는 간단한 문제에 대해서만 답하고 끝내는 '대체'(일종의 눈속임)를 무의식적으로 행하는 것이다. 그런 오류가 일어나기 쉬운 경우는 감정 좋고 싫음, 나름의 손익 계산, 사정 등이 얽혀 있을 때다.

그 외에도 상대나 사태에 강한 인상을 받았을 때, 강한 선입견이 있을 때, 경험 이상으로 마음에 기억이 각인되어 있을 때, 강한 바람이나 기대를 가지고 있을 때, 시대의 영향이 있을 때, (좋은 뉴스보다도) 나쁜 뉴스를 들었을 때, 타인의 시선을 느낄 때, 제한을 받을 때에는 판단의 오류가 발생하기 쉽다.

무작위로 일어나는 사건들 속에서 스토리와 흐름, 인간관계를 찾으려는 인간의 습관은 판단을 왜곡하게 만든다. 기업의 성과, 투자자의 성공과 실패, 정치 평론가의 예측 등도 본질적으로 무작위적인 요소가 많음에도 불구하고, 우리는 그 결과에 특별한 능력이나 인과관계가 있다고 착각하는 오류를 범한다.

그렇다면 어떻게 해야 판단의 오류를 없앨 수 있을까? 불쑥 떠오르는 시스템1의 판단으로만 결정짓지 말고, 시스템2의 판단을 더하는 것이다. 예측해야 할 때는 되도록 많은 요소(정보, 모수, 변수 등)를 바탕으로 추측하기보다는, 알고리즘(논리적인 수순이나 계산)에 기본적인 몇 가지 요소만 이용한다.

생각하거나 다른 사람과 논의할 때는 자신의 사고에 편견이 있지는 않은지 주의하면서 바로 결론 내리려 하지 않는다. 또한 사용하는 말이나 용어의 의미를 가능한 한 명확히 하고, 가급적 애매한 표현을 사용하지 않는다.

7장
공상적 세계관의 사상

『유토피아』, 토머스 모어
『모나드론』, 라이프니츠
『순수이성비판』, 칸트
『학문론의 제1서론』, 피히테
『정신현상학』, 헤겔
『의지와 표상으로서의 세계』, 쇼펜하우어
『존재와 시간』, 하이데거
『철학』, 카를 야스퍼스
『차이와 반복』, 질 들뢰즈

077

『유토피아』
토머스 모어

원제 Utopia, 1516년

난이도 2

건강이 곧 최고의 쾌락이다

"사유재산이 존재하고, 모든 사람이 모든 것을 금전적 가치로만 판단하려 든다면, 사회가 제대로 통치되거나 진정으로 번영하는 것은 불가능하다고 볼 수 있다."

"온갖 재앙의 우두머리이자 근원인 단 하나의 무시무시한 괴수, 그것은 곧 오만함이다."

토머스 모어
Thomas More

1478~1535년. 잉글랜드 런던의 법률가의 집에서 태어났다. 옥스퍼드대학 링컨법조원에서 공부하고, 법정 변호사 자격을 취득했다. 하원의원을 거쳐 대법관을 역임했는데, 헨리 8세의 이혼에 반대해서 참수형에 처해졌다. 57세에 사망.

헨리 8세에 의해 참수당한 영국 대법관의 '풍자와 이상'

'유토피아'는 토머스 모어가 그리스어에서 따와 만들어낸 말로, '어디에도 없는 나라'라는 의미를 지닌 이상적인 곳이다. 원제는 '최상의 공화국 형태와 유토피아라는 새로운 섬에 관한 재미있으면서도 유익한 대단히 훌륭한 소책자'다. 두 권으로 되어 있는데, 출장지였던 플랑드르(현재의 벨기에와 프랑스 북부에 해당하는 지역)에서 2권부터 집필을 시작했다. 1권에서는 잉글랜드왕국에 대한 사회비판이 이뤄지고, 2권에서는 유토피아의 사회 양상을 주인공이 듣고 쓰는 형식으로 진행된다.

유토피아 사회에는 다음과 같은 특징이 있다.

- 사유재산이 없다. 금전의 유통이 없다.
- 공동 생활을 한다.
- 농업 외에 누구나 어떤 기능을 가지고 있다.
- 급하게 입법화하지 않는다. (즉흥적인 생각이나 발언을 중시하지 않고 숙고하기 위해)
- 공직은 학자에서 선출한다.
- 최소한의 법률 (교육받은 사람은 적은 법률로 충분하기 때문에)
- 외국과 동맹을 맺지 않는다.
- 건강은 최고의 쾌락이라는 가치관
- 여성의 결혼은 18세 이상, 남성의 결혼은 22세 이상
- 배우자를 선택할 때는 서로의 나체를 보인다.

- 누구든 집에 자유로이 출입할 수 있고, 집은 10년마다 추첨으로 바꿀 수 있다.
- 하루 6시간의 노동제
- 크고 편안한 병원이 마련되어 있다.
- 변기는 금은으로 만들어져 있다.
- 범죄자는 노예로 삼지만 매우 자유롭다.
- 병자 스스로 단식하거나 잠드는 안락사를 인정한다.
- 유토피아 시민은 죽음을 슬퍼하지 않는다.

토머스 모어가 생각하는 유토피아 국가의 생활은 지적이고 이성적인 사람들이 모여 사는 세계다. 그러나 당시 부패한 잉글랜드왕국에 대한 반동이자, 토머스 모어가 플라톤(238쪽 참조)의 『국가』를 모티브로 상상한 온후하고 평화로운 시민국가다.

사회 비판에서 인간 비판으로

토머스 모어는 제멋대로인 데다 탐욕스러운 헨리 8세가 다스리는 잉글랜드왕국에서 고위 관료로 일했는데, 왕후나 귀족, 성직자가 하는 일을 범죄라고 생각했다.

그러나 그들이 나빠서라기보다는, 악의 원인은 늘 인간의 오만한 마음에 있다고 『유토피아』의 후반부에서 지적한다. 그 오만함을 깨부수기 위해서라도 화폐 제도를 없애고 공동 생활이 필요하다고 생각했다. 토머스 모어는 『유토피아』가 실제로 정책을 만들 때 참고하면 좋겠다고 생각했던 것 같다.

사실, 토머스 모어와 에라스뮈스(86쪽 참조)는 친구 사이였다. 1511년 에라스뮈스의 풍자문학『우신예찬』이 베스트셀러가 된 것을 보고 토머스 모어가 자극을 받아『유토피아』를 썼다. 사회를 직접적으로 비판한『우신예찬』이 몇 배나 많이 팔렸지만, 훗날 금서가 되었다. 두 권 모두 당시 교양인의 공통어였던 라틴어로 쓰였는데, 국경을 넘어서까지 널리 읽히도록 하기 위해서였다.

덧붙여 러셀(36쪽 참조)은 유토피아에서의 생활이 참을 수 없을 만큼 지루할 것이라 생각했다. 유토피아의 행복에는 다양성이 없기 때문이다.

철학자의 한마디

하늘이 치유하지 못하는 슬픔은 이 땅에 없다.

078

『모나드론』
라이프니츠

원제 Monodologie, 1720년

난이도
6

실체는 모나드

"모나드는 자연에 있어 진정한 원자다. 한마디로 말하면 삼라만상의 요소다."

"모나드의 자연적 변화는 내적인 원리에서 온다."

"어느 물체도 우주 아래에서 일어나는 모든 일을 감지한다."

고트프리트 빌헬름 라이프니츠
Gotffried Wilhelm Leibniz

1646~1716년. 독일 국민의 신성로마제국의 작센 선제후령 라이프치히에서 대학교수의 집안에서 태어났다. 라이프치히대학, 예나대학에서 배우고 알트도르프대학에서 법학 박사학위를 받았다. 적분의 인테그랄(∫)을 고안하고 2진법 연구를 시작한 수학자, 관료. 연금술로 중국의 역경까지 학문을 폭넓게 다룬 철학자. 70세에 사망.

미분적분의 개념까지 발견,
천재 수학자가 제창하는 '우주를 만든 궁극의 단위'

모나드론이란 '단자론'이라는 의미로, '모나드'라는 단어는 단자로 번역된다.

모나드는 그리스어의 모나스에 유래했으며 'I'을 의미하는데, 라이프니츠에게는 궁극적인 불가분의 존재가 된다. 결국 '실체'라는 것이다. 실체란 진짜로 실재하는 것으로, 이를 라이프니츠는 모나드라고 불렀다.

죽기 2년 전인 1714년에 90단락으로 정리한 『모나드론』(라이프니츠를 존경한 장관에게 남긴 짧은 원고에는 제목이 달려 있지 않았기에 독일어로 출판할 때 붙여진 제목)에서 모나드가 어떤 것인지 설명했다. 모나드의 특징은 다음과 같다.

- 세계는 모나드로 구성되어 있다.
- 모나드는 살아 있는 거울 같은 것이고, 각각 다른 모나드를 비춘다.
- 모나드를 영혼(혹은 정신, 이성)이라 불러도 좋다.
- 모나드의 거울에 비친 우주는 저마다 다르지만, 그 반대편에는 각 모나드가 조망한 세계가 서로 대응하며 하나의 조화를 이룬다.
- 모든 모나드는 무한을 향해 열려 있으며, 우주에서 벌어지는 모든 사건을 반영하고 감리한다.

- 하나의 모나드가 다른 모나드가 되는 일은 없기에 영혼의 전생은 없다.
- 죽음이란, 모나드가 '안쪽으로 오그라드는 것'이기 때문에 엄밀한 의미에서의 죽음은 있을 수 없다.
- 정신은 신과 비슷한 모습으로, 아버지와 아들의 관계다.
- 모든 것은 신의 섭리에 의해 조화를 이루고, 늘 최선의 상태에서 존재한다.

라이프니츠는 알파벳 26자로 세계의 대부분을 설명할 수 있듯이, 단순한 기호를 이용하여 세계의 모든 것을 이끌어내려는 수학자다운 정열을 가지고 있었다.

이렇듯, 모나드란 우주의 기본이 되는 비물질적 존재이고, 인간은 물론 동물, 물체 안에도 있는 정신의 기본(기초가 되는 실체)이었던 것이다. 아주 기발한 착상이라고 할 수 있다.

079

『순수이성비판』
칸트

원제 Kritik der reinen Vernunft, 1781년, 1787년

난이도 8

이성이 인식의 장치다

"우리의 모든 인식이 반드시 경험에서 비롯되는 것은 아니다."

"이성은 어떤 종류의 개념과 원칙의 근원을 스스로 내포한다."

이마누엘 칸트
Immanuel Kant

1724~1884년. 동프로이센의 수도 쾨니히스베르크에서 가죽 장인의 집안에서 태어났다. 쾨니히스베르크대학에서 철학, 수학, 자연과학, 신학을 배웠다. 쾨니히스베르크대학의 철학 교수, 총장을 역임했다. 79세에 사망.

근대 철학의 골격을 세운 칸트,
서양 철학사상 가장 중요한 책

『순수이성비판』은 인간의 경험과 인식 방법을 다룬다. 즉, 인간은 무엇을 보고 경험하는지를 설명한다. 칸트는 눈앞에 있는 사물을 보고 있다고 생각하지만, 실제로는 사물 자체를 보는 것이 아니라고 결론 내렸다.

그렇다면 우리는 무엇을 보고(인식하고) 있는 것일까? 우리는 사물을 보고 있다고 생각하지만, 자신이 빚어낸 관념을 보고 그것이 현실의 사물 자체라고 생각한다.

존재는 '12개의 범주'에 속한다

칸트에 따르면, 우리가 어떤 것을 인식할 때 '이성'을 사용하고 있다고 볼 수 있다. 그러나 그가 말하는 '이성'은 일상적인 의미의 냉정한 판단이나 이성적인 사고를 뜻하지 않는다. 여기서의 이성은 '이해력Verstand', 즉 사물을 파악하고 분별하는 능력을 가리킨다. 이 이해력은 세계를 인식할 때, 사물 자체에 개념을 적용함으로써 작동한다. 이때 적용되는 개념들은 선험적으로 주어진 '범주'이며, 총 12가지로 분류된다.

① 양(단일성, 다수성, 전체성)
② 질(실재성, 부정성, 한계성)
③ 관계(실체성, 인과성, 상호성)

④ 양태(가능성, 현실 존재, 필연)

대개의 경우, 사물은 하나의 범주에만 속하는 것이 아니라 여러 범주에 중복되어 해당된다. 그런데 이성은 이러한 개별 범주들을 넘어서, 그것이 전체로서 무엇인지를 파악할 수 있는 능력을 지닌다.

범주는 인식을 가능하게 만드는 틀이며, 우리는 이 틀 안으로 들어온 사물의 일면, 즉 '현상'만을 인식할 수 있다. 따라서 인식 가능한 것은 현상뿐이고, 사물 자체는 원리적으로 알 수 없다.

이성의 12개 범주에 속하지 않은 것은 인식할 수 없다. 따라서 영혼, 신, 자유, 우주, 시간 등을 명확히 인식할 수 없고, 정확히 생각하는 것도 불가능하다고 칸트는 말한다.

세계에 충격을 던져준 철학

칸트의 철학, 특히 『순수이성비판』은 우선 신학에 강한 불안을 안겨주었다. 신에 대해 이성적으로 고찰할 수 없다면, 신학은 학문이라고 말할 수 없기 때문이다. 그러나 이성으로 인식할 수 없다고 해서 칸트를 유물론자라고 할 수는 없다. 칸트는 루터파 기독교인으로, 신의 존재까지 부정한 것은 아니기 때문이다.

여러 가지 것에 논평하는 버릇이 있는 철학자 러셀(36쪽 참조)은 칸트의 철학은 주관적이라고 비판하고, 『외부 세계에 대한 우리의 지식Our Knowledge of the External World』(1914)에서 칸트가 말한 공간이나 무한을 오류라고 지적했다.

칸트의 『순수이성비판』을 한마디로 말하면 "인간은 자신에게 갖춰진 인식 장치만 사용해 세계를 본다"라는 것이다. 이 인식 장치란 물론 이성의 작용이다. 게다가 인간의 육체가 가지고 있는 의식의 장치에도 물리적인 한계는 있다. 예를 들어, 눈 망막의 추체세포는 색채를 구분하는 기능을 가지는데, 빛의 양이 부족하면 인식하기 어렵다. 그러나 어류, 양서류, 파충류와 조류의 추체세포는 폭넓은 파장의 빛을 파악할 수 있어서 인간보다 많은 색채를 인식한다.

물론 육체의 기능과 칸트가 말하는 이성에 의한 인식은 같지 않지만, 뇌의 연구가 좀 더 진보하면 인간의 이성에 의한 인식의 기능이 무엇인지 발견될지도 모른다.

080

『학문론의 제1서론』
피히테

원제 Erste Einleitung in die Wissenschaftslehre, 1797년

난이도 4

이성이란 자아다

"모든 학문에 대한 현대의 사고방식을 밑바닥부터 바꾸려고 하는 위대한 사람(칸트)의 의도가 완전히 실패로 끝났다는 것을 확신한다."

"바야흐로 이 자아 자체가 관념론의 객관이다."

"지성이란 오로지 능동적이고 절대적인 것으로 수동적인지 많다."

요한 고틀리프 피히테
Johann Gottlieb Fichte

1762~1914년. 신성로마제국 작센 선제후령의 라메나우의 삼베 직인의 아들로 태어났다. 칸트가 주선해 『모든 계시의 비판**Kritik aller Offenbarung**』을 출판한 것을 계기로 예나대학 교수로 취임했다. 베를린대학(훗날 베를린훔볼트대학)의 초대 철학 교수. 초대 총장을 역임했다. 51세에 사망.

칸트에 영향을 받은 피히테, '자아'에 초점을 맞춘 철학을 확립하다

칸트 철학서를 『실천이성비판』, 『판단력비판』, 『순수이성비판』(378쪽 참조)의 순서로 읽은 피히테는 칸트의 철학 체계가 아직 통일되지 않았다고 여기고 『학문론의 제1서론』을 집필했다. 그는 자신의 철학이 칸트를 넘어섰다고 생각했다.

이 책에서 이미 설명했듯이, 칸트의 『순수이성 비판』은 인간의 이성인 범위에 한정된 현상밖에 파악할 수 없다고 말했다. 인간의 이성에 이미 갖춰진 범주, 즉 사물을 인식하는 장치에는 한계가 있기 때문이다. 그 장치로 파악한 범위밖에 인식할 수 없고, 그 인식에 의한 사물의 형태가 현상이며, 결과적으로 우리는 사물 자체를 아는 것이 아니라 현상만 아는 것이다.

『실천이성비판』은 도덕의 법칙이란 어떠한 것이어야 하는지에 대해 서술한 것이다. 무엇이 선이고 악인지에 대한 도덕은 도덕을 실천하는 사람의 손익이나 사정, 취향이나 주관을 기준으로 판단해야 한다. 법칙이라면 언제, 어디서든, 누구에게든 도덕적으로 정당해야 할 것이다. 그러므로 "자기 의지의 최대치가 동시에 보편적인 법의 원리인 것처럼 (결국 타인의 똑같이 행동해도 옳은지 확인할 수 없듯이) 행위하라"라는 것이 도덕적 행위를 실천할 때 이성의 요구다.

피히테는 칸트의 철학서를 읽고, 인간 안에 '이론이성'과 '실천이성'이라는 서로 다른 두 이성이 있다면 이성은 결국 '자아'

가 아닌지 비판했다. 피히테가 보기엔, 자아야말로 철학의 중심에 있다는 것이다.

> "사물이라 불리는 모든 것은 결국 자신이 만들어낸 표상에 불과하다. 이 자신을 벗어나 독립적으로 존재하는 것은 아무것도 없다. 모든 표상은 자아의 활동에서 비롯된 산물일 뿐이다. 그러므로 실재하는 것은 오직 자아뿐이다."

모든 것이 자아의 표상에 불과하다는 주장 때문에 피히테의 철학은 유물론으로 오해받을 수 있지만, 실제로는 철저한 관념론이다. 피히테는 모든 실재를 자아의 능동적 활동에서 비롯된 것으로 보았다. 이에 대해 칸트는 1798년 친구에게 보낸 편지에서, 피히테가 말하는 '자아'는 단순한 자기의식에 불과하며, 그의 철학은 이를 뒷받침할 근거조차 갖추고 있지 않다고 비판했다.

반유대주의자이자 국가주의자

피히테의 유심론은 이후 저작을 거치며 점차 변화를 겪었고, 그가 베를린으로 옮긴 뒤에는 종교적·형이상학적 성격이 강해졌다. 특히 프리메이슨과의 교류는 그의 사상에 영향을 미쳤으며, 후기에는 자아의 도덕적 실천을 통해 '절대자'(신)가 나타난다고 보는 방향으로 전개되었다.

그런데 칸트는 유대계 철학자 모제스 멘델스존(음악가 멘델스존의 할아버지)과 교류하면서 유대인에 대해 편견 어린 시선을 가졌다. 한편, 피히테는 『학문론의 제1서론』을 쓰기 이전부터 유대인에 대해 명백한 차별적 인식을 드러냈다.

1793년, 피히테는 『프랑스혁명 성찰』에서 유대인을 비판하며, 그들이 독일 사회에 부정적 영향을 끼친다고 주장했다. 그는 유대인이 인류 전체에 적대감을 품고 있으며, 그들에게 시민권을 부여하려면 마치 머리를 잘라 다른 머리로 바꾸듯 그들의 사고방식 전체를 바꾸어야 한다는 과격한 발언을 했다. 19세기에 들어, 나폴레옹에게 점령당한 베를린의 학사원 강당에서 피히테는 1808년 '독일 국민에게 고함'이라는 제목으로 총 14차례에 걸친 강연을 진행했다. 그는 독일인의 민족적 우수성을 강조하는 국가주의적 사상가로서, 독일 국민이 도약하기 위해서는 교육 제도의 개혁과 청소년의 조국애를 바탕으로 한 도덕적 혁신이 필수적이라고 역설했다.

철학자의 한마디

자유야말로 고도의 교양이 싹트는 토양이다.

081

『정신현상학』
헤겔

원제 Phänomenolgie des Geistes, 1807년

난이도
7

정신이 성장한 흔적이 역사다

"철학의 본래 의미인 '지혜에 대한 사랑'을 넘어서, 진정한 지혜에 도달하기 위해 끊임없이 노력하는 것이 우리의 목표다."

"진리는 전체와 같다. 그러나 그 전체는 본질이 발전하여 완성된 것이다."

"절대적인 것은 스스로 생성되는 현실적 주체다."

"이성이란, 자신을 세계의 중심으로 삼아 스스로를 의식하는 능력이며 이때의 이성을 우리는 정신이라 부른다."

게오르크 빌헬름 프리드리히 헤겔
Georg Wihelm Friedrich Hegel

1770~1831년. 신성로마제국의 연방국가 뷔르템베르크공국 슈투트가르트의 궁전에서 일하는 공무원의 집에서 태어났다. 튀빙겐대학의 신학과에 입학. 베른과 프랑크푸르트에서 가정교사. 예나대학 강사가 되어 헤겔학파를 형성했다. 61세에 사망.

장대하고 유니크한 철학 사상

이 책의 제목인 '현상학'이란 밖으로 나타난 것에 대한 고찰이나 연구라는 의미다. 그리고 '정신Geist'은 영어판에서 sprit 혹은 mind로 번역되는데, 의식이라는 의미에서 사용하고 있다.

정신이나 의식이라는 말은 흔히 인간 내부의 막연한 존재를 가리키며, 대체로 외부에는 없다고 여겨진다. 그러나 헤겔은 정신이 인간 내면뿐 아니라 세계의 여러 상황 속에서 작용하고 성장한다고 보았다. 참고로, '정신'을 뜻하는 독일어 'Geist'의 어원인 'gaista'는 '활발하고 생동감이 넘친다'는 뜻이다.

성장은 다음과 같이 전개된다. 처음에 정신이 개인의 내면에 머물러 있을 때는 '주관'으로서 작용한다. 그러나 지식이나 경험을 통해 주관은 점차 '이성'으로 발전하며, 이 이성이 더욱 고도화되면 '객관적 정신'이 된다. 객관적 정신은 법, 윤리, 국가와 같은 형태로 구체화되어 나타난다.

또한 객관적인 정신이 '절대정신'으로까지 높아지면, 예술이나 종교로 나타난다. 마침내 '세계정신'의 단계에 이르면 역사를 움직이는 힘 그 자체가 된다.

결국 모든 것의 현상은 기원을 밝히면 정신이 그때그때 보여주는 모습이다. 따라서 헤겔은 "역사란 시간 속에 나타나는 정신 그 자체"라고 말한다. 이에 따라, 자신이 속한 프로이센왕국(1701~1918)의 권력도 본질적으로 정신이 현실로 구현된 것으로서 이성적이고 절대적인 것이라 보았다. 이러한 이유로 헤겔은 프로이센왕국이 세계적 사명을 수행하는 진정한 국가라고 평가했다.

헤겔은 광기 어린 생각에 진심이었다. 1806년 가을, 『정신현상학』을 마무리하던 시기에 프로이센군과 나폴레옹의 프랑스군이 교전하던 현장에서 헤겔은 말 위에 앉아 있는 나폴레옹을 보고는 후원자이자 친구인 관료에게 편지를 썼는데, 나폴레옹을 '세계를 움켜쥐고 있는 세계정신' 혹은 '초인'이라고 칭했다.

모든 것을 설명하는 체계적인 철학

『정신현상학』은 결코 쉬운 내용이 아니지만, 만년에 쓴 『법철학』에서는 현실을 지배하는 정신의 법칙을 좀 더 체계적이고 명확하게 설명하고 있다. 또한 『엔치클로페디』는 논리학, 자연철학, 정신철학을 체계적으로 다룬 책인데, 정신의 변화와 작용을 상세히 서술한다.

이렇듯, 헤겔은 마치 전지전능한 신처럼 모든 것을 설명했다. 그리고 그의 독창성과 누구도 이해하지 못한 논리에 사람들은 압도되었다.

공국의 재무관이었던 아버지 세대부터 국가 체제에 협력해 온 헤겔의 철학은 당시 프로이센 국가, 법, 독일 문화를 정당화하는 데 큰 역할을 했다.

마르크스나 사르트르를 매료시키고 공산주의 사회가 대두하다

쇼펜하우어나 키르케고르는 헤겔의 사상을 엄하게 비난했다. 헤겔의 사상은 누구나 납득할 수 있는 논리적 과정을 거쳐 나온 것이 아니며, 대다수 사람들이 공유하는 경험에서 추출된 생각도 아니다. 그럼에도 불구하고 헤겔은 자신의 설명이 진리라고 확신했다.

베를린대학에서 헤겔의 강의를 들었던 마르크스(271쪽 참조)는 헤겔 사상에서 '역사의 발전' 개념을 추출하여 자신의 이론에 응용했다. 그는 자본주의 사회 다음에 필연적으로 공산주의 사회가 등장한다고 보았고, 그 결과 소련을 비롯한 공산주의권 국가들이 탄생했다.

헤겔의 '역사의 발전'이라는 사고방식을 계승한 프랜시스 후쿠야마(미국의 정치경제학자)는 1992년 『역사의 종말』을 출간하며 큰 주목을 받았다. 그러나 후쿠야마가 주장한 역사의 방향성 개념은 여러 방면에서 비판을 받았다.

철학자의 한마디

우리가 역사에서 배운 것은 인간은
결코 역사에서 배우지 않는다는 것이다.

082

『의지와 표상으로서의 세계』
쇼펜하우어

원제 Die welt as Wille und Vorstellung, 1819년

난이도 7

자신을 버려라

"자연 안에 있는 모든 힘을 의지라고 생각하자."

"신체 전체는 객관화된 의지, 즉 표상된 의지에 다름없다."

"복음서에서는 자신을 버리고 십자가를 짊어지라고 가르치는데, 이는 일종의 의지 부정과 같은 의미를 담고 있다."

PHILOSOPHER

아르투어 쇼펜하우어
Arthur Schopenhauer

1788~1860년. 폴란드 리투아니아공화국 그단스크(단치히)의 부유한 상인의 집안에서 태어났고, 훗날 함부르크로 이주. 괴팅겐 대학의 의학부에서 철학부로 옮기고 예나대학에서 학위를 취득했다. 베를린대학 강사. 콜레라 확산을 피해 프랑크푸르트에 은거. 72세에 사망.

니체와 괴테에도 영향을 준 철학자, 고통이 가득한 인생을 구원하는 법

『의지와 표상으로서의 세계』의 내용을 매우 간단히 설명하면 "고통받고 싶지 않다면 의지의 힘을 내비치지 않는 방식으로 살라"라는 것이다.

그러나 여기서 말하는 '의지'는 각 개인이 무언가를 의욕하는 마음을 뜻하지 않는다. 쇼펜하우어가 말하는 '의지'(원어: Wille, 복수형: Willen)는 자연에 존재하는 모든 힘과 에너지를 의미한다. 즉, 폭풍이나 번개뿐 아니라 생명력, 충동, 본능, 욕망까지도 의지의 표현이다.

'의지만이 사물 자체'

그뿐 아니라, 의지는 '사물 자체'(혹은 존재 자체)라고 말한다.

'사물 자체'라는 말은 칸트의 『순수이성비판』(378쪽 참조)에도 등장한다. 칸트에 따르면, 인간은 자신에게 있는 지각이나 이성이라는 인식 기능을 사용하여 외부세계에 무엇이, 어떻게 존재하는지 이해한다. 그러면 인간의 인식망에 포착된 부분만이 외부세계에 존재한다고 이해해버린다.

그러나 이는 외부에 존재하는 것의 일부에 불과하며, 이를 포함한 전체, 즉 '사물 자체'가 어떠한 것인지 알지 못한다. 다시 말해, 칸트는 인간의 인식 기능에는 한계가 있어서 '사물 자체'에 대해서는 알지 못한다고 말했다.

한편, 쇼펜하우어는 '사물 자체'가 '의지'라고 주장한다.

"의지만이 사물 자체다."

겉으로 드러나는 모든 것은 현상에 지나지 않고, 그 현상은 각각의 '의지'를 목적으로 하여 눈에 띄는 것이라 말한다.

따라서 시간과 공간을 포함해 생과 사, 개인의 의욕이나 기분까지도, '의지'가 그때그때 표상하는 양상이나 형태에 불과하다. 즉, 세계는 하나의 현상이며 구성된 구조물이다. '의지와 그 표상으로서의 세계'인 것이다.

'의지'는 어디로 향하는가?

그렇다면 '의지'란 어디로 향하는 어떤 의지일까? 동기도 없고 목적도 없으며 한계 없이 무한히 움직인다. 게다가 헤겔이 『정신현상학』에서 말한 것처럼, 하나의 거대한 '의지'가 역사 속에서 꿈틀거리는 것이 아니라, 이곳저곳에 흩어진 무수한 '의지'들이 움직이고 있다.

'의지'는 무수한 현상이 되어 투쟁을 반복한다. 인간은 이러한 현상에 의해 매일 여러 가지 작용을 하고, 작은 기쁨과 많은 고통을 맛보면서 존재한다. '의지'의 현상에 지배받는, 투쟁과 어려움 그리고 약간의 기쁨으로 채워진 이 세계에서 벗어나는 것은 불가능하다.

쇼펜하우어는 '의지'의 현상이 난무하지 않는 장소에 서야 하며, 결국 현상에 지배받는 삶에서 벗어나 (확실한) '나'라는 것은 없다고 인식해야 한다고 주장한다.

그러려면 현재의 자신을 있는 그대로 바라봐야 한다. 자아를 버리고 자신의 욕망과 이익에서 벗어나, 타인을 자신처럼 느끼며 자아와 타자의 구별이 완전히 사라진 상태에 이르도록 한다.

그 순간의 생생한 감각을 표현하기 위해 쇼펜하우어는 조지 고든 바이런의 서사시에서 "산도, 파도도, 하늘도 나와 나의 영혼의 일부가 아니던가, 마치 내가 그것들의 일부인 것처럼"이라는 구절을 인용했다. 또한 『우파니샤드』(413쪽 참조)에 나오는 "모든 피조물은 나다. 그리고 나 이외에는 어떤 것도 존재하지 않는다"라는 구절도 함께 언급했다.

청강생이 단 한 명도 없었을 때도 있었다! 늦게 꽃피운 철학자

『의지와 표상으로서의 세계』는 쇼펜하우어가 26세일 때부터 구상한 것으로, 30세에 간행(초판은 1819년에 간행되었지만 실제로는 1818년에 완성)되었다. 그 핵심이 되는 고대 인도 철학의 사고법을 가르쳐준 사람이 40세 연상으로 친분이 있던 괴테였다.

자신만만하게 출판했지만 프랑스혁명(1789~1799)과 나폴레옹전쟁(1796~1815)을 겪으며 피폐하고 혼란이 이어지던 유럽에서는 전혀 읽히지 않았다. 실의에 빠진 쇼펜하우어는 32세의 나이에 베를린대학 강사의 지위를 얻어 학생들을 모집했다. 강의 시간이 헤겔의 강의 시간과 같은 바람에 청강생이 단 한 명도 없는 상태가 이어졌다.

콜레라가 유행하던 시기에는 전염병을 피해 43세에 프랑크푸르트로 이주하고 반려견과 함께 은거하며 주로 영국인들과 교류했다. 그동안에도 꾸준히 집필은 이어가 『의지와 표상으로서의 세계』에 대한 에세이풍 주석서 『쇼펜하우어의 행복론과 인생론』이 그의 인생에서 최초의 베스트셀러가 되었다. 이때 쇼펜하우어는 이미 63세였다. 1857년부터는 독일 국내 대학에서 쇼펜하우어 철학을 강의했다.

그 후 쇼펜하우어 철학은 국경을 뛰어넘어 철학자 키르케고르, 니체, 베르그송, 소설가 토마스 만에게 강한 영향을 미쳤다. 그리고 프로이트의 정신분석의 중심이 된 무의식이 현실에 힘을 미친다는 발상에 힌트를 주었다.

철학자의 한마디

인생은 고뇌와 지루함 사이를 진자처럼
좌우로 흔들린다.

083

『존재와 시간』
하이데거

원제 Sein und Zeit, 1927년

난이도
7

평범한 인간으로 살지 마라

"양심은 부름을 받은 자에게 과연 무엇을 전하려 하는가? 엄밀히 말하면, 그것은 아무것도 전하지 않는다."

"양심은 다만 끊임없이 침묵이라는 형태로 이야기한다."

PHILOSOPHER

마르틴 하이데거
Martin Heidegger

1889~1976. 제정독일의 바덴대공원이 있는 남부의 작은 마을 메스키르히의 교회 주택관리인이자 술통 장인의 집안에서 태어났다. 프라이부르크대학 신학부에 입학, 철학 박사 학위를 취득했다. 1919년 후설의 조수로 일하면서 교단에 섰다. 마르부르크대학에서 조교수, 1928년 프라이부르크대학 교수. 1933년 봄부터 약 1년간 프라이부르크대학 총장. 나치에 입당. 86세에 사망.

'인간이란 대체 무엇인가'
독일 철학계에 충격을 안겨준 하이데거의 주요 저서

하이데거의 문제의식은 고대 그리스어로 말하면 '존재ousia'란 무엇인가였다. 존재를 알기 위해 먼저 인간이란 존재는 무엇인가를 분석한 것이 하이데거가 38세에 간행한 『존재와 시간』이다.

인간이란 대체 어떤 존재인가? 이 의문에 대해서는 고대 그리스시대부터 인간을 외부에서 보고 인간의 특징을 파악했다. 그런데 하이데거는 인간을 내면에서 보고 인간이 어떤 존재인지 이끌어냈다. 그렇게 하면 존재가 무엇인지 알 수 있을 것이라 생각했기 때문이다.

하이데거는 인간을 '현존재Dasein'라 불렀는데, '그곳에 존재하는 것'이라는 의미다. (라틴어로 '사실 존재'를 의미하는 엑시스텐티아existentia를 독일어로 번역한 것으로, 칸트나 헤겔도 사용한 단어다. 그러나 빈번히 사용한 것은 하이데거다. 일반적으로는 쓰이지 않는 독일어 조어로, 하이데거가 만든 조어들의 특징은 일상에서 사용되는 독일어의 의미를 확대했다는 점이다. 그래서 어렵고 심오하게 느껴진다.)

'현존재'(인간)는 그저 존재하고 있는 게 아니라, 살아서 일상의 행위를 한다. 행위를 하면서 늘 도구를 사용하는데, 주변 사물은 '도구적 존재Zuhandensein'라고 하이데거는 명명했다.

'현존재'가 무엇인가를 할 때, 그 목적을 이루기 위한 수단으로 도구를 사용하므로, '현존재'와 도구 사이에는 '도구 연관'이 있다. 그리고 '현존재'는 '도구 연관'에서 존재할 수밖에 없다.

따라서 '도구 연관'만이 '현존재'가 살아 있는 장소로, 곧 세계다. '현존재'가 살고 있는 장소는 '(도구 연관의) 세계 내 존재in-der-welt-sein'다. '현존재'는 그 세계에 자신의 의사로 들어가는 게 아니라, 이미 그곳에 던져진 상태다. 이것을 '현존재'의 '피투성Geworfenheit'이라고 한다.

'현존재'는 자신의 신변에 있는 도구를 염려한다

'현존재'인 인간은 도구 연관의 세계 속에 던져져 살아가는데, 무엇을 도구로 사용할지는 그 사람의 그 당시 욕망, 필요성, 관심에 따른다. 이를 하이데거는 '염려sorge'라고 부른다.

어떤 것을 보고 이것은 무엇에 쓰이는가를 생각하는 것도 '염려'다. 그때 도구로 보이는 물건은 '현존재'의 가능성을 실현화한 것으로 본다. 요컨대 인간은 자신이 살아가는 데 도움이 될 만한 것을 세계에 있는 물건에서 선택해 사용한다.

'염려'의 의미에는 관계하는 것, 탐구하는 것, 논하는 것, 묻는 것까지 포함된다. (물론 평범한 독일어 sorge가 아니라 넓은 의미에서 사용한 용어였다.)

게다가 그 '염려'를 좌우하는 것은 '현존재'의 '정상성Befindlichkeit'이다. '현존재'가 무엇인가를 할 때도 기분이 작용한다. '정상성'은 '염려'와 한데 묶여서 지금 이곳의 세계의 의미(그 사람에게 있어서의 의미)를 구성한다.

시간의 감각도 '정상성'에 작용하는데, 지루하면 시간이 길게 느껴지는 식이다. 지루하면 평소와 같은 날들이 계속 이어지는 것처럼 착각하고, 자신이 시간을 만들어낸다는 것을 알아차리지 못한다. 하이데거는 지성이 '정상성'을 기반으로 한다고 말한다.

죽음을 의식했을 때 '본래성'을 회복한다

그런데 '현존재'는 계속 '염려'에 사로잡힌 채 살아가야만 한다. 이는 '현존재'의 불안 탓이다. 자신이 '사람das Man'에 불과하다는 것, 다른 사람과 교체 가능한, 주위에 얼마든지 있는 단순한 '사람'(세인世人이라고 번역되기도 한다)이라는 사실을 알아차리면서 불안이 생겨난다.

왜 불안을 느끼는 것일까? 인간으로서 자신의 본래적 모습이 아니라는 사실을 막연하게나마 자각하기 때문이다. 하이데거는 이러한 비본래적인 존재 방식이 지속되는 상태를 '퇴락Verfallenheit'이라 불렀다. 실제로 많은 사람이 '퇴락'의 상태로 일상을 살아간다.

한편, '현존재'의 본래성을 일깨워주는 것은 다름 아닌 죽음이다. 죽음만큼은 타인이 대신해줄 수 없으며, 철저히 자신만의 고유한 것이다. 그렇기에 죽음은 본래적인 사건이다. 하이데거에 따르면, '현존재'는 태어난 순간부터 이미 '죽음을 향한 존재Sein zum Tode'다.

자신의 죽음을 의식하는 순간, '양심의 소리Stimme des Gewissens'가 들려온다. 이는 현존재를 본래성으로 일깨우고 그 본래적 존재 방식으로 자신을 던져넣는 계기를 마련해준다.

하이데거는 본래성 속으로 자신을 던져넣는 행위를 '기투

Entwurf'라고 불렀다. 그리고 이러한 본래적인 존재 방식을 '실존Existenz'이라고 한다. (사르트르를 비롯한 실존주의에서 말하는 '실존'과는 상당히 다르다.)

'현존재'는 처음부터 죽음과 관계하고 있지만, 일상 속에서 '사람'으로 퇴락해 있는 동안에는 양심의 소리를 듣지 못한다. 그러나 죽음을 의식하는 순간, 비로소 자기 자신이라는 존재에 눈뜬다. 양심이 '현존재'에게 본래적 실존을 이해하라는 듯 암시를 주기 때문이다. 양심은 '현존재' 앞에 진실을 드러내며, '빼앗긴 본래성을 되찾으라'는 일종의 지령을 내린다. 따라서 하이데거가 말하는 양심은 우리가 일반적으로 사용하는 도덕적 양심과는 전혀 다른 개념이다.

세계적 영향과 나치 당원 문제

『존재와 시간』은 미완이다. 원래 존재 일반에 대해서도 쓰려고 했지만, '현존재'에 대한 원고가 예정했던 것의 3분의 1 분량으로 끝났다. 그럼에도 출간되자마자 국제적으로 높은 평가를 받았다. 제1차 세계대전이 끝나고 기존의 가치관이 완전히 무너진 상황에서 사람들은 인간에 대해 깊은 의문을 가졌다. 그런데 『존재와 시간』에서 언급한, 죽음을 의식한 순간에 들려온 '양심의 소리'라는 알 수 없는 울림이 심연에 퍼지면서, 이 책이 무엇인가를 알려줄지도 모른다는 기대감이 생겨났던 것이다.

하이데거가 철학자 막스 셸러(55쪽 참조)의 사고를 무단으로 가져왔다고 비판하는 학자도 있었다. 철학자 루돌프 카르나프는 헤겔이나 하이데거가 말을 적절히 사용하지 못했으므로 그들이 서술한 것은 무의미하다고 비판했다. 죽음에 대해 조언을 남발하거나 애매하고 핵심에서 벗어난 문장이 많다는 문제는 있었다.

> "죽음에 직면한 존재로서 현존재는 자기 자신을 하나의 두드러진 존재로서 마주하는 태도를 갖는다."

그러나 『존재와 시간』은 실존주의를 제창한 사르트르에게 특히 큰 영향을 주었고, 그 영향으로 사르트르는 『존재와 무』라는 책을 출간했다.

하이데거에게는 아내와 자녀가 있었다. 그런데 마르부르크대학에서 조교수를 하면서 학생인 한나 아렌트와 연인이 되었고 그녀가 죽을 때까지 둘의 교류는 계속됐다. 또한 프라이부르크대학 총장이 되었을 때는 나치에 입당했다. 제1차 세계대전으로 방대한 배상금을 지불해야 했던 상황에서, 나치가 독일 사회를 뿌리부터 개혁하려는 데 동조했던 것이다. 나치 당원이었던 사실로 훗날 그는 비난을 받았다. 게다가 하이데거는 인간적으로도, 사상적으로도 차별하는 경향이 있었다. 그래서 프랑스인을 깔봤고, 기분 내키는 대로 사는 (듯이 보이는) 일반인을 일방적으로 '비본래적'으로 산다며 비판했다.

철학자의 한마디

사람은 어느 순간 죽음이 찾아온다는 사실을 깨닫지 못하면, 진정으로 살아 있음을 느낄 수 없다.

084

『철학』
카를 야스퍼스

원제 Philosophie, 1932년

난이도
6

> 진짜 자신이 되면 신의 암호를 알 수 있다

"교류를 방해하는 힘은 결코 사랑일 수 없다. (중략) 비록 교류가 사랑의 기초가 되지 않는다 하더라도, 교류 속에서 입증되지 않은 사랑은 존재하지 않는다."

"종교적 행위는 세계 안에서 하나의 현실로서 존재하지만, 그 행위 자체는 세계 내의 어떤 목적을 갖지 않고 오히려 자기 자신 안에 초월자를 현전하게 한다."

카를 테오도르 야스퍼스
Karl Theodor Jaspers

1883~1969년. 독일의 올덴부르크대공국의 은행장 집에 태어났다. 법학과를 선택하지만 의학으로 전향. 하이델베르크 대학에서 정신병리학을 가르쳤다. 철학으로 전향하고, 1921년 철학과 정교수가 되었다. 1948년 스위스의 바젤 대학의 철학 교수가 되었다. 1959년 에라스뮈스 상을 수상했다. 86세에 사망.

20세기 독일 실존철학의 1인자, '철학하는 것'의 의의를 말하다

『철학』은 3권짜리 장대한 저작물이다. 특히 2권에 야스퍼스의 철학의 특징이 집중적으로 담겨 있는데, 제목은 '실존개명 Existenzerhellung'이다. 실존은 인간이 (관념이 아닌) 현실의 존재라는 의미인데, 야스퍼스가 『현대의 정신적 상황』(1931)에서 실존철학이라는 단어에서 처음으로 사용했다.

실존개명이란 인간은 본래적으로 실존적 존재이기에 그렇게 되어간다는 뜻이다. 지금 인간은 실존적 존재가 아니라고 야스퍼스는 생각했다. 인간은 자기 자신으로 사는 게 아니기에 개인으로서 자신에게 눈을 떠 실존이 되어야 한다. 왜 자기 자신으로 살지 않을까? 그것은 세계에 대한 각종 지식에서 나온 인식이 세계와 자기 자신을 결정하고 고정해버리기 때문이다. 말하자면, 과학에 의한 세계 인식으로 바라본 세계가 전부라 생각하기에 과학이 현실의 대체물에 불과하다는 사실을 깨닫지 못하고 살아가는 것이다. 따라서 야스퍼스는 이런 한계를 초월하라고 주장한다.

한계를 초월하면 고정된 세계 인식을 가지지 않은 상태라 불안정하고 들뜬 상태가 된다. 그러면 '한계상황'이 선명하게 부각된다. 이는 인간이 도망칠 수 없는 죽음, 고통, 다툼, 죄책감 같은 것이다. '한계상황'에서야 다른 사람들과 진심으로 교류할 수 있고, '초월자'의 '암호'를 읽을 수 있다.

이처럼 야스퍼스의 『철학』은 자기 실존에 이르는 것을 목적으로 하는 추상적인 윤리를 담고 있다. 또한 '추월자'나 '포괄자'라는 것은 신의 영역에 포함되므로 철학을 가장한 종교서라고도 할 수 있다.

나치의 탄압과 사회적 활약

나치 정권이 확립된 1933년, 아내 게르트루드가 유대인이었던 야스퍼스는 하이델베르크대학 교수직에서 해임되었다. 아내가 강제수용소로 송치될 위기에 처했을 때, 부부는 집에서 농성하며 이를 막으려 했다.

제2차 세계대전이 끝난 후에 제자였던 한나 아렌트의 협력과 도움을 받아 바젤로 이주해서는, 정치에 대한 책이나 평론을 출간했다. 하이데거와 함께 야스퍼스는 독일의 철학계와 언론계에 큰 영향을 미쳤다. 특히 '실존'이라는 사고는 사르트르에게 영향을 미쳐 '실존주의'라는 용어가 탄생했고 1970년대까지 유행했다.

철학자의 한마디

사는 것을 배운다는 것은
곧 죽는 것을 배우는 것이기도 하다.

085

『차이와 반복』
질 들뢰즈

원제 Difference et Repetition, 1968년

난이도 9

정직한 것은 어디에도 없다

"차이는 세상 만물의 배후에 존재하지만, 그 차이의 배후에는 아무것도 존재하지 않는다."

"영원회귀란 차이와 반복의 원환이다. 이는 동일성의 반복이 아니라, 끊임없이 차이가 생성되고 반복되는 순환이다."

질 들뢰즈
Gilles Deleuze

1925~1995년. 프랑스 파리에서 태어났다. 소르본대학에서 철학을 공부했다. 푸코와 친분이 있다. 파리 제8대학 철학 교수. 70세에 사망.

PHILOSOPHER

프랑스 현대사상을 대표하는 철학자, '플라톤주의'의 전통을 뒤집다

 들뢰즈의 주요 저서인 『차이와 반복』은 지금까지의 수많은 철학을 되짚어보고 복잡한 내용을 추상적으로 전개하고 있다. 여기서는 들뢰즈식 사고법의 기초만 간단히 설명한다.

 어떤 것을 성립시키는 것은 차별의 집합이며, 완전히 동일해 보이는 것이라도 실제로는 차이가 포함되어 있기에 동일하지 않다.

 이를 흰색의 비유를 사용해 이해해보자. 여기에 흰색의 물건이 있고, 저쪽에도 흰색 물건이 있다. 어느 쪽이 진짜 흰색인지 묻는다면 조금이라도 밝은 쪽이 진짜다. 그보다 훨씬 명도가 높은 흰색을 발견한다면 그것이 진짜이자 순수한 흰색이 될까? 그렇다면 빨간색은? 회색은 어떨까?

 어떤 색이든 아주 조금 다른 색이 섞인들 전혀 동떨어진 색이 되지는 않는다. 조금은 차이가 나겠지만 결국엔 같은 색이라고 여긴다. 미묘한 색 차이를 몰라서가 아니라, 차이가 포함되어 있어도 여전히 흰색이거나 빨간색이기 때문이다.

플라톤의 '이데아론'이란

 철학에서는 플라톤 이래로 '단일한 흰색'이 이미 존재하며, 그것이 참된 흰색이라는 주장이 주류를 이뤘다. 이것이 바로 플라톤의 이데아론이다. 이 경우, 단일한 흰색이 바로 이데아에 해당한다.

플라톤은 『국가』에서 '동굴의 비유'를 통해 진리(즉, 참인 것)는 이 세계의 배후에 있는 이데아계에만 존재하며, 세상에 존재하는 만물은 이데아계에 있는 진리의 모방에 지나지 않는다고 주장한다. 예컨대 완전히 정확한 삼각형은 이데아계에만 존재하고 이 세상에 있는 삼각형은 모두 부정확하다. 절대적인 완전함이나 참은 없다. 따라서 완전한 말이나 완전한 사람도 이데아계에만 있고, 이 세계에 존재하는 것은 그 이데아의 부정확한 복제다. 이데아는 늘 '근거'가 된다.

예를 들어, 눈앞에 있는 게 물고기인지 아닌지를 판단할 때, 우리는 물고기의 이데아에 비추어본다. 결국 그때마다 이데아를 떠올려서 비교하는 셈이다. 이데아에 가까운 것일수록 참이므로 선에 근접하고, 이데아에서 멀어질수록 악이다. (그리스도교 신학도 플라톤의 사고를 기반으로 하므로 신이 일체의 규범, 곧 이데아다.)

플라톤의 이데아론에 의하면, '안다'는 것은 이데아를 떠올리는 것일 뿐이다. 또한 존재하는 모든 것은 이데아의 잡다한 복제를 낳을 뿐이다. 그렇다면 새롭게 창조되는 것은 이 세상에는 하나도 없다.

플라톤주의에 반기를 들다

들뢰즈는 '참된 것'은 실제로 어디에도 존재하지 않으며, 세계는 다양한 차이로만 구성된다고 보았다. 여러 가지 차이가 미묘하게 섞여 전체로서의 흰색을 이루듯, 차이와 반복이 모든 것을 창조하고 성립시킨다.

들뢰즈의 사고방식이 획기적인 것은 지금까지의 철학적 사고법을 뒤집었기 때문이다. 플라톤주의에 처음으로 반기를 든 것은 사실 니체다. 그래서 들뢰즈는 니체의 '영원회귀'(영겁회귀라고 번역되기도 한다) 사상을 『차이와 반복』에서 새롭게 평가했다.

니체의 '영원회귀'는 『차라투스트라는 이렇게 말했다』에서 처음으로 심도 있게 다룬 사상으로, 모든 것이 영원히 반복된다는 개념이다. 니체가 자세히 설명하지 않아서 단순히 시적인 표현으로 여기는 사람도 많지만, 들뢰즈는 차이의 사고를 바탕으로 다음과 같이 정리했다.

"영원회귀는 동일한 것이 그대로 반복된다는 의미가 아니다. 다만 새롭게 생성되는 일이 반복된다는 뜻이다. 즉, 겉으로는 같은 것이 영원히 반복되는 듯 보이지만, 실제로는 이전과는 다른 차이를 포함한 창조적인 반복이 일어나는 것이다."

결국 니체가 말하는 영원회귀는 세상 만물의 미묘한 변신을 뜻한다.

다작과 난해와 영화와 질병

들뢰즈의 저서로 특히 『베르그송주의』, 『안티 오이디푸스』, 『천 개의 고원』, 『푸코』 등이 세계적으로 유명하다. 초기에 나온 『차이와 반복』이나 『의미의 윤리학』보다는 쉽게 읽을 수 있다.

들뢰즈는 도를 넘을 정도의 영화광이라서 영화를 철학의 대상으로 한 『시네마』 등도 있다.

그의 책을 고전이라고 할 수는 없겠지만, 중요한 철학책이기는 하다. 다만, 읽는 데 시간이 걸린다. 그는 변명하듯이 『차이와 반복』의 서두에서 다음과 같이 적고 있다.

"철학책은 한편으로는 독특한 추리소설과 같아야 하며, 다른 한편으로는 '지의 허구'라는 과학소설 장르여야 한다."

그는 술을 좋아했고, 젊었을 때부터 앓던 폐병이 만년에 악화되어 인공 폐를 사용해 투병하던 중 아파트 창에서 뛰어내려 사망했다.

철학자의 한마디

욕망은 쾌락을 규범으로 하지 않는다.

8장
종교를 둘러싼 사고법

『우파니샤드』

『신약성경』

『고백』, 아우구스티누스

『쿠란』, 무함마드

『엔네아데스』, 플로티노스

『영혼의 경이로움에 관하여』, 에크하르트

『신학대전』, 토마스 아퀴나스

『그리스도인의 자유』, 마르틴 루터

『기독교 강요』, 장 칼뱅

『기독교의 본질』, 루트비히 포이어바흐

『죽음에 이르는 병』, 키르케고르

『프로테스탄트 윤리와 자본주의 정신』, 막스 베버

『역주 정법안장강의』, 도겐

『선의 연구』, 니시다 기타로

『일본적 영성』, 스즈키 다이세츠

086

『우파니샤드』

Upanishads 기원전 7~16세기경

이 기쁨에 찬 허공이여

"이 아트만은 해설로 이해되거나 넓은 학문적 지식으로 얻어질 수 없다. 오직 그것을 선택한 자만이 얻을 수 있으며, 그 사람에게만 아트만이 자신의 참된 모습으로 나타난다."

"브라만이라 불리는 것은 실로 인간의 외부에 있는 허공이자, 동시에 인간 내부에 존재하는 바로 그 허공이다."

인도 힌두교의 원천이 되는 『우파니샤드』는 '스승의 가까이에서 가르침을 듣다'라는 의미(스승의 곁에서(우파), 낮은 장소에(니), 앉아서 (샤드))로, 그 가르침은 비밀리에 전해졌다. 간단히 번역하면 종교의 '비방' 혹은 '심의'(깊은 뜻)가 된다. 저자는 밝혀지지 않았다.

기원전 7세기에 성립한 '인도 정신문화'의 원천

 종교적이고 철학적인 작품의 집합인 『우파니샤드』는 비유, 암유, 환유로 가득한 신비한 책으로, 스승과 제자의 대화로 구성돼 있다. 내용에 모순이 많아 논리적인 이해를 넘어선다.
 『우파니샤드』의 중심을 이루는 것은 '브라만brahaman'과 '아트만atman'은 동일하다는 사상이다.
 브라만과 아트만은 각각 '우주의 중심', '자기의 중심'을 의미한다. 명확하게 정의되지는 않았지만, 브라만을 우주 원리, 아트만을 개개인의 개체 원리 혹은 내부 진리로 바꿔 말할 수 있다. 브라만과 아트만은 닮은꼴로, 본질적으로는 같다.
 브라만과 아트만은 지성으로 '이해할' 수는 없지만 명상을 통해 체감할 수 있다. 이를 자기 인식의 '깨달음'이라고 하는데, '깨달음'을 체험했을 때 세상 만물이 같다는 통찰을 얻고 깨달음의 기쁨을 누린다.
 그렇게 되기까지는 (선악, 생사, 아름다움과 추함처럼 세속적인 것들의) 이원성과 그로 인한 분열된 가치관에 사로잡혀 고통받을 뿐이다.

광범위한 종교의 토대가 되다
 브라만과 아트만이 같다는 사상은 불교를 통해 일본에 들어갔다. 불교에서는 이것을 '범아일여'라고 부른다. '범梵'이 브라만, '아我'는 아트만, '일여一如'는 같다는 의미다.

『우파니샤드』는 인도의 힌두교 사상에 막대한 영향을 미쳤고, 불교의 사상적 토대가 되었다.

유럽에서 『우파니샤드』 철학의 본질을 꿰뚫어 본 사람이 쇼펜하우어였다. 『의지와 표상으로서의 세계』(390쪽 참조)의 서두에는 모든 것이 같다는 문장이 포함돼 있다.

한편, 독일어로는 호흡, 생명을 atem이라고 하는데, 어원은 아트만으로 숨이라는 의미도 포함한다.

087

『신약성경』

원제 New Testament, 4세기 이후

난이도 2

시간은 한 방향으로 나아간다

"하나님은 사랑이심이라." (요한일서 4장 8절)

"너희는 하나님과 재물을 겸하여 섬길 수 없느니라." (누가복음 16장 13절)

"내일 일은 내일이 염려할 것이요." (마태복음 6장 34절)

"항상 기뻐하라." (데살로니가전서 5장 16절)

"너희 말은 항상 은혜 가운데서 소금으로 맛을 냄과 같이하라." (골로새서 4장 6절)

서구 문화를 이해하는 열쇠
영원한 베스트셀러

『신약성경』은 예수가 정치범으로서 십자가형을 받아 죽고 난 뒤 약 100년에 걸쳐 수집한 문서(당시 일상어인 그리스어로 쓰여 있다)를 정리한 것이다. 네 편의 복음서(마태, 마가, 누가, 요한)와 「사도행록」(사도행전이라고도 한다), 서신서, 계시록 등 전부 27권으로 되어 있다. 397년 북아프리카에서 열린 카르타고회의에서 그리스도교의 성전이 되었다.

『신약성경』이 사람들에게 미친 영향은 엄청나다. 24억 4천만 명에 이르는 그리스도교인뿐 아니라 그리스도교 신앙을 가지지 않은 사람에게까지 지금도 강한 영향을 미치고 있다. 이는 그리스도교의 가르침이나 가치관이 서구 문화의 주축이 되었기 때문이다.

예를 들어, 결혼을 신성시하는 가치관은 종교를 넘어 전 세계로 퍼졌다. 에도시대 이후 일본의 '신도神道'의 결혼식조차 그리스도교적 결혼식을 노골적으로 모방한다.

대부분의 사람은 알아차리지 못하지만, 사실 『신약성경』이 가장 크게 영향을 미친 것은 시간 관념일 것이다. 무신론자인 현대인조차 시간은 과거에서 미래로 흘러간다고 생각하는 것이 보통이다. 이런 시간 인식은 『신약성경』의 사상에서 유래했다. 그 전까지는 시간이나 계절은 돌고 도는, 순환하는 것으로 여겨졌다.

그리스도교에서 말하는 시간은 미래의 한 지점에서 끝난다는 특징이 있다. 바로 '예수 그리스도'(그리스도는 구세주라는 뜻)가 재림한다는 날이다. 그러나 「요한계시록」의 이 표현을 문자 그대로 받아들여서는 안 된다. 오히려 인간과 세계, 자연과의 조화가 한 사람의 내면에서 이뤄지는 것이며, 이를 종말의 구원으로 해석하는 편이 타당하다.

게다가 철학에서는 시간이 어떠한 것인지 밝혀지지 않았다. 물리학의 시간은 사건의 순서를 나타내는 숫자에 불과하다.

'사랑'의 철학서라는 일면도 있다

일반적으로 『신약성경』은 종교서로 간주된다. 그러나 사랑을 최고의 원리로 다각적으로 서술하고 있는 철학서로 읽을 수도 있다.

그러면 사랑이란 어떤 것일까?

> "사랑은 오래 참고 사랑은 온유하며 시기하지 아니하며 사랑은 자랑하지 아니하며 교만하지 아니하며, 무례히 행하지 아니하며 자기의 유익을 구하지 아니하며 성내지 아니하며 악한 것을 생각하지 아니하며, 불의를 기뻐하지 아니하며 진리와 함께 기뻐하고, 모든 것을 참으며 모든 것을 믿으며 모든 것을 바라며 모든 것을 견디느니라. (중략) 믿음, 소망, 사랑, 이 세 가지는 항상 있을 것인데 그중의 제일은 사랑이라."(개정개역성경, 「고린도전서」, 13장 4~7절, 13절)

이와 관련하여 「요한복음」에 따르면, 신은 객관적으로 실존하는 인격이 아니고 사랑이라고 말한다. 이 통찰은 훗날 성립된 그리스도교의 사상(신은 신, 그리스도, 성령의 삼위일체라는 신학 사고)과 날카롭게 대립한다.

『신약성경』에는 사랑과 함께 사람을 돕는 에피소드가 많이 소개된다. 그중 하나인 '착한 사마리아인의 이야기'에서 현대의 법률이 만들어지기도 했다. 착한 사마리아인법은 "재난을 입은 자나 갑자기 아픈 사람을 구하기 위해 무상으로 선의의 행동을 했을 경우, 그 결과가 좋지 않았더라도 책임을 물을 수 없다"라는 것이다. 이 법은 미국, 캐나다, 오스트레일리아 등 그리스도교가 많은 국가에서 시행되고 있다.

『신약성경』이 기록한 시대 배경

『신약성경』의 중심인물이 되는 예수가 나타난 것은 기원 전후의 유대교 사회다.

그런데 당시 예루살렘을 중심으로 한 일신교인 유대교도들의 땅은 종교관이 크게 다른 다신교의 (고대) 로마제국이 지배하고 있었기 때문에 정치부터 세금까지 로마 방식을 강요받았다. 참고로 십자가형도 로마식 처형 방법이었다.

또한 목수의 아들이던 예수가 새로이 그리스도교라는 종교를 시작한 것은 아니다. 예수는 유대교도였다. 그가 죽은 후 주위 사람들이 그 남자를 유대교도가 오랫동안 기다려온 구세주라고 믿으면서 그리스도교가 탄생한 것이다.

구세주는 히브리어에서 유래한 것으로 메시아라고 하는데,

그 그리스어가 그리스도다. 단, 당시 유대인이 기다리고 있던 구세주는 정신적 지도자가 아니라, 정치적·군사적으로 막강한 힘을 지녀 유대 왕국을 부흥시킬 사람이다. 유대 왕국은 기원전 1021년경부터 시작되었는데, 기원전 6세기경부터 페르시아를 비롯해 마케도니아의 알렉산드로 대왕, 이집트 등 외국에 정복당했다. 기원전 1세기부터는 로마제국의 지배를 받았다.

그동안 유대교 신전뿐 아니라 전통도 파괴되었고, 공용어나 그리스어도 사용하지 않게 되었다. 결국 유대인은 고유의 정체성을 잃고 고통을 겪어야 했다. 그렇기에 군사적으로 강력한 구제주의 등장을 학수고대했던 것이다.

그러나 예수는 그런 의미의 구세주가 아니었다. 예수를 구세주로 믿는 그리스도교를 유대인은 받아들일 수 없었다. 결국 그리스도교는 유대교인이 아닌 사람들에게 널리 퍼졌다. 마침내 392년, 그리스도교는 그때까지 그리스도교 신자를 박해했던 로마제국의 국교가 되었다.

088

『고백』
아우구스티누스

원제 Confessions, 397~398년

난이도
4

시간은 마음의 넓이다

"나는 젊은 시절, 저속한 욕망을 채우기 위해 불타올랐고, 여러 음침한 정사 속에서 스스로 피폐해졌다.."

"만약 미래와 과거가 존재한다면, 나는 알고 싶다. 그것들이 과연 어디에 있는지를."

"지나간 시간은 이미 존재하지 않고, 다가올 시간은 아직 존재하지 않는데, 그렇다면 누가 시간을 측정할 수 있단 말인가?"

아우렐리우스 아우구스티누스
Aurelius Augustinus

354~430년. 로마제국의 속령이던 북아프리카의 타가스테(지금의 알제리) 태생. 수사학 학자였지만 로마에 가서 가톨릭 주교가 되었고, 나중에 교황으로부터 성인의 칭호를 받았다. 75세에 사망.

PHILOSOPHER

로마제국 말기의 그리스도교 최대 교부가
자신의 반생을 '고백'하다

『고백』(전 13권)은 그 제목처럼 그리스도교도가 된 40대 중반의 아우구스티누스가 40세경까지의 자신의 인생을 돌아보고 허물없이 고백한 것이다.

그러나 라틴어 '콘페시오confessio', 즉 고백은 자신이 감추고 있던 악행이나 죄의 폭로만 의미하지는 않는다. 신에게 받은 은혜에 감사하는 것도 고백이고, 자신이 어떤 인간이고 어떤 생각이나 의문을 가지는지 털어놓는 것도 고백에 포함된다. 아우구스티누스의 고백은 일종의 철학이다.

아우구스티누스의 고백에 의하면, 도벽으로 생활이 흐트러진 것은 15세부터였다. 카르타고에서 최고 교육을 받았던 16세기에는 정욕에 휩싸여 한 여성과 동거하고 마침내 사생아가 태어나 18세에 아버지가 되었다.

마니교(3세기에 이란의 미니가 주장한 밀교적 종교로, 빛과 어둠이 대립하고 싸운다는 이원론으로 세상을 설명하는 것이 특징이다)에 들어간 것은 조로아스터교(기원전 1000년경부터 동이란의 조로아스터가 창설한 이원론의 종교)에서 유래한 마니교에 매료되었기 때문이 아니라, 세계를 알고 싶다는 지적 욕구를 채우고 싶어서였다. 자연과학이나 점성술 책을 읽었던 것도 지적 호기심 때문이었다. 당시의 마니교는 그리스도교의 바울(5~67, 예수 사후의 사도)이 편지에 남긴 영육 이원론도 교묘하게 도입하여 전문가가 아니면 그리스도교와 구분할 수 없었다.

아우구스티누스는 20세부터 수사학을 가르쳤다. 그리고 과제 도서로 읽은 키케로(25쪽 참조)의 『호르텐시우스Hortensius』로 철학을 알았다. 29세부터는 로마에 가 암브로시우스 주교의 설교나 『성경』 해석을 듣고 가톨릭으로 점차 기울었다. 31세에는 15년간 동거하던 상대를 배반하고(그녀는 신분이 낮아 어머니가 결혼을 허락하지 않았다) 33세에 그리스도교 세례를 받았다.

그런 식의 과거에 대한 고백이 9권까지 이어진다. 그리고 10권에서 드디어 글을 쓰고 있는 자신에 대해 이야기하고, 11~13권에는 『성경』의 「창세기」의 '천지창조'와 '삼위일체'에 대한 해석이 쓰여 있다.

철학적 문제로서의 '시간론'의 제기

철학적으로 흥미로운 것은 11권에 담긴 아우구스티누스의 시간론이다. 시간에 대해 아우구스티누스가 생각한 것을 정리하면 다음과 같다.

> "과거는 이미 여기에 없고, 미래는 아직 여기에 없다. 지금 여기에 있는 것은 오직 현재뿐이다.
> 그렇다면 언제나 현재만이 존재한다면, 시간은 흐르지 않는 것이 아닐까?
> 항상 존재하는 것이 현재뿐이라면, 변화나 경과도 있을 수 없기 때문이다.
> 그렇다면 시간은 하나, 즉 현재밖에 없는 것일까? 과거와 미래

라는 시간은 정말 존재하지 않는 것일까?

어쩌면 이렇게 말해야 할 것이다.

과거는 나의 기억이고, 미래는 나의 기대이며, 현재는 내가 지금 직접 마주하고 있는 것이다.

이 세 가지 시간은 모두 나와 관계되어 있으며, 나의 의식 없이는 성립하지 않는다.

그러므로 우리는 이렇게 말할 수 있다. 시간이란 내 마음에 달려 있으며, 결국 시간은 내 마음의 확장이다."

아우구스티누스는 자신의 과거를 담담하게 고백하며 시간에 대해 생각한다. 그렇다면 시간에 관여하는 나란 대체 무엇일까? 정신이란 무엇일까?

아우구스티누스는 이 문제에 답을 제시하지는 않았다. 그것은 철학의 의문으로 이어진다. 예컨대, 17세기 파스칼(97쪽 참조)은 과거와 미래가 무라고 고찰한다.

철학자의 한마디

세계는 한 권의 책과 같다.
여행하지 않는 사람은 그 책의 단 한 쪽만 읽는 것과 같다.

089

『쿠란』
무함마드

원제 Qur'an

난이도
8

> 모든 것은 알라가 이미 정했다

"신의 길에서 쓰러진 사람들을 '죽은 자'라 부르지 마라. 아니다, 그들은 여전히 살아 있다. 다만 너희가 그것을 알아채지 못할 뿐이다."

"신자들 가운데 아무 지장 없이 집에 머문 자와, 재산과 생명을 던져 신의 길을 위해 싸우는 자는 결코 동등하지 않다. 신은 모든 것을 바쳐 싸우는 자를, 집에 남은 자보다 더 높은 계급으로 받아들이신다."

무함마드 이븐 압둘라 이븐 압둘무탈립
Muhammad ibn Abd Allah ibn Abd al-Muttalib

570?~632년. 아라비아반도 메카의 쿠라이시족 태생. 6세에 고아가 되어 조부와 숙부 밑에서 자랐다. 대상 교역 상인으로 일하다 25세에 15년 연상인 유복한 여자와 결혼하였다. 40세 때부터 동굴 속에서 천사 가브리엘을 통해 계시를 받았다. 그 계시 내용이 『쿠란』이다. 71세에 사망.

아랍인을 하나로 만든 종교

『쿠란』이란 '읽어야 하는 것'이라는 의미다. 최근 일본어 번역에서는 원어에 가까운 발음으로 '쿠르안Qur'an'이라 표기하기도 한다.

이슬람교의 성전이 된 『쿠란』은 610년경부터 632년까지 상인 무함마드에게 (천사 가브리엘을 통한 알라의) '계시'가 아랍어로 단발적으로 내려왔고, 그때마다 주위의 사람에게 구전되어 기록한 것이다. 3대 칼리프(무함마드 사후의 이슬람 공동체의 지도자)였던 우스만 시기에 한데 모아 기록되었고, 656년경까지 편찬했다. 전 114장(스라)에 걸쳐 아라비아어 문장으로 된 현재의 형태를 갖췄다.

- 114장이 연대순으로 배열되지 않았다. 전체를 관통하는 줄거리가 없다.
- 알라에 대한 절대적 복종을 이야기한다. (이슬람이란 '복종'을 의미한다)
- 천사, 사탄, 진(신과 인간 사이에 위치하는 사막의 혼령), 내세의 낙원(이슬람교의 천국)이 존재한다고 전제한다.
- 알라만이 진짜 신이라고 강조한다.
- 인간의 운명은 이미 모든 것이 정해져 있다.
- 내세에 비하면 이 세상은 하찮은 것이라고 여긴다.
- 전사해도 진짜로 죽는 것은 아니다.

- 그리스도교나 불교를 다신교라 단정한다.
- 유대교의 모세나 그리스도교의 예수는 사실은 이슬람교도였고, 그들의 신은 알라였다고 주장한다.
- 유대교, 그리스도교는 잘못되었고, 이슬람교만이 옳다고 주장한다.
- 세계의 종말에는 모든 인간이 원래 몸으로 돌아가는 '부활'을 한다.
- 대부분의 사정이 단정되고 가치가 매겨지지만, 장이 바뀌면 그 단정과 가치가 모순된다.
- 욕망 등을 아랍 남성 전사의 시점에서 썼다.

이슬람교가 탄생하고 무함마드를 최후의 예언자(신의 언어를 맡은 자)로 삼아, 선교와 전쟁을 통해 아랍권의 종교는 하나로 정리되었다.

그제까지 아랍에는 이렇다 할 종교가 없었고, 나무나 바위, 동물 조각상을 숭배하는 고대 다신교뿐이었다. 나무나 바위에 영혼이 깃들어 있고, 사후세계는 없다고 믿었다.

그런데 무함마드가 종교를 세우고 아랍인의 사고법, 살아가는 태도를 바꿨다. 그러면서 종교관의 통일과 영토 정복이 한꺼번에 이뤄진 것이다.

다른 종교와 충돌을 유발하는 『쿠란』의 표현

이슬람교 성전 『쿠란』은 무함마드의 이야기를 담고 있지만 그를 종교가로 보기는 어렵다. 무함마드의 일생을 살펴보면 주로 전쟁을 지휘했기 때문이다.

무함마드의 군대는 전쟁에 의한 점령과 포교를 동시에 펼쳤다. 만일 이슬람교로 전향하지 않는 자에게는 이슬람교도보다 많은 세금을 부과하는 식으로 통치했다. 따라서 『쿠란』에서는 전쟁과 종교적 행동이 뒤섞인 문장이 눈에 띈다.

> "신의 길을 위해 너희와 싸우는 자들과 맞서 싸워라. (중략) 너희를 쫓아낸 그곳에서 그들을 죽여라. 너희가 추방당한 그곳에서 그들을 추방하라. 박해는 살해보다 더 큰 죄악이다."
>
> "신성월이 지나면 다신교도들을 찾아 그들을 처단하라. 그들을 사로잡고, 포위하라. 복병을 두어 그들을 기다려라."

다신교에는 그리스도교도 포함된다. 『쿠란』에는 특히 유대교와 그리스도교를 비난하는 문장이 많은데, 유대교와 그리스도교를 근본적으로 잘못 이해했기 때문이다. 무함마드는 타 종교의 성전을 읽지 못했고, 그저 사람들에게서 들은 단편적인 지식만으로 알았을 뿐이었다.

예루살렘이 제3의 성지로 여겨지는 이유는

『쿠란』은 이슬람교의 성전으로, 이슬람교도의 구체적인 생활 지침은 제2의 성전이라 불리는 『하디스』에 담겨 있다. 이것은 무함마드의 언행록인데, 『쿠란』의 해석은 『하디스』에 의거해야 한다.

내용은 매우 구체적이어서, 무함마드가 성행위를 끝낸 뒤 성기를 어떻게 씻는지까지 기술할 정도다. 이슬람교도 남성들이 수염을 자르지 않는 것도 『하디스』에 담긴 무함마드의 행동을 흉내 내기 때문이다.

아랍군은 영토 확장을 꾀했고, 638년에 예루살렘을 점령했다. 7세기 말에는 예루살렘에 바위돔을 건설했다. 그러자 그리스도교도들은 성지 예루살렘을 탈환하려고 십자군원정을 시작했다. 11세기부터 시작된 전쟁으로 동서의 교역이 활발해졌다. 그로 인해 아랍의 학문과 문화를 그리스도교도가 배워서 사상과 문화를 발전시켰다.

예루살렘이 이슬람교의 제3성지가 된 것은 『쿠란』의 제17장 때문이다. 어느 날 밤 무함마드가 천사 지브릴에 이끌려 날개가 있는 천마를 타고 예루살렘 신전까지 날아올랐고 빛의 사다리를 통해 하늘까지 올라 신에게 엎드렸다는 기록이 있다.

090

『엔네아데스』
플로티노스

원제 Enneades, 255~?

난이도
5

세계의 근원으로 돌아가라

"존재하는 모든 것은 본질적으로 하나다."

"그는 스스로 지성적 광명으로 가득 차 빛나는 존재이며, 아니, 오히려 빛 그 자체가 되어 투명하고 가벼우며 어떤 무게도 없이 존재한다. 그는 신이 되었다기보다는, 처음부터 신이었던 자기 자신이다."

플로티노스
Plotinus

205?~270?년. 이집트에서 태어났지만 어느 민족인지는 알려지지 않았다. 알렉산드리아에서 공부하고 페르시아, 인도의 철학을 접하고 싶어 39세에 원정에 참가하여 메소포타미아(현재 이라크)까지 갔는데, 1년 뒤 패주하여 로마에 옮겨 갔고 갈리에누스의 도움으로 학문공동체를 주최했다. 64세에 사망.

'전지전능한 한 사람이 세계를 창조했다'
그리스도교에 큰 영향을 준 고대 그리스 철학자의 대표작

플로티노스가 쓴 원고를 나중에 제자가 정리한 『엔네아데스』는 '9'(신학의 정점을 의미)를 뜻하는 그리스어 '엔네아스'의 복수형으로, 총 6권으로 되어 있다.

플로티노스는 최고 존재를 '일자―者'(그리스어로 '도헨')라 부르는데, 만물의 궁극적 근거이면서 최고의 선이다. 즉, 일자는 신이다.

그러나 일자는 객관적 실존도, 지성도, 정신도 아니다. 세계는 생명을 가지고 있지만, 독립한 존재가 아니라 일자에서 나온다. 세계의 모든 유한한 존재는 일자에서 나온 힘과 에너지로 만들어진다.

플라톤(238쪽 참조)이 이데아계에 있다고 본 '진·선·미'도 플로티노스에 의하면 일자에서 나온 것이다.

> "어째서 태어난, 다소 추한 사람이 아름다운 초상화보다 더 아름답다고 말할 수 있을까? 그 이유는 그 사람이 살아 있기 때문이며, 살아 있다는 것은 더 나은 것이기 때문이다. 그는 영혼을 지니고 있고, 그 영혼은 형상보다 더 고귀하고 선한 것이기 때문이다."

모든 것이 일자에게서 나온다. 일자의 하위에 있는 것은 지성이고, 지성의 하위에 있는 것은 사람, 영혼이다.

인간은 일자로 기울수록 존재가 커지지만, 일자에서 멀어질수록 존재가 작아진다. 따라서 사람은 일자를 향하지 않으면 안 되며, 철학이란 일자로 돌아가는 과정이다.

그때 사람이 '신을 발견하는' 것이 아니다. 사람 자신이 이미 신인 상태가 된다. 이 상태에서 사람은 몰아ekstasis(단시간의 황홀 상태)를 경험한다. 플로티노스는 생애에 네 차례나 이 상태에 들어갔다. (그 체험을 동양에서는 '깨달음'이라고 한다.)

그리스도교 신학의 토대가 된 신비 철학

243년, 플로티노스는 18세에 황제 고르티아누스 3세의 원정대에 참가했다. 페르시아(현재 이란)와의 전쟁 중에 황제는 사망했지만, 이 원정으로 플로티노스는 페르시아 철학이나 인도 철학, 불교를 공부하고 사상에 신비적인 요소를 더했다. 또한 그는 플라톤 철학을 계승하고 있음을 스스로 인정했다.

나중에 아우구스티누스를 비롯한 그리스도교 신학자들은 이론적인 근거로 플로티노스의 사상을 이용했다. 그리스도교는 지금도 인간의 육체보다 영혼이 높다고 생각하는데, 플로티노스도 같은 세계관을 가지고 있었다. 그 외에 그리스도교의 특징인 유일신 사상이나, 신만이 순수한 선으로 창조하는 힘을 가졌다(플로티노스의 '유출'설)거나, 천상계(플로티노스는 달보다 높은 곳이 천상계라고 말했다), 신은 어디에나 있다(일자는 사람 중에도, 다른 존재 중에도 있다)는 등의 철학을 그리스도교의 신학적 설명에 도입했다. 그래서 그리스도교 신학이 신플라톤주의(플로티노스가 그 정점)의 영향을 받았다고 말하는 것이다.

또한 그리스도교 신학자들은 아리스토텔레스(39쪽 참조)의 학문 방법도 받아들였다. 결국 플라톤, 그 제자인 아리스토텔레스, 플로티노스로 이어지는 그리스 철학(게다가 동양 철학을 포함해)이 없었다면 지금의 그리스도교적 세계관이나 신학은 있을 수 없다.

철학자의 한마디

참된 사랑은 하위의 것들에 머무르지 않고,
자신을 넘어서 초월적이고
절대적인 일자를 향해 나아간다.

091

『영혼의 경이로움에 관하여』
에크하르트

이단 처분을 받았을 때 많은 관련 문서가 폐기되어
남겨진 문서의 제작 연도는 불명

난이도
5

속사람은 항상 행복하다

"신을 어떤 수단으로 찾는 사람은 그 수단을 자신의 것으로 만든 것만으로, 그 수단 안에 숨은 신을 찾을 수 없다."

"당신 안에 많은 것이 있는 동안에 신은 당신의 내면에 살지도 작용하지도 못한다."

"당신들을 이 같은 완전성으로 옮겨가는 가장 발 빠른 동물은 고통이다."

마이스터 에크하르트
Meister Eckhart

1260~1328년. 신성로마제국 튀링겐 지방 호흐하임 출신의 귀족 또는 기사 가문에서 태어났다. 신학자이며 파리대학의 정교수였다. 이단을 고발당한 바 있다. 마이스터는 존칭이다. 68세에 사망.

PHILOSOPHER

훗날 이단으로 몰린 중세 독일의 그리스도교 신학자, '신비 체험'을 토대로 한 종교 철학

보통 성직자는 그리스도교 신학을 세속적인 도덕적 훈시로 가공하여 신자들에게 가르쳤는데, 에크하르트는 자신의 체험을 솔직히 들려주었다.

그중에서도 '초탈에 관하여'라는 짧은 글에서는 '초탈'에 의해 인생의 고통이나 슬픔을 극복하고 영원한 생명 안에 있을 수 있다고 말한다.

'초탈'이라는 독특한 표현은 다른 표현으로 바꿀 수 있다. '무', '일체의 방적放擲', '죽다', '피안', '(신과의)합일'이라고도 할 수 있고, 불교의 선으로 말하면 '부동심', '원숙', '제관', '숙정', '멸사', '열반', '인우구망人牛俱忘'이다.

자신을 어떤 것에서 초탈시키면 '이 세상'에서 벗어나는 것이다. 이때 이 세상이란 사회의 일상을 채우고 있는 여러 가치 판단, 상식, 종교적 인습, 습관을 비롯해, 시간과 공간에 대한 보통 사람의 감각도 포함된다.

이 세상에서 완전히 벗어나는 것이 '초탈'이다. 결국 에크하르트가 말한 '초탈'은 동양에서는 '깨달음'에 해당한다. 한편, '초탈'의 감각이나 자기의 상태도 깨달음이다.

깨달음과 같은 '초탈'의 상태는 세속적으로 상상하듯 초연하고 비인간적인 것이 아니다. 에크하르트에 의하면, 한 사람의 인간에게는 두 종류의 사람이 있다. 그중에서 겉사람은 평범하게 사회적으로 활동하고, 속사람은 그저 '부동인 채 있을' 뿐이다. '부동인 채로 있다'는 것이 '초탈'이다. '부동의 자세로 있다'는 것은 사람의 희로애락과 탐욕을 유발하는 것에 속사람은 꿈쩍도 하지 않는다.

에크하르트는 이를 문에 달린 경첩을 예로 들어 설명한다. 문이 아무리 열리거나 닫혀도 경첩의 축이 되는 침(속사람)은 전혀 움직이지 않는 것과 마찬가지다.

이 부동심을 채우기 위해서 속사람은 내내 평온과 안식 안에 산다. 『구약성경』의 외경인 「집회서」에도 "모든 것 가운데서 나는 안식을 찾는다"라는 말이 있다.

괴테, 쇼펜하우어, 니체, 융, 스즈키 다이세츠
후세의 사상가에 미친 영향

에크하르트는 지금은 신비주의자로 여겨지면서 자칫 정통이 아니라는 취급을 받는다. 이는 학자들이 에크하르트가 서술한 것을 제대로 이해하지 못했다는 반증이기도 하다. 물론 조직을 유지하고 이권을 차지하는 데만 혈안이었던 당시 교회 관계자들에게 그런 이해력이 있었을 리 없다. 그 결과, 에크하르트는 이단으로 고발당했다.

그러나 후대의 진정한 지성인들은 에크하르트의 이야기에 공감했다. 시인으로는 괴테, 철학자로는 쇼펜하우어, 니체, 부버, 심리학자로는 융, 프롬, 그리고 사상 면에서는 프랭클(62쪽 참조)이 그랬다.

그런데 에크하르트가 말한 속사람이 평온한 부동심을 가진 채로 있으며 겉사람은 평범하게 활동한다는 경첩과도 같은 삶의 태도는 현대인에게도 크게 도움이 된다. 따라서 신앙이 있든 없든 상관없이 응용할 수도 있다.

자신의 내면에 부동의 마음을 두지 않으면 쉬지 않고 이어지는 경쟁과 성공에 대한 강박관념으로 가득한 현대의 광기 어린 사회에서 개인의 구원을 찾을 수 없기 때문이다.

> **철학자의 한마디**
>
> 신이 인간에게 원하는 것은 평화로운 마음이다.

092

『신학대전』
토마스 아퀴나스

원제 Summa Theologica, 1265~1273년

난이도
4

신은 존재한다

"나는 이렇게 말하고 싶다. '신은 있다'라는 명제는 그 자체로 자명하다. 왜냐하면 명제의 술어가 주어와 동일하기 때문이다. (중략) 신은 곧 그 존재 자체다."

"신에게 본질과 존재는 구분할 수 없는 하나다. 따라서 신의 본질은 곧 존재다."

토마스 아퀴나스
Thomas Aquinas

1225?~1274년. 시칠리아 왕국의 로카세카에서 태어났다. 나폴리대학에서 공부하고 파리대학에서 신학 교수 자격을 받았다. 도미니크회 소속의 신학자로, 파리대학의 신학부에서 가르친 스콜라 철학의 대표 철학자. 49세에 사망.

신이란 무엇인가
중세 유럽을 대표하는 명저

이 책은 전체 3부까지 예정되어 있었지만, 3부를 집필하던 중 아퀴나스에게 중대한 심경의 변화(이른바 신비 체험)가 일어나고 곧 세상을 떠나면서 미완으로 남았다. 그럼에도 번역본만 수십 권이 넘을 만큼 사랑받는다.

1부는 신에 대해, 2부는 신에게 가는 인간의 길에 대해, 3부는 신에 이르는 길, 즉 그리스도에 대해 언급하고 있다.

그리스도교는 『구약성경』와 『신약성경』에 기록되어 있는 것을 역사상 사실 혹은 진실로 받아들이고 있다. 『구약성경』의 「출애굽기」에는 다음과 같은 기록이 있다.

모세가 양 떼를 데리고 시나이산에 당도했을 때 신의 부름을 받고 앞으로 무엇을 해야 하는지를 깨달았다. 그러자 모세는 이스라엘 백성에게 신의 이름을 물을 때 백성에게 어떻게 대답해야 하는지 묻는다. 신은 대답한다.

"나는 '스스로 존재하는 자'니라."

이것은 페데리코 바르바로의 번역인데, 『성경』의 히브리어를 프란체스코회 성경연구소에서는 "나는 스스로 있는 자다"라고 번역하고 있다. 즉, 신의 이름은 '존재'라고 신 자신이 말한다. 이 '존재'가 대체 어떤 것인지 아퀴나스는 고민했다.

'존재'와 '본질'의 차이

아퀴나스는 존재와 본질의 차이에 착안하여 본질이 있어도 존재가 없는 경우가 있음을 지적했다.

예를 들어, 드래곤 등 '(상상 속) 괴물'은 본질은 있지만 실제로 존재하는 것은 아니다. 한편, 삼각형 등의 도형에는 본질이 있고 실제로 존재하기도 한다.

다만, 신의 본질은 정확히 알 수 없지만, 『성경』의 「출애굽기」에 의하면 신은 본질인 동시에 존재이기도 하다.

그러면 신 이외의 것은 본질과 존재를 나눠서 생각하는 게 쉽지만, 신에 한해서는 본질과 존재를 구별할 수 없다. 신은 그저 '존재하는 자'이고 그 존재 방식에는 신의 존재와 본질이 뒤섞여 있기 때문이다.

따라서 아퀴나스는 "신에게 본질과 존재는 구분할 수 없는 하나다. 따라서 신의 본질은 곧 존재다"라고 규정한다.

가톨릭교의의 기초가 되다

그 전까지 신학은 플라톤(238쪽 참조)이나 플로티노스(430쪽 참조)의 철학을 이용하여 연구하는 것이 통상적인 방법이었는데, 아퀴나스는 아리스토텔레스의 철학(존재에 대해 탐구하는 것)을 처음으로 응용했다.

이는 십자군원정을 계기로 이슬람교권, 아랍 세계와 광범위한 교류가 형성되었기 때문이다. 지금까지 이슬람교권에 머물러 있던 아리스토텔레스 철학과 그 연구자들, 이를테면 이븐 시나(980~1037, 의사, 철학자)나 이븐 루시드(1126~1198, 아리스토텔레스의 주석자)의 문헌을 유럽의 연구자들이 접할 수 있었다. 아리스토텔레스의 사고를 응용한 아퀴나스의 사상은 현대 가톨릭교의를 다졌다.

그래서 아퀴나스의 사상은 스위스 신학자 카를 바르트(1886~1968)의 사고에도 강한 영향을 주었다.

철학자의 한마디

사람의 사고는 아무리 노력해도 단 한 마리 파리의 본질조차 온전히 파악할 수 없다.

093

『그리스도인의 자유』
마르틴 루터

원제 Vonder Freiheit eines Christenmenschen, 1520년

난이도 5

신앙만이 OK

"그리스도인은 자기 자신 안에만 머무르지 않고, 그리스도와 이웃 안에서 살아야 한다."

"이것이야말로 더 참된 영적 그리스도인의 자유이며, 마음을 모든 죄와 율법과 계명으로부터 해방시키는 자유이다."

마르틴 루터
Martin Luther

1483~1546년. 신성로마제국 작센의 아이슬레벤 마을의 광부 아들로 태어났다. 에어푸르트대학에서 철학을 공부하고, 비텐베르크대학에서 신학 박사학위를 취득했다. 에어푸르트대학, 비텐베르크대학에서 학생들을 가르쳤다. 성아우구스티누스 수도회 사제. 62세에 사망.

'종교개혁 3대 문서' 중 하나

　독일어와 라틴어로 된 『그리스도인의 자유』는 짧은 문장이라 잘 읽힌다. 내용도 어렵지 않다. "교황청에서 내려온 엄청난 규칙이나 계율과 신자들의 신앙 생활은 관계가 없다. 중요한 것은 마음의 신앙과 이웃 사랑이고, 신앙만으로 충분하다"라는 게 루터의 주장이다.

　당시 교황청에서 그리스도교 신자에게 너무도 많은 봉사와 헌금을 요구하면서, 다른 종교와 마찬가지로 성직자들을 위한 이권 장사가 되어버렸다.

　이 상황에 루터는 반기를 들었다. 무엇에 대해 어떻게 반대하는지를 설명하기 위해 『독일 민족의 그리스도인 귀족에게 고함』, 『교회의 바빌론 포로에 대한 마르틴 루터의 서주』, 『그리스도인의 자유』라는 책을 연이어 집필했다.

사람은 신앙에 의해서만 신에게 '옳다'고 인정받는다

　루터는 신자를 관리하는 그리스도교 사제나 관계자를 두고 "현세적이고 표면적인, 화려하지만 두려움을 불러일으키는 지배와 권력이 탄생한다"라며 분노했다. 게다가 "우리는 지상에서 가장 무능한 사람들의 노예"가 되어버렸다고 한탄했다. 이런 상태에서 벗어나기 위해서는, 교황청에서 내려오는 많은 행동 규범을 지켜야 그리스도교 신자로 인정받을 수 있다는 생각에서 벗어나야 한다고 루터는 말했다.

당시 대다수 서민은 문자를 몰랐기 때문에 『성경』을 읽을 수도 없었다. (원래 『성경』을 손에 넣기도 어려웠고, 히브리어와 그리스어로 쓰여 도저히 읽을 수 없었다.) 그럼에도 그리스도교 신자가 많았던 이유는 세례를 받아 신자가 되지 않으면 지역 공동체의 구성원이 될 수 없었고 생계가 곤란했기 때문이다. 게다가 정치와 교회가 온갖 권력을 손에 넣었다.

루터는 다음과 같이 주장했다.

- '의'라고 인정받는 것은 신앙뿐이다.
- 개개의 그리스도인은 자유로운 주인이고 누구에게도 종속되지 않는다. 하지만 동시에 모두에게 봉사하는 종이기도 하다.

여기에 있는 그리스도교적 의미에서 '의(옳음)'라는 것은 신의 입장에서 '옳다'거나 '성실하다'는 의미다. 교황청이 원하는 의무나 헌금에 응한다고 그리스도인으로 인정받는 것은 아니라고 루터는 말한다. 교회가 명령한 행위가 아니라도 각자의 '신앙만으로 충분한' 것이다. 이권 장사로 변해버린 가톨릭교회는 신앙의 유무나 질을 조건에 의해 판단하는 시스템을 갖추고 있었는데, 그것이 얼마나 기만적이고 무의미한지 폭로한 것이다.

한편, 그리스도교도는 교회에 종속되지 않지만 '모두에게 봉사하는 종'인 이유는 누구의 명령이나 의무에 따라서가 아니라 진심으로 사랑을 실천하기 때문이다. 이웃에게 그리스도처럼 행동하고, 그것만이 자유와 기쁨을 준다. 루터는 "너희에게 이르노니 하늘이 열리고 하나님의 사자들이 인자 위에 오르락내리락하는 것을 보리라"라고 「요한복음」 1장 51절에 쓰여 있다며 책을 마무리했다.

프로테스탄트의 탄생과 반유대주의의 악영향

루터가 쓴 『그리스인의 자유』는 신자 개개인의 내면적 신앙 개혁처럼 보인다. 그러나 이것이 교회 제도나 양식에 의해 방해받는다면 교회는 배제되어야 한다고 말하기도 했다.

이는 교회에 대한 거부이자 로마의 교황청을 정점으로 하는 가톨릭교회에 대한 반항이다. 여기서 프로테스탄트('항의하는 자'라는 의미)라고 불리는 그리스도교도(그리고 그 집단인 그리스도교 종파)가 탄생했다. 루터파의 교회는 가톨릭 전통에 따르지 않고 복음(『성경』)을 따르기에 스스로 복음파라 부른다.

루터가 『신약성경』을 독일어로 번역면서 표준 독일어가 퍼졌다. 그러나 유대인을 악마의 하수인이라며 차별하는 발언과 문서, 설교를 남김으로써 반유대주의를 낳고 확대하는 악영향을 끼쳤다. 그것을 다시 이용한 것이 400년 뒤에 등장한 독일의 히틀러 정권이다.

철학자의 한마디

비록 내일 세계가 멸망하더라도
오늘은 사과나무를 심겠다.

094

『기독교 강요』

장 칼뱅

원제 Institutio Christanae religionis, 1536년

난이도 5

구원은 신에 의해 선택된다

"하늘이 우리의 조국이라면, 이 땅은 곧 망명의 땅이 아니고 무엇이겠는가."

"경건한 신자는 어떤 일이 일어나더라도 모든 것이 주님에 의해 예정된 것임을 믿고, 평화와 감사의 마음으로 그것을 받아들여야 한다."

PHILOSOPHER

장 칼뱅
Jean Calvin

1509~1564년. 프랑스 북부 누아용의 유복한 법률가의 아들로 태어났다. 파리대학과 부르주대학에서 법학과 신학을 공부한 뒤 스위스 제네바에서 개혁파 교회의 창립자가 되었다. 54세에 사망.

천국에 갈지 말지는 이미 정해져 있다!?
프로테스탄트 최초의 체계적 교리서

'강요'는 기본 가르침이라는 의미로, 라틴어 원제인 Institutio 와 함께 '교리문답'을 뜻한다. 부제는 '경건함에 관한 거의 완전한 요약과 구원의 설교에 있어 알아야 할 모든 것'이다. 고해성사가 사람을 위선자로 만드는 위험한 일이라며 반가톨릭적이라고 비판하고, 프로테스탄트인 루터파도 공격하는 내용이다.

이미 유명했던 루터(442쪽 참조)의 저서를 참고하면서 독자적으로 『성경』을 해석하고 이 책을 쓴 칼뱅은 『기독교 강요』를 프랑스의 왕 프랑수아 1세(1494~1547, 재위 1515~1547)에게 헌정했다. 프랑수아 1세는 프랑스의 르네상스를 대표하는 인물로, 레오나르도 다빈치를 비롯한 예술가와 문인을 보호했던 것으로도 유명하다.

그러나 가톨릭교도였던 프랑수아 1세는 프로테스탄트를 이단으로 여기고 박해하기 시작했다. 칼뱅은 스위스 바젤까지 도망갔고, 그곳에서 『기독교 강요』가 출판됐다. 그 후 방문한 제네바에서 칼뱅의 가르침에 근거한 제네바 교회가 일어나 널리 퍼져나갔다.

당시 유럽의 그리스도교는 가톨릭교회 말고도 프로테스탄트 종파가 여럿 있었는데, 서로 이단이라며 대립하면서 중대한 내정 문제가 되었다. 여기에 신흥 칼뱅 교회가 더해지며 혼돈에 빠졌다. 이것이 종교전쟁 또는 위그노전쟁(76쪽 참조)이다.

구원이든 멸망이든 이미 신에 의해 정해져 있다

칼뱅의 『기독교 강요』는 그리스도교를 이해하기 위한 책이 아니라 경건한 생활을 하기 위한 책임을 강조한다. 그것은 "우리의 마음을 채우고 우리의 생활 태도로 실천되어야 한다". 게다가 "완전함은 우리가 지향하는 최종 목표이지, 단순히 노력의 대상이 아니다"라고 말한다.

이 책의 핵심은 전 4편 중 3편에 담겼다. 특히 신자들의 생활 태도에 대한 세세한 가르침을 담고 있어서, '참그리스도인의 삶을 위한 황금의 소책자'라는 제목의 얇은 핸드북으로 인쇄되어 주로 중류 계급에 퍼져 있던 칼뱅 지지자의 실생활에 큰 영향을 미쳤다.

칼뱅의 특징은 이른바 '예정설'로, 일어나는 모든 일이 신에 의해 이미 예정되어 있다는 것이다. 신은 어떤 자에게는 은혜를 주고, 어떤 자에게는 주지 않는다. 누가 구원받을지도 예정되어 있다. 인생에서 일어나는 재앙도 번영도 예정되어 있다. 신앙을 가지는 것도 신에게 선택받았다는 증거다. 거기에는 각자의 노력이나 운명 등 일절 관계가 없다. 신은 두려운 지배자이며, 신의 예정이 섭리다.

또한 이런 생각은 이슬람교의 『쿠란』(425쪽 참조)의 가르침과 유사하다. 『쿠란』에서는 하늘의 책에 이미 모든 것이 쓰여 있으며, 그대로 현실에서 일어난다고 설명한다.

칼뱅의 '신권정치'

칼뱅은 『기독교 강요』에 쓰인 일이 모두 진실이라 스스로 판단해서는 안 된다고 말한다. 그는 자유로운 사상을 가진 사람들을 리베르탱libertin(자유사상가)이라며 공격했다. 예를 들어, 삼위일체설(신, 신의 아들, 성령의 세 가지 페르소나를 가졌다는 설)을 부정한 스페인의 의사 미카엘 세르베투스는 이단으로 고발되어 칼뱅의 지시로 산 채로 화형당했다.

칼뱅에 의하면 신이 모든 것을 계획하고 현실로 이룬다고 했는데, 그렇다고 해서 왜 칼뱅이 직접 처벌해야 하는지 아무도 이해할 수 없었다. 칼뱅이 모든 것을 알고 타인을 죽일 수 있다면 칼뱅 자신이 신이 되는 셈이다. 이런 이상한 논리는 현대의 사이비 종교에서 찾아볼 수 있는 교리의 특징적 모순이다.

칼뱅은 신자들의 생활에 대해서도 엄격한 규율을 요구하고, 생활을 일일이 감시하거나 미행하는 등 일종의 공포정치로 통치했다. 물론 통치라고 해도 칼뱅이 정치가로서 관여했던 것은 아니다. 칼뱅파의 시장이 연임하여 행정이 칼뱅의 강한 영향력 아래에 놓여 있었던 것이다.

제네바도 다른 지역과 마찬가지로 교회 권력과 정치 권력이 일치했다. 그것은 제네바시가 『기독교 강요』를 "누구도 반대할 수 없는 성스러운 교리"로 선언했는데, 이것이 역사 교과서에 설명하는 '칼뱅의 신권정치'다. 이는 간단히 사람을 죽일 수 있는 공포정치였다.

현대까지 이어지는 영향

칼뱅의 가르침은 십수만 명의 인구를 가진 제네바에서 확산됐고, '개혁파 교회'가 늘어났다. 1559년에는 제네바아카데미

(나중에 제네바대학)을 창설하고 신학부에서 칼뱅의 가르침을 가르쳤다.

칼뱅의 사상은 세계로 널리 퍼졌고, 개혁파와 장로파의 교리로 인정받아 16세기 중반에 프랑스, 남독일, 네덜란드, 스코틀랜드로 전해졌다. 그 과정에서 가톨릭인 아일랜드공화국과 불화가 생겨 지금까지도 사이가 좋지 않다.

영국의 청교도(퓨리턴이라고 한다)도 칼뱅에서 영향을 받아 거대한 프로테스탄트교회가 되었다. 그 일부가 1620년에 메이플라워호를 타고 아메리카대륙으로 이주했기 때문에 미국의 프로테스탄트(복음주의파 교회)도 칼뱅의 사상을 계승하고 있다고 할 수 있다.

095

『기독교의 본질』
루트비히 포이어바흐

원제 Das Wesen des Christentums, 1841년

난이도 4

폐품 창고로서의 신

"종교는 민중의 첫 번째 자기의식이다. 종교가 신성시되는 것은 그것이 바로 최초의 의식 전승이기 때문이다."

"신은 단지 인간 본질의 대상화에 불과하다."

루트비히 안드레아스 포이어바흐
Ludwig Andreas Feurebach

1804~1872년. 신성로마제국 바이엘른 선제후령의 학자 집안에서 태어났다. 신학, 헤겔 철학을 공부하고 에를랑겐대학에서 박사학위를 받았다. 26세에 교단에서 내려와 글을 쓰기 시작했다. 68세에 사망.

독자의 인간관에 근거한 종교철학의 걸작!
마르크스의 사상에 큰 영향을 미치다

 길지만 쉽게 읽히는 『기독교의 본질』은 그리스도교뿐만이 아니라, 사실 인간에 관한 책이다.

 포이어바흐에 의하면, 지금까지 신학이라고 불리던 것은 신에 대한 연구가 아니라 인간에 대한 연구다. 그리스도교는 정말로 신이 어딘가에 존재하는 듯이 주장하지만, 신은 인간의 자의식과 본질을 반영한 데 지나지 않는다. 인간이 숭배해온 신의 성질에는 모두 인간의 성질이 투영됐으며, 신을 인간과 완전히 다른 초월적 존재라고 생각하고 믿어왔다.

 인간은 자신이 완벽할 수 없다는 것을 잘 알지만, 완전성, 정의, 공정성, 사랑을 신에게서 찾는다. 이런 이상을 현실에서 이루려는 소망이 신에 대한 믿음인 것이다. 신을 영원한 존재로 믿는 것은 사실 자신의 목숨을 소중히 여기는 마음의 다른 표현이다. 이런 왜곡된 태도가 종교를 필요로 하고, 이는 동시에 종교를 이용하는 인간 자신을 소외시킨다.

 신앙이 있는 사람은 자신에게 매우 불리한 일이나 원인이 명확하지 않은 일이 일어나면 신이 내린 시련이라고 생각하고 그 이상 추궁하지 않으려 한다. 한편, 좋은 일이 일어나면 신이 내린 은혜로 여긴다.

 이처럼 사실에 대해 곰곰이 생각하지 않으려는 태도, 불행과 행운을 심리적으로 처리하는 방식을 포이어바흐는 "신은 이론의 밤이다"라며 비꼬기도 했다.

무신론 공산주의 사상에 미친 영향

종교의 구조와 관련해서 『기독교의 본질』에 의해 가장 강한 영향을 받은 것은 마르크스와 엥겔스다. 이를 바탕으로 공산주의의 철저한 무신론을 형성했다고 할 수 있다.

엥겔스는 『루트비히 포이어바흐와 독일 고전철학의 종말』에서 『기독교의 본질』은 '해방적 효과'가 있었다고 언급했다. 마르크스는 『신성 가족 Die Heilige Familie』에서 "포이어바흐가 처음으로 종교 비판을 완성했다"라며, 인간은 자기소외 중 하나인 종교라는 신성한 가면을 뒤집어썼다고 말한다.

철학자의 한마디

신이 사람을 만든 것이 아니라 사람이 신을 만들었다.

096

『죽음에 이르는 병』
키르케고르

원제 Sygdommen til Døen, 1849년

난이도 6

절망의 정체는 자기소외다

"죽음에 이르는 병은 절망이다."

"그는 자기 자신에게서 도망칠 수 없다는 고뇌를 겪는다."

"인간 내면에 영원한 것이 아무것도 없다면, 인간은 결코 절망할 수도 없었을 것이다."

세렌 오뷔에 키르케고르
Soren Aabye Kierkegaard

1813~1855년. 덴마크 수도 코펜하겐에서 부유한 모직 상인의 집안에서 태어났다. 아버지에게 받은 유산을 이용해 때때로 가명으로 책을 출간하면서 저술 활동을 이어갔다. 42세에 사망.

실존주의 창시자,
'인간의 본질'을 추구한 중후한 책

인간은 근본적인 병에 걸려 있고 그 병은 '절망'이라고 키르케고르는 말한다. 게다가 절망은 죽음에 이르는 병이라고 말하는데 물론 암유적 표현이다.

구체적으로 절망이란『성경』에 나오는 '영원한 생명'의 약속을 믿을 수 없다는 것, 신앙이 없는 상태를 가리킨다. 결국 키르케고르는 그리스도교 신앙(의 구원)을 전제로 삼는다.

그러나『죽음에 이르는 병』이 신앙의 문제를 넘어 철학책으로 널리 읽힌 것은 대체 인간은 어떤 존재인지 '실존' 문제를 처음으로 끄집어냈기 때문이다.

사람은 누구나 똑같이 살아가는 것은 아니다. 예를 들어, 감성과 육체만으로 자유분방하게 살아가는 사람이 있다. 현실을 외면하는 그들의 이면에는 깊은 불안과 절망이 있다. 그러다가 인생이 혼란스러워지면 절망이 불쑥 얼굴을 내민다. 자신이 진짜로 절망하고 있다는 것조차 모른다는 절망이 아주 깊은 곳에 숨어 있기 때문이다.

그와 달리, 세상과 하나가 되어 세상에 매몰되어 살아가는 사람이 있다. 무슨 일이든 세상이 말하는 평균에 맞춰 살아가면 불행에 내몰리는 일은 없을 것이라고 생각한다. 그런 사람은 주변 사회를 일종의 신으로 여긴다. 그러나 세상은 신이 아니다.

그들은 사랑이나 사회적 지위를 동경하지만 아무것도 얻지 못한다. 언제까지고 그것에 집착하는 자신에 절망하는 사람도 있다. 그들은 고독하고 사회를 향하기보다 홀로 닫혀 지낸다.

또한 자신의 고뇌를 자랑하는 사람도 있다. 그러기 위해 오히려 악마적인 반항 태도를 드러낸다.

각자의 방식으로 인생을 살아가면서 절망하는 원인은, 인간의 유한성에 있다고 키르케고르는 지적한다. 인간은 시간 속에 살고 있어서 유한하고 덧없다. 무엇 하나 영원하지 않다. 절망 아래에는 죽음이 있다. 막다른 골목에 있는 인간은 죽음과 영원의 문제를 끌어안고 있다.

인간은 무한성과 유한성, 우연성과 필연성, 육체와 정신이라는 모순되고 상반되는 조건에 가로놓인 존재다. 이것은 신의 결정이다. 그렇게 보면 인간은 마치 벌을 받는 듯 보이지만, 신은 인간이 내면의 영원성을 자각할 기회를 준다. 그것이 신앙이다.

신앙에 의해 인간은 생의 덧없음이 아닌 영원한 신을 인생의 근거로 둔다. 그런 태도는 여러 절망의 고뇌에서 자신을 해방시키고 영원성을 획득하게 해준다. 그것은 일종의 모험이다.

'지금의 자신은 진짜 자신이 아니다'
현대에도 유효한 '절망에 대한 언급'

키르케고르가 '실존'이라는 사고법을 끄집어낸 것은 당시 사상의 주류였던 헤겔의 사고법에 강한 반감을 품고 있었기 때문이다. 헤겔이나 포이어바흐는 '이성'(이라는 관념)의 발견으로 무엇이든 설명하고 사회 전체가 이성의 표현이라고 말하는데, 이는 개개인의 존재를 사회의 발전 과정에 지나지 않는다며 무시하는 셈이다.

물론 인간을 계급으로 규정하려는 마르크스 사상에도 그런 경향이 있다. 그래서 마르크스는 자기소외를 문제로 삼고 상품의 생산과 연관지었지만, 동시대의 키르케고르는 자기소외를 절망이라는 용어로 표현했다.

이성과 이념이 아닌 인간 그 자체를 고찰하는 키르케고르의 사고법은 이후에 사르트르나 마르셀에게 강한 영향을 미쳤다.

또한 키르케고르에 의한 인간 고뇌의 분석은 현대에도 여전히 통하는 부분이 있다. 그래서 현대인에 있는 특유의 '자아 찾기'는 절망의 절벽에서 떨어지지 않기 위한 일종의 발버둥이라고 말할 수 있다. '자아 찾기'로 끝없이 내모는 것은 절망으로 향한 내리막길에 놓인 불안과 불완전감이기 때문이다.

철학자의 한마디

인생은 돌아봐야 이해할 수 있지만,
앞을 보며 살아갈 수밖에 없다.

097

『프로테스탄트 윤리와 자본주의 정신』
막스 베버

원제 Die protestantische Ethik und der Geist des Kapitalismus, 1905년

난이도 5

근면한 생활 스타일의 원천

"특히 당시 경제 생활에서 번영하던 시민 계급의 중산층이 퓨리터니즘(청교도주의)에 의해 한때 비할 데 없는 전제적 지배를 받았던 것은 과연 무엇 때문이었는가?"

"근대 자본주의 정신, 그뿐만 아니라 근대 문화의 본질적인 구조 요소 중 하나인 '소명' 개념에 기초한 합리적 생활 태도는 (중략) 그리스도교적 금욕 정신에서 비롯되었다."

막스 베버
Max Weber

1864~1920년. 프로이센 왕국의 에르푸르트에서 상류층 가정에서 태어나 베를린으로 이주했다. 하이델베르크대학과 베를린대학에서 공부하고 30세에 프라이부르크대학 경제학 정교수로 취임했다. 야스퍼스와 친밀하게 교류하였다. 동서양 종교의 사회학적 연구를 매진했다. 56세에 사망.

종교 윤리가 엄격했던 유럽에서 자본주의가 발달한 이유

『프로테스탄트 윤리와 자본주의 정신』은 유럽인의 종교, 특히 프로테스탄트 교회와 신자의 노동관에 관해 쓴 책이다.

유럽인의 대다수가 믿는 종교는 물론 그리스도교이고, 그리스도교는 가톨릭과 프로테스탄트로 나뉜다.

그리스도교는 원래 전 세계적으로 가톨릭밖에 없었다. 그러나 16세기 초기에 독일의 신학자 루터(442쪽 참조)가 가톨릭 교황의 개혁(종교개혁)을 주장하고, 1517년이 되자 복음주의라는 사상을 발표하며 가톨릭 교황에게 항의서를 보냈고, 프로테스탄트(항의하는 자)로 불리게 되었다.

스위스에서는 칼뱅(447쪽 참조)이 개혁파 교회를 설립하고 가톨릭과는 다른 구원을 가르치기 시작했는데, 이것도 프로테스탄트로 불린다. 가톨릭의 가르침은 프랑스, 네덜란드, 영국으로 급속히 퍼져 나갔다. 그리고 영국에서는 가톨릭 신자가 잉글랜드 국교회의 개혁을 주장하고 나섰다. 그들을 청교도라 부른다. 청교도는 아메리카대륙으로 건너가 미국이라는 새로운 국가의 종교관에 지대한 영향을 미쳤다.

프로테스탄트 신자들의 윤리는 유럽의 근대 자본주의 경제의 발견에 원동력 중 하나였다. 보통 자본주의 경제의 발달은 이익 추구를 목적으로 한다고 생각한다. 그리스도교가 확산되지 않은 인도나 중국에서는 자본주의가 발달하지 못했다. 거꾸로, 그리스도교도가 많은 유럽의 자본주의는 발달했다.

게다가 유럽에서는 그리스도교에서 촉발된 상업 규제(예컨대 폭리 규제, 이자 금지 등)는 매우 엄격했음에도 자본주의가 발달했다. 이것은 무슨 일일까? 베버는 의문을 가졌다.

베버가 주목한 것은 상업에 관계한 프로테스탄트 신자들에게 공통된 내면이다. 당시 그들이 가졌던 특징적 윤리 사상은 두 가지였다. 루터의 사상 중 하나였던 '신의 소명설'과 칼뱅의 사상 중 하나인 '예정설'이었다.

'신의 소명설'은 각자의 직업(독일어로는 beruf, 영어로는 calling 혹은 vindication으로 어느 쪽이든 '신의 부름'이라는 의미를 가진다)이 신에게 소명을 받았다는 증명이라는 것이다. 이는 『신약성경』의 고린도전서 7장에 있는 "각 사람은 부르심을 받은 그 부르심 그대로 지내라"라는 구절에서 비롯한 사상이다.

'예정설'은 신에게 구원받은 사람은 미리 결정되어 있다는 칼뱅의 생각에서 나온 것이다. 이는 사회적인 (분단의) 심리를 낳았다. 칼뱅도 '신의 소명설'을 당연한 것으로 여겼다.

이런 종교적인 사상을 바탕으로 프로테스탄트는 신자를 심리적으로 지배했고, 성장해가던 중산계급의 가정생활과 사회생활 전반에 걸쳐서 (신자의 의무는 정해진 종교 행사뿐이던 가톨릭보다 훨씬) 엄격하게 내면의 규율을 지키도록 요구했다. 이는 '세속적인 금욕'이 되었다. 사람들은 신에게 구원받는 예정된 사람이 되고 싶어 규율에 따랐다.

결국 자신이 구원받을 것이고, 자신의 직업이 (신에게 소명으로 받은) 천직이라고 확신하기 위해서는 맡겨진 일에 헌신하여 성공해야 했다. 그 결과, 행복이나 인간관계에 혜택을 입고 금전적으로도 윤택해야만 했다.

이는 경영자뿐 아니라, 고용되어 일하는 노동자도 마찬가지였다. 그것은 오랜 세월 이뤄진 프로테스탄트 교육 덕분이다. 이런 내적 원인에 힘입어 많은 사람이 경제 활동에 혼신의 힘을 기울였고, 유럽에서 자본주의 경제가 발달했다고 베버는 생각했다.

『프로테스탄트 윤리와 자본주의 정신』에서 말하는 '자본주의 정신'은 '이윤 추구'를 주요 내용으로 하는 일반적인 '자본주의'의 '정신'(탐욕이나 금전욕이 중심이 된다)이 아니다. 베버는 초기 자본주의를 짊어진 중산계급 사람들을 내면에서 움직이는 정신(결국은 독특한 프로테스탄트)이라는 의미로 사용했다.

경제 활동의 요인에 종교 윤리를 도입하다

베버의 결론은 프로테스탄트의 윤리 사상이 노동 의욕과 합리성을 길러내고, 그것이 그리스도교권에서 자본주의를 크게 발전시켰다는 것이다.

이런 참신한 관점은 역사 사회학에 새로운 접근을 촉발하는 자극이 되었고, 베버의 결론은 의표를 찔렀기에 『프로테스탄트 윤리와 자본주의 정신』은 일약 유명해졌다.

그러나 이 책의 마지막에서 베버는 종교적인 의미에서의 '자본주의의 정신'은 사라졌다고 말했다. 거대화한 자본주의 경제는 이익을 증대시키지 않으면 성립될 수 없다. 게다가 내면적인 힘이 필요하지 않아 개개인의 신앙은 약화되었다. 베버는 이렇게 쓰고 있다.

"영리 활동이 가장 자유로운 지역인 미국에서는, 영리 활동이 종교적·윤리적 의미를 상실한 채 순수한 경쟁의 감정과 결부되는 경향이 있으며, 그 결과 영리 활동이 스포츠적인 성격을 띠는 경우도 적지 않다."

철학자의 한마디

국가란 정당한 물리적 폭력의 행사를 독점하는
유일한 공동체다.

098

『역주 정법안장강의』
도겐

원제 正法眼藏, 1231~1253년

난이도 7

자신도 세계도 존재하지 않는다

어느 날 한 승려가 선원중흥대사에게 물었다.
"옛 부처님의 마음이란 어떤 것입니까?"
대사가 답했다. "세계가 붕괴하는 것이다."
승려가 다시 물었다. "세계 붕괴란 무슨 뜻입니까?"
대사가 답했다. "내 몸이 사라지는 것이다."

도겐
道元

1200~1253년. 교토 귀족 가문에서 태어났다. 스승을 찾아 24세 때 남송(1127~1279)으로 건너가 수행하고 깨달음을 얻은 뒤 27세에 귀국했다. 교토의 후카쿠사에 절을 세웠지만 입문자가 늘어나 엔랴쿠지의 탄압을 받았다. (현재의 후쿠이현에) 에이헤이지를 세웠다. 일본 조동종을 설립하고 53세에 입적했다. 『정법안장』은 분카 13년(1816)까지 에이헤이지에서 비밀리에 보관하고 있었다.

PHILOSOPHER

'깨달음의 체험'에서 나온 세계관
제목인 정법안장의 의미는 '불법의 바른 핵심'이다

불법으로서 확립된 체계가 정해져 있는 듯 생각되지만, 그런 것은 없다. 개개인이 체험하는 깨달음이 있을 뿐이다.

깨달았을 때 체험하는 세계는 누가 체험하든 공통적이다. 이것이 불법이라 불리는 것이다. (단지 깨달음의 체험에 대한 표현은 사람에 따라 다르다. 그럼에도 체험자들은 체험한 세계가 같다는 것을 안다.)

젊은 수행승이 깨달음을 체험하는 데 도움을 주기 위해 쓴 『역주 정법안장강의』는 어느 부분을 펼쳐 보아도 같은 내용이 적혀 있다. 문장도, 표현 방식도 제각각이지만, 결국 깨달음의 체험자의 본 세계관을 담고 있다.

앞에서 인용한 짧은 구절에도 깨달음의 세계관을 언급한다. 제자인 선승이 스승에게 '옛 부처의 마음'(일찍이 깨달음을 얻은 사람들의 세계관)이 무엇인지 묻는다. 그러자 스승은 세계 붕괴라고 답한다.

일반적인 논리로 이해할 수 없다. 평범한 사람의 감각에서는 이해할 수 없는 선문답이며, 연유를 알 수 없는 쓸데없는 대화다.

그러나 스승은 평범한 사람의 감각이 아닌 깨달음을 체험한 사람의 감각으로 성실하게 아무것도 숨기지 않고 솔직히 답한다.

깨달음의 경지 '심신탈락'이란

고불심古佛心이란 무엇인가? 이는 깨달았을 때 세계는 어떻게 보이는지 묻는 것이다. 그 대답은 '세계 붕괴'와 '자신이 사라진다'는 것으로, 깨달음을 체험할 때 누구나 경험하는 감각이다. 도겐은 이를 '심신탈락'이라고 표현했다. 자신이 사라져 버리는 게 아니라 안개처럼 사방으로 흩어지는 느낌이다. 세계 전체가 꽃피듯이 환하게 빛나고 물방울 하나에 이르기까지 세상 만물이 동일한 영원의 생이 된다. 이제까지 알았던 의미와 시간이 사라지는 것처럼 눈앞에 펼쳐진다.

깨달음을 체득한 도겐은 다음과 같이 세계관을 표현한다.

"자연의 모든 현상에는 자아가 없다. 사람이 가진 자아란 본래 환상에 불과하다. 그러므로 미혹도 없고, 깨달음도 없으며, 깨달은 이도, 깨닫지 못한 이도 없다. 삶도 죽음도, 본래 존재하지 않는다."

이것이 '색즉시공, 공즉시색'과 같은 의미로, 불법(산스크리트어로 달마)이다. 다시 말해, 깨달음을 체험할 때 본 세계에 대한 감동을 다양하게 표현한 것이다.

인간으로서 체험할 수 있는 깨달음

불교에는 종교로 돈을 벌기 위해 신비한 환상에 빛깔을 입히는 의식이나 행사가 많다고 생각하곤 한다.

그러나 진짜 불교는 그렇지 않다. 도겐이 "불교는 삼라만상이다"라고 말하듯이, 세상 모든 것이 불교다. 그런 의미에서 (356쪽에서 설명한 '암묵지'처럼) 논리적인 언어로 설명할 수 없고, 개개인이 불교를 체험하는 수밖에 없다.

그렇다면 그 체험은 특수하고 지역일까? 그렇지 않다. 그것은 그리스도교를 비롯한 서양 종교에서 신비주의자라 불리는 사람들이 체험한 것과 질적으로 같다. 그들의 일부는 철학자나 예술가로, 예컨대 에크하르트, 아퀴나스, 파스칼, 스피노자, 바이런, 괴테, 릴케, 부버, 모네가 도겐과 같은 체험을 했는데, 그들의 작품에 담긴 사상이나 묘사에 드러난다.

동양 사상과 서양 사상을 융합,
'새로운 사상'을 엮어내다

대개 철학서는 저자의 생각을 더듬어 따라가다 보면 이해할 수 있는데 『선의 연구』는 그렇지 않고 '난해'하다. 니시다 기타로가 자신의 '선정 체험'을 바탕으로 이 책을 썼기 때문이다.

선정은 달리 말하면 깨달음이다. 깨달음에 들었을 때, 니시다 기타로가 말하는 "자타의 구별을 잊"은 상태가 되고 "주객이 하나가 되는" 경지에 이르는 것이다.

이는 자신과 자신의 외부에 있는 것의 경계가 사라져버린 상태다. (결국 이것은 깨달음의 체험이다. 세계와 자신이 하나로 융합되는 체험으로, 473쪽의 스즈키 다이세츠를 먼저 읽자.) 도겐도 『역주 정법안장강의』에서 같은 이야기를 한다. 이것이 동양과 서양을 초월한 보편적 체험임을 보여주기 위해 니시다는 영국 시인 알프레드 테니슨(1809~1892)의 체험 사례를 인용한다.

주관·객관이 분리되기 이전
원초적인 '순수 경험'

니시다의 용어로 말하면 이는 '실존을 경험한다'는 것이다. 그러나 자신이 무엇인가를 경험하는 것이 아니다. 자신이 주체가 되어 자신의 외부에 있는 무엇인가를 객관적으로 경험하는 것이 아니라는 말이다.

먼저 경험이라는 실존이 있고, 자신이 그것을 경험한다는 자

099

『선의 연구』
니시다 기타로

원제 善の研究, 1911년

난이도 8

순수 경험이 선을 낳는다

"선禪이란 한마디로 말해 인격의 실현이다. 이것을 내면에서 보면, 참된 요구의 충족이며 곧 의식의 통일이다. 그 궁극에는 자아와 타자의 구별을 잊고, 주체와 객체가 하나 되는 경지에 도달해야 한다."

니시다 기타로
西田幾多郎

1870~1945년. 가가국(현재의 이시카와현) 가호쿠군 모리무라의 부유한 농가에서 태어났다. 아버지가 파산하여 고생하며 공부했고 도쿄제국대학에서 철학을 공부했다. 고등학교 강사, 고등학교 교수를 거쳐 교토제국 대학교수. 불교 사상가 스즈키 다이세츠와 친분을 맺었다. 75세에 사망.

각을 나중에 의식하고 비로소 깨닫는다. 이것이 '순수 경험'이라는 것이다. 그때 자신의 내면에서 나오는 것이 '선'이다.

따라서 니시다가 말하는 선은 일반적인 개념의 선이 아니다. 10대 무렵부터 니시다 기타로의 친구였던 스즈키 다이세츠(473쪽 참조)가 말하는 영적인 사람이 경험하는 선이다. 모든 것을 긍정하는 상태가 된 사람은 모든 것을 선이라고 말한다.

그 선을 자신이 직접 체험했을 때 지와 사랑이 하나가 되고, 인간으로서의 자기가 발전하여 완성된다. 니시다는 이를 self-realization이라고 설명했다. 현대에는 '자기실현'이라 번역하는데 니시다는 그 뜻이 아닌 의미로 썼다. 선禪에서 말하면 본래 자기이고, 원초의 자기다. 이러한 자기와 만나는 것이 진리를 아는 것이다.

> "진리를 안다는 것은 무엇인가? 그것은 자기 안에 있는 '큰 나大我'를 따르는 것이다. 그리고 큰 나를 이 세상 속에서 실현하는 것이야말로 진리를 안다는 뜻이다."

여기서 말하는 '큰 나'는 이 세상에 살고 있는 자기가 아니라, 세계와 융합된 상태에서의 자기를 의미한다. 따라서 '큰 나'를 실현하는 것은 깨달음의 상태로 들어가는 일이다. 여기서 '안다'는 것은 생생히 '체감'한다는 뜻이다.

따라서 '선'은 세계와 서로 융합된 상태에 들어간 사람의 모습으로 태어나는 것이다.

1950년대 이전 고교생들의 필독서

지성과 논리만으로는 이해하기 어렵다는 의미에서 『선의 연구』는 일반적인 의미에서의 철학서가 아니라 종교서에 가깝다.

그런데도 『선의 연구』가 유명해진 것은 극본 『출가와 그 제자出家とその弟子』로 인기를 누린 구라타 효이치(1891~1943)가 『사랑과 인식의 출발愛と認識の出発』에서 절찬했기 때문으로, 절판되었던 『선의 연구』가 1921년에 다시금 출간되어 그 당시 고교생의 필독서가 되었다.

제목은 출판사가 했는데, 니시다는 순수 경험을 주제로 하는 '순수 경험과 실존'이라는 제목을 붙였다. 그래서 '1편 순수 경험', '2편 실존', '3편 선', '4편 종교'로 구성되었다.

니시다는 26세 여름(1896)부터 선 수행을 시작하여 33세에 일정 단계에 통과했다. 국제적으로 선 사상을 널리 알린 스즈키 다이세츠와는 제4고등중학교의 동급생으로 한평생 좋은 친구였다. 니시다가 요독증으로 타개했을 때 스즈키 다이세츠는 기둥에 기대 울었다고 한다.

니시다 기타로의 철학은 미키 기요시, 와츠지 데츠로, 구키 슈조에게 큰 영향을 미쳤는데, 그중에서도 미키 기요시와는 대담까지도 했다.

> **철학자의 한마디**
>
> 사물을 알기 위해서는 이것을 사랑하지 않으면 안 되고, 사물을 사랑하기 위해서는 이것을 알지 않으면 안 된다.

100

『일본적 영성』
스즈키 다이세츠

원제 日本的靈性, 1944년

난이도
6

이해는 되지 않지만 체험할 수는 있다

"영성이란 분별이 없는 지혜(무분별지)다."

"종교 의식은 영성을 체험하는 경험이다."

"산은 산이 아니고, 강은 강이 아니다. 그러나 그렇기에 산은 산이고, 강은 강이다."

스즈키 다이세츠
鈴木大拙

1870~1966년. 현재 이시카와현 가나자와시의 의사 집안에서 태어났다. 본명은 스즈키 데이타로. 구제 제4고에서 니시다 기타로와 친교를 쌓았고 일생 친구로 지냈다. 21세 때 도쿄전문학교(와세다대학의 전신)에 들어가 후원자가 될 아타카 야키치(아타카 산업의 창업자)와 알고 지낸다. 가마쿠라의 엔가쿠지에서 참선. 제국대학에서 철학을 공부했다. 유럽 여러 나라를 방문했다. 가쿠슈인대학 교수, 오타니대학 교수, 해외 여러 대학에서 선禪에 대해 강연이나 강의를 했다. 콜롬비아대학 객원교수. 문화훈장 수상. 95세에 사망.

선 정신을 세계에 널리 알린 지의 거장, 현대 불교학의 정점이 된 책

스즈키 다이세츠는 생애 대부분을 해외에서 강연과 강의로 보내고 선을 '젠Zen'으로 소개했으며, 74세에 『일본적 영성』을 출간했다.

영성은 '정신 속에 잠재된 작용'인데, 선에서 말하는 '무분별지無分別知'다. '무분별지'는 일반적인 지성과는 전혀 다른 것으로, 우리의 내면에 숨어 있다. 종교적인 것을 접하면 작용하기도 하고, 그렇지 않은 사람도 있다. 대다수는 평생 자각하지 못한다.

이 책에서는 젠의 특징을 뚜렷하게 보여준다. 영성의 측면에서 사고하는 법, 세계를 바라보는 관점을 '즉비即非'의 논리라 부른다. 깨달음을 체험한 사람의 영적인 시점과 보통 사람의 사고방식에 어떤 차이가 있는지 설명하고, 선에서 말하는 '무분별지'가 어떤 지혜인지 간결한 문장으로 설명하고 있다.

영적인 사람이 아는 '즉비의 논리'

제5편의 '반야의 논리'에 나오는 '즉비의 논리'는 실제로는 논리가 아니다. 스즈키 다이세츠 자신도 "논리가 무엇인지 모르지만, 여하튼 그렇다고 말해두자"라고 했다. '즉비의 논리'를 정리하면 다음과 같다.

- 'A는 A다'라는 것은 'A는 A가 아니다'라는 뜻이므로, A는 A다.
- 부처는 32상을 가졌다고 하는데, 그 32상은 32상이 아니다. 그래서 그것은 32상이다.
- (『금강[반야바라밀]경』에 있는 명제) 부처의 반야바라밀(지혜)을 설명하는데, 이것은 반야바라밀이 아니다. 따라서 반야바라밀이다.
- (『금강경』에 있는 명제) 세계는 세계가 아니다. 따라서 이것이 세계다.
- 이처럼 모든 관념이 우선 부정되고, 그리고 다시 긍정으로 돌아온다.

이런 표현이 비논리적이라거나 혼란스럽거나 모순된다고 생각될 것이다. 우리는 (학교 교육을 통해서) 논리에 따라 분석적인 지성으로 생각하도록 습관이 들어 있기 때문이다. 그 분석 지성에서는 A=A는 절대로 A≠A가 아니다. 결국 보통 사람은 사물에 대해서 늘 (분리화 작용이 있는 언어와 관념에 의한 논리를 사용하여) 지성적으로 판단한다.

우리는 사물에 대해서 분석하고 판단하고 사물을 명확히 나눌뿐더러, 사물에 대해 가치도 매기고, 사물의 경도, 선악, 전후 등을 만들어내어 결정한다. 이런 과정에서 비롯한 관념의 모호함을 지금 여기서 직면하는 현실인 것처럼 받아들이는 버릇이 있다. 또한 관념에서 나온 것들의 모습이나 가치에 따라 기분이 움직인다. 그렇게 우리는 고통받거나 주저하거나 두려워한다. (이 상태가 불교에서 말하는 소위 '미혹'이다.) 사물이 그저 거기에 있을 뿐인데 우리는 멋대로 힘들어한다.

이 같은 지성적 판단을 불교에서는 '분별지分別智'라고 한다. 사물이나 상황을 논리나 세상의 상식으로 구분한다. 그런 식으로 분석하기 때문에 '분별'의 '지'인 것이다.

그런데 깨달음을 체험한 사람은 '분별지'가 아니라 '무분별지'를 사용하여 살려고 한다. '무분별지'는 분별하지 않는 것이다. 사물이나 상황이나 의미를 일부러 나누어 생각하거나 각각에 가치를 매기거나 하지 않는다.

두 '지혜'에는 하늘과 땅만큼 큰 차이가 있다. 예를 들어, '분별지'를 사용하는 사람은 이 세상에 태어나 이윽고 몸이 약해져 죽는 것을 당연하게 받아들인다. 한편, '무분별지'에 의하면 처음부터 생도 죽음도 없다. '무분별지'에서는 어떤 사물에도, 어떤 상황에서도, 판단이나 가치를 매기지 않는다. 따라서 생과 죽음도 마찬가지다. 그러면 죽음의 공포도 생각하지 않게 된다. 이것이 영적인 사람이 생각하는 방식이다.

따라서 '무분별지'를 가진 사람에게 '즉비의 논리'는 너무도 당연해진다. 산은 산이 아니기에 산이다. 오히려 이 자신이 산이기도 하고, 강이기도 하다. 모든 것이 어떤 것으로도 구분되지 않는다.

이는 깨달음을 체험하고 있기 때문이다. 깨달을 때 자아는 사라지고 만물이 일체가 되어 모든 것이 생명이 되는 체험을 한다. 그러면 자연과 '무분별지'의 사람, 영적인 사람이 되어버린다. 이런 사람은 동서양을 불문하고 존재하며, 에크하르트나 부버가 이에 속한다.

실제로 '영성이 충만한 사람'으로 있을 수 있는 사람

순수한 영적인 사례로, 스즈키 다이세츠는 아사하라 사이치를 소개한다. 돗토리현 오다시 근교에 사는 게다 장인이자 정토진종 신자였는데, 방언을 섞어서 쓴 약 7000편에 이르는 신심이 담긴 시나 노래를 보면 아사하라가 영적인 사람으로 태어났다는 것을 알 수 있다.

> "내가 아미타가 되는 게 아니라, 아마타가 내가 된다. 나무아미타불."
>
> "내 마음은 당신의 마음. 당신의 마음이 내 마음. 내가 되는 것이 당신의 마음."
>
> "임종까지의 모든 일이 다 마무리된 이 나의 몸으로. 나무아미타불."
>
> "지금이 바로 임종까지의 순간이요, 내 몸이면서 당신의 것이며, 이것이 기쁨이다. 나무아미타불."

인용문의 마지막 두 편은 임종을 맞이하는 죽음을 이야기한다. 사이치는 자신의 죽음이 임박했음에도 마치 이미 죽음이 끝난 것처럼 기쁨의 노래를 부른다. 결국 일체가 부처 안에서 하나라는 기쁨이 그가 영적인 사람임을 보여주는 감성이자 세계관이다.

세계를 향해 젠의 진수를 전하다

스즈키 다이세츠는 제2차 세계대전에서 일본의 패전 원인은 일본적 영성을 자각하지 못했기 때문이라고 서문에서 밝히고 있다. (이것은 영성을 자각하면 전쟁에서 이긴다는 의미는 아니다.) 또한 기성 종교는 단순한 형식에 빠져 있다고 비판한다. 그리고 영적인 사람은 세계 어디든 있다는 것을 알고 있었다.

스즈키 다이세츠는 생애의 많은 시간을 해외에서 강연과 강의로 보냈다. 영문으로 30권의 책을 출간했으며 미국인 아내의 도움을 받아 젠이라는 말을 세계에 알리기 시작했다. 그의 영향력은 컸지만, 정작 일본에서는 영성이 어떤 것인지 바르게 이해되지 않았다. 분절 작용을 하는 언어 표현과 분석적 논리로 결코 설명되지 않는 것이 영성이기 때문이다.

그는 아타카 야키치와 함께 도쿄에서 가마쿠라의 엔가쿠지로 걸어서 참선하러 가기도 했다. 스즈키 다이세츠는 같이 참선을 하러 온 나츠메 소세키에게 글을 보여주었다. 나중에 결혼한 베아트리스와 만난 곳도 엔가쿠지다.

그 후 미국 시카고의 오픈코트 출판사에서 일하고, 37세에 영어로 된 『대중불교개론』을 런던에서 출판했다. 39세부터는 유럽 각국을 여행하며 하이데거, 야스퍼스와 회담했다. 임마누엘 스베덴보리의 『천계와 지옥』을 번역하여 처음으로 일본에 소개하기도 했다.

철학자의 한마디

일하는 한가운데, 또는 일 자체에 있어
평가는 중요하지 않다. 본질이 아닌 부수적인 문제다.

철학과 세계의 역사

간행연도(혹은 집필했다고 추정되는 시기)와 도서명
★ 철학자명(혹은 중요 저작자명)
○ 주요한 역사적 사건

기원전 7세기경	★ 저자 불명 『우파니샤드』
기원전 6세기경	★ 노자 『노자』
기원전 5세기경	★ 공자 『논어』
기원전 4세기경	★ 플라톤 『국가』
기원전 4세기경	★ 아리스토텔레스 『니코마코스 윤리학』
기원전 330년경	○ 알렉산드로스 대왕의 페르시아 원정
기원전 4~3세기경	★ 장자 『장자』
기원전 4~3세기경	★ 에피쿠로스 『에피쿠로스 쾌락』
기원전 1세기경	★ 키케로 『의무론』
기원전 1세기경	○ 나사렛 예수의 탄생
49	★ 세네카 『인생의 짧음에 대하여』
64	○ 로마제국 황제 네로에 의한 그리스도교도 박해
1~2세기	★ 에픽테토스 『어록』
2세기	★ 아우렐리우스 『명상록』
3세기	★ 플로티노스 『엔네아데스』
303	○ 로마황제 디오클레티아누스에 의한 그리스도교도 박해
313	○ 로마황제가 그리스도교를 승인
4세기경	★ 다수 『신약성경』
392	○ 그리스도교가 로마제국 국교가 되다
395	○ 로마제국이 동서로 분열한다

400경	★아우구스티누스『고백』
476	○서로마제국 멸망
525경	★보에티누스『철학의 위안』
650년경	★무함마드『쿠란』
962	○신성로마제국 성립
1054	○그리스도교회가 로마교회에서 독립하다
1096	○서구 그리스도교 세력에 의한 십자군 원정(제1회)
1190경	★마이모니데스『길잃은 자를 위한 안내서』
11세기경	○유럽에 대학이 탄생하다(볼로냐 대학 1088, 옥스퍼드 대학 1167, 살라망카 대학 1218, 나폴리 대학 1224, 파리 대학 1257)
1204~	○제4회 십자군이 현 이스탄불을 점령하고 라틴제국을 건립하다
1231~	★도겐『역주 정법안장강의』
1265~	★아퀴나스『신학대전』
1267~	★로저 베이컨『대저작』,『소저작』,『제3저작』
1291	○십자군 최후의 거점이 함락되고 십자군의 패배로 끝난다
1299	★마르코 폴로『동방견문록』
14세기경	★에크하르트『영혼의 경이로움에 관하여』
14~15세기	○르네상스의 3대 발명(화약·나침반·인쇄술)
1337~1453	○영불 백년전쟁
1455	○구텐베르크의 활판인쇄에 의한『성경』출판
1452~1519	○레오나르도다빈치의 활약
1453	○오스만제국이 동로마제국을 멸망시키다
1486	★조반니 피코『인간의 존엄에 대하여』
1492	○콜럼부스가 신대륙을 발견
1498	○바스코 다 가마가 인도항로를 발견

1511	★에라스뮈스『우신예찬』
1517	○루터에 의한 종교개혁의 개시
1516	★토머스 모어『유토피아』
1520	★루터『그리스도인의 자유』
1532	★마키아벨리『군주론』
1536	★칼뱅『기독교 강요』
1541~	○칼뱅이 주네브에서 신권정치를 펼치다
1543	○코페르니쿠스의 지동설
1581~	○네덜란드가 스페인에서 독립
1588	○잉글랜드가 스페인 무적함대를 격파
1580년대	★몽테뉴『수상록』
1618	○독일 30년전쟁
1619	★케플러『세계의 조화』
1620	★프랜시스 베이컨『신기관』
1620년대	○청교도가 북미로 이주하기 시작
1625	★그로티우스『전쟁과 평화의 법(De Jure Belli ac Pacis)』
1628	★윌리엄 하비『동물의 심장과 혈액의 운동에 관한 해부학적 연구』
1632	★갈릴레오『천문대화』
1637	★데카르트『방법서설』
1642~	○영국에서 청교도혁명(찰스 1세 처형)
1643	○프랑스에서 루이 14세(태양왕) 즉위
1649	★데카르트『정념론』
1651	★토마스 홉스『리바이어던』
1660	○영국에서 왕정복고

KI신서 13732

철학의 정원

1판 1쇄 인쇄 2025년 8월 25일
1판 1쇄 발행 2025년 9월 3일

지은이 시라토리 하루히코
옮긴이 박재현
펴낸이 김영곤
펴낸곳 ㈜북이십일 아르테

인생명강팀장 윤서진 인생명강팀 박강민 유현기 황보주향 심세미 이현지
디자인 채홍디자인
마케팅 이수진 이현주
영업팀 정지은 한충희 장철용 강경남 황성진 김도연 이민재
제작팀 이영민 권경민

출판등록 2000년 5월 6일 제1406-2003-061호
주소 (10881) 경기도 파주시 회동길 201(문발동)
대표전화 031-955-2100 팩스 031-955-2151 이메일 book21@book21.co.kr

(주)북이십일 경계를 허무는 콘텐츠 리더

21세기북스 채널에서 도서 정보와 다양한 영상자료, 이벤트를 만나세요!
페이스북 facebook.com/jiinpill21   포스트 post.naver.com/21c_editors
인스타그램 instagram.com/jiinpill21   홈페이지 www.book21.com
유튜브 youtube.com/book21pub

서울대 가지 않아도 들을 수 있는 명강의! 〈서가명강〉
서가명강에서는 〈서가명강〉과 〈인생명강〉을 함께 만날 수 있습니다.
유튜브, 네이버, 팟캐스트에서 '서가명강'을 검색해보세요!

ISBN 979-11-7357-442-9 03100

· 이 책 내용의 일부 또는 전부를 재사용하려면 반드시 (주)북이십일의 동의를 얻어야 합니다.
· 잘못 만들어진 책은 구입하신 서점에서 교환해 드립니다.
· 책값은 뒤표지에 있습니다.

삶의 나침반이 되어주는 이야기가 필요할 때   21세기북스

강용수 저

『불안의 끝에서 쇼펜하우어, 절망의 끝에서 니체』

김학철 저

『허무감에 압도될 때, 지혜문학』

김형석 저

『김형석, 백 년의 지혜』

신정근 저

『마흔, 논어를 읽어야 할 시간』

최진석 저

『탁월한 사유의 시선』